金融前沿讲堂系列丛书

金融前沿之趋势与变革

FINANCIAL FORESIGHT LECTURES

主　编◎巴曙松
副主编◎任 颋 李 荻

中国金融出版社

责任编辑：王雪珂
责任校对：孙　蕊
责任印制：丁淮宾

图书在版编目（CIP）数据

金融前沿之趋势与变革 / 巴曙松主编 ；任颋，李荻副主编． -- 北京 ：中国金融出版社，2024. 7. -- ISBN 978 -7 -5220 -2472 -1

Ⅰ. F832

中国国家版本馆 CIP 数据核字第 2024C8V956 号

金融前沿之趋势与变革
JINRONG QIANYAN ZHI QUSHI YU BIANGE

出版
发行　中国金融出版社

社址　北京市丰台区益泽路 2 号
市场开发部　(010)66024766，63805472，63439533（传真）
网 上 书 店　www. cfph. cn
　　　　　　(010)66024766，63372837（传真）
读者服务部　(010)66070833，62568380
邮编　100071
经销　新华书店
印刷　保利达印务有限公司
尺寸　169 毫米 ×239 毫米
印张　21. 75
字数　272 千
版次　2024 年 7 月第 1 版
印次　2024 年 12 月第 2 次印刷
定价　86. 00 元
ISBN 978 -7 -5220 -2472 -1

为什么创办“北大汇丰金融前沿讲堂”？

巴曙松

北京大学汇丰金融研究院执行院长

北京大学汇丰商学院金融学教授

摆在大家面前的这本书，是“北大汇丰金融前沿讲堂”的文字整理合集，我们希望通过这样的梳理，让更多读者可以从这个讲座中受到启发。

为了将“北大汇丰金融前沿讲堂”办好，由海闻院长主持，多次召集多位具体负责的老师开会，进行了反复的讨论和研究。根据此前会议的讨论意向，我将“北大汇丰金融前沿讲堂”的定位和目标总结为四个方面。

第一，希望通过这个系列讲座，让老师和同学们了解金融市场的前沿动态，促进金融专业领域的学习研究与金融市场一线的互动。

我们在这个系列讲座中邀请的专家，主要是在金融市场一线的不同领域有丰富经验和深入思考的专家。他们在长期的金融实践中，拥有大量专业的判断、出色的见解和对市场的独到看法，高校的教授们和同学们常常可以从他们的看法中找到很好的研究切入点。主讲专家也可以由此建立与高校研究人员之间的联系与合作互动，使金融实践界与学界契合得更好，无论是金融实践还是研究都可以更有针对性。

同时，这个系列讲座也能对在校学生产生对金融学习的督促作用。书到用时方恨少，我自己学金融的时候，也曾经历过不少比较迷惑的阶段：

“学这些金融专业知识有什么用呢?”如果不能感受金融市场的一线脉动，往往容易造成主动学习和钻研的动力不够。等到一个现实的金融问题摆在你面前的时候，你就很容易发现自己的金融学理论、工具的功底不够了。常常是等到你已经参加工作的时候，才发现积累得不够，但此时已经有点晚了。所以，如果在上学期间就能接触到一线的金融实际问题，通过思考和尝试解决这些问题，来反观自己理论和专业学习的不足，就能够起到一个实践与理论学习互相推动的作用，让金融业界具有丰富经验的优秀专业人士，和金融研究、教学以及同学们的学习之间建立起一种良性互动，建立一个生机勃勃的金融理论与实践互动场景。

第二，希望前来主办讲座的金融机构负责人和优秀的金融专业人士能够深入了解这所位于深圳的优秀的学院——北京大学汇丰商学院。

经过20年的持续努力，北大汇丰商学院已经发展成为一个生机勃勃的商学院。通过举办此系列讲座，我们可以让相关金融机构负责人，以及各个领域的优秀的金融专业人士，能够较为深入地了解这个具有国际水准和开放视野的“商界军校”，这个以金融学为重点学科的商学院。

第三，希望通过这个系列讲座，构建一个不同领域的优秀的金融家和金融专业人士交流合作的互动平台。

从外部看，金融业好像是浑然一体的，但实际上内部划分十分精细，相互之间的交流也很欠缺。其实，这些优秀的金融家和金融专业人士之间也缺乏专业的、高水平的交流平台。海闻老师曾在北京发起一系列高水平的讲座，得到了很多金融家的热烈响应。我想，这除了与海老师个人的号召能力有关，还和金融家本身也希望有一个交流平台，希望与金融相关细分领域的专业人士系统交流自己的看法的需求直接相关。

客观评估一下当前全球和中国金融行业的现状，我认为存在一个基本的不足，就是“脱节”比较严重。这主要表现为各种形式的脱节，例如:

监管和市场之间的脱节，金融理论研究和金融市场、金融机构、金融监管之间常常离得比较远；金融市场内部也容易脱节，公募、私募、信托、租赁、商业银行、投资银行以及互联网金融业的从业者，相互之间的交流及了解也很不充分。所以，我们希望把这个系列讲座打造成优秀的金融家和金融专业人士相互交流的平台。我们将每次讲座的内容整理出来，结集成书，以期与金融界的朋友共同交流。

在启动这个系列讲座之初，我们便进行了周密的准备，希望做好相关内容的整理和收录工作。每次讲座之前，主讲专家都会认真准备讲稿。讲座结束后，讲座的要点会通过适当的渠道与金融行业分享，完整的文字整理稿请主讲人和多位老师与同学编辑审定后，结集出版。

我们作为组织者，期望将不同细分领域的优秀的金融家所讲授的相关金融领域的前沿内容，一期一期地积累下来，展示出来，使这个系列讲座成为一个前沿的金融专业交流的平台。

第四，希望把系列讲座打造成一个观察中国和全球金融市场发展新趋势的“风向标”。

有人说深圳是金融开放的前沿，同时贴近国际金融中心香港，两者之间的联系也越来越紧密，这为我们举办这个讲座提供了坚实的市场基础。在金融行业的许多细分领域，其他城市的金融企业可能很大，但是往往难以具备深圳的金融机构那么强烈的创新活力。

中国香港作为国际金融中心，专业人才优势十分突出。以珠三角和香港的金融专业人士和金融家为基础，延伸到全国的市场，就可以逐步把这个系列讲座办成观察中国和国际金融市场发展新趋势的“风向标”。通过参加这个讲座或阅读本系列图书，读者就可以大致了解国内外金融市场发展的新动向。

一个金融理论一般要等到金融实践或相关金融市场现象发展得比较成

熟稳定后才能被总结出来，写进教科书里。如果从时间流程上观察，理论写到教科书中的时候，可能已经比市场一线晚了很多年。那么，从这个意义上说，北大汇丰金融前沿讲堂可以说是一个“活页版的金融前沿教科书”。

如果说一个系列讲座也要不忘初心的话，那么，以上设想和期许，正是我们当初组织这些讲座时经过多次讨论之后认定的初心。当讲座已经持续组织了这么多期之后，我们有必要重温这些初心，一方面通过系统梳理现有的讲座，与更多的读者分享，另一方面也为下一步更好地组织讲座积累素材和经验。

是为序。

目　录

金融展业之变

金融环境之变

金融开放之变

金融展业之变

别样的银行史

中国工商银行原董事长
姜建清

《世界金融百年沧桑记忆》第一册到第三册面市后，受到不少读者的喜爱，一些读者认为，本系列图书从币章角度切入探讨金融史，内容新颖独特，具有可观性、可读性。一些读者赞赏图书信息量大、史料性强。许多读者问我：为何你会对金融史和银行史感兴趣呢？回想20世纪80年代，在中国工商银行上海市分行当办公室主任时，每逢春节前后，我都会例行慰问一些中华人民共和国成立前银行业的董事长、总经理，这些八九十岁风度翩翩的老银行家常会聊起旧银行的往事。我当时才30多岁，对旧中国的银行史并不了解。这促使我去寻书、读书，也激发了我对金融史和银行史的浓厚兴趣。

1995年，在担任上海城市合作银行行长时，我提议并资助了原信用社的老同志撰写上海信用合作社史。1997年，我担任中国工商银行上海市分行行长后，去英国参观了英格兰银行，给我感触很深。英格兰银行博物馆展示了300多年的历史，英格兰银行开办时间才几十年，开办的时候英国女王为其剪彩，留下了很多珍贵的历史，反映了商业银行的历史。

2000年后，我担任了中国工商银行行长和董事长。在与许多国外银行家会面时，我常听他们聊起自身银行的历史，深感每家银行受其历史与文化的影响很大。

中国古人说“以史为鉴，可以知兴替”。英国首相温斯顿·丘吉尔说：“你能看到多远的过去，就能看到多远的未来。”所以回顾历史不是为了怀旧，所有的历史都是当代史，历史学是一门聪明学，它是一门使银行家警醒的学问。回顾银行业的兴衰起落，剖析世界金融的经典案例，探究危机的深层，从而使自己对银行经营有更深的感悟。

从中国工商银行退下来之后，我开始进行对金融史和银行史的研究和写作。我不仅从微观角度来研究金融的发展和运行规律，也开始从更开阔和更久远的时间来探索金融的本源，思考金融业从何来、为了谁、往何去的宗旨与目标。

从第一册到第三册，我总共写了 8 年。120 万文字，文中涉及 200 多家银行，写作的过程几多辛苦，但更多的是收获。

一、 一部无心插柳写成的金融历史书

（一）“英雄失去了小红伞”之后

《世界金融百年沧桑记忆》收录的文章都是独立成篇的，这些文章最初发表在《行家》杂志上。第一篇文章是《英雄失去了小红伞》，文章从花旗银行的一枚历史大铜章写起，这枚大铜章正面为一位裸体英雄的塑像，他张开双臂，庇护着双臂下的母亲、女儿、拉手风琴的艺术家，还有工人和农民。英雄的背后是两名天使，守护着这名英雄。是什么原因使这家银行有如此大的抱负？我去查资料发现，这家银行是美国第一国民城市银行，也就是花旗银行的前身。

为什么这篇文章叫《英雄失去了小红伞》？1998 年，美国花旗公司和旅行者集团合并，改称为“花旗集团”。花旗集团的新商标为旅行者集团的小红伞和花旗集团的蓝色字标的组合。然而，花旗集团在并购后的整合做得并不成功。2007 年，花旗集团的小红伞标志也被出售给美国圣保罗旅行者保险公司。

当喧嚣归于平静、辉煌落入平常后，花旗集团剩下的也只有花旗银行的部分了。历史开玩笑地画了一个大圆圈，一切又回到了原点，一切曾经得到的又全部失去了。虽然今天花旗银行的行徽中的弧形红线还在，但由旅行者集团带来的在1870年就在保险公司使用的意在为旅行者集团遮风避雨、保吉避难的小红伞也未能挡住金融风暴的倾盆大雨。这场收购究竟是福是祸，且留由后人评说了。

写这篇文章时恰逢次贷危机肆虐，读者对这样的银行历史札记比较喜欢。于是在《行家》杂志编辑的鼓励、催促下，聚沙成塔、集腋成裘地继续写下去，集结成书。

（二）别样的金融史

初始文章由银行的纪念章做引子，导出该银行的历史，文笔较轻松，颇有可读性、可观性。没想到由此给自己徒增了烦恼，因为此后编辑要求坚持这一风格，这大大增加了文章的写作难度。在撰文过程中，有章无史、有史无章、史多章少、章多史少，都成了写作的瓶颈。虽然全世界不少银行都曾在自身发展的重要时期为重大事件发行过纪念章，但是岁月蹉跎、时光荏苒，这些古旧的纪念章早已湮灭在悠悠岁月中。好在互联网的世界是平的，我费力地通过易贝（eBay）、淘宝等平台搜寻、购买，尽量满足写作的需要。

我恍然发现，尽管最早的银行纪念章发行至今已逾200年，且其银行已不复存在，被人们全然忘却，但铸造纪念章所用的坚硬的金属却为世人留下了难以磨灭的记忆。这是一个人们很少涉足的金融世界，我突然有了一种强烈的意识，去识别它们、读懂它们，重新了解它们用数十种文字记载的历史。在“阅读”这些精美绝伦的各国银行的古老币章时，我常常陷入沉思。然后我明白了，这是一部由金属币章编撰的世界银行史。币章中承载着诸多金融历史的沧桑记忆，也蕴含着不少可供借鉴的现实意义。这部独特的金属币章史书，是历史与艺术的完美结合。

纵观人类文明进化历程，金文竹简已有3000多年的历史，纸质书牍也有至少2000年的历史。而金属币章的历史却只有数百年。因为1585年法国才开始铸造纪念性金属币章，其中银行纪念币章的历史则更晚一些。但这丝毫不影响后者在世界金融业最精彩的时期散发出耀眼的光芒，铭刻在金属上的历史使它们显得格外厚重。

历史学是一门使人聪慧的学问。中国古人说："以史为鉴，可以知兴替。"英国首相温斯顿·丘吉尔说："你能看到多远的过去，就能看到多远的未来。"银行史学是一门使银行家警醒的学问。在长期的金融变迁中，陵谷沧桑、白云苍狗，多少曾经声名显赫的银行如流星划过夜空，在短暂的绚丽后消失在浩瀚的星际，湮没在金融历史的长河中，又有多少默默无闻的银行如涓涓细流汇成海，吹尽狂沙始到金，最终成为金融业的霸主。

而由成功者和失败者共同谱写的银行史，延续了百余年的金融流脉，其中不少银行发行的纪念币章，还有不少尚存人间。拂去这些币章上覆盖的百年尘埃，释读上面的印迹，可以帮助我们回溯寻觅那些罕为人知的银行历史主流和各条支流，启发我们寻根探源那些熟悉和不熟悉、存在和已不存在的银行古老档案，引导我们涉足金融"密林"深处，回访那些金融"巨兽"之间弱肉强食、生死相搏的并购拼杀。回顾历史不是为了单纯怀旧，一些金融往事虽然不堪回首，但智者爱史，善于总结，是为了避免重蹈覆辙。

二、 百年金融沧桑留下的金属记忆

（一）金融变迁的逻辑

数百年来全球金融变幻的历史，深刻反映了全球政治格局、国家实力和经济地理等综合力量的变化。它像一面镜子，折射出经济霸主和金融强权走马灯般的转换。

在书中我写道，1913年，第一次世界大战爆发前一年，全世界当时有20家大银行，德意志作为新兴列强的代表，超越法国里昂银行，成为全球第一大银行（见表1）。

表1　1913年全球总资产排名前20家银行　　单位：百万英镑

排名	银行名称	所属国家	总资产
1	德意志银行	德国	113
2	里昂信贷银行	法国	110
3	米德兰银行	英国	106
4	劳埃德银行	英国	102
5	西敏寺银行	英国	101
6	兴业银行	法国	87
7	巴黎国家贴现银行	法国	75
8	国民银行	英国	72
9	德累斯顿银行	德国	72
10	通用银行	比利时	72
11	巴伐利亚抵押与汇兑银行	德国	67
12	巴克莱银行	英国	63
13	德国贴现银行	德国	58
14	国民城市银行	美国	57
15	帕氏银行	英国	52
16	奥地利贴现银行	奥地利	50
17	伦敦史密斯联合银行	英国	49
18	纽约信托银行	美国	47
19	工贸银行	德国	45
20	京郡银行	英国	44

经济、金融的战场没有硝烟，却惨烈相仿。盛极而衰、百年轮回，大国经济、金融的变迁，折射出全球经济政治格局变迁的复杂深刻的背景。从一国金融演变的长期或根本性决定因素来分析，其与各自母国的政治经济金融实力以及国家在全球格局中的地位与影响的消长变化密不可分，英美两国由工业、经济到金融霸主地位的获取和丧失的先后次序排列，也反映了经济对金融的决定性。这是全球金融业产生、发展、强盛和衰落的一般规律。美国在1900年已经是世界上工业强国、经济强国，但并不是金融强国。到20世纪50年代，第二次世界大战以后，它才成为真正三个方面的强国。

但是，由于战争的肆虐、危机的摧残，100年后世界上前20家大银行，还有多少存在？75%已经不存在了，还有5家存在。这5家银行就是美国的花旗银行，法国的兴业银行，德国的德意志银行，英国的劳埃德银行和巴克莱银行，这些银行也逐渐走出最一流的行列了。三十年河东，三十年河西。我在文章中感叹道："冷观伦敦金融霸主终究拱手相让，笑看银行你追我赶难有武林至尊。多少金融强者笑傲江湖终成黄粱梦，然而金融赛场未至终了何言成败，唯有金属币章难以磨损。它们默默地见证着百年来全球政治的变幻无常、经济兴衰沉浮和金融风云激荡。"

与西方发达国家相比，中国的金融业在竞争中处于弱势。中国最早出现的现代银行是外资银行，1847年英国的丽如银行在上海设立分行，是中国出现的第一家现代商业银行。中国自办的新式银行出现的相对较晚，到1897年，中国才有第一家现代意义的银行——中国通商银行，整整比现代外资银行晚了半个世纪。中国通商银行的实收资本为250万两白银，折合约为16.2万英镑，而且发展缓慢，至1913年吸纳的存款还不到资本额。弱国焉有强金融。中国的钱庄、票号及本土银行的资金实力"弱不禁风"，难以与资本和资金实力强大的外国银行竞争。

从中国最大的银行来看，当时两家银行——交通银行和中国银行折合银圆计算，中国银行相当于全球20家大银行平均资产的4.4%，为最小商业银行的总资产的7.2%，而交通银行的占比分别为11.3%和18.4%。中国的钱庄、票号等本土银行的资金实力，坦率地说，与外国银行是无法相比的。

1912年，上海已经是中国的金融中心，虽然票号已经衰落，但钱庄数量云集。但是所有的钱庄业加起来资本总额才105万两白银，折合就是6.6万英镑。怎么能和资金实力强大的外国银行竞争？加上外国银行凭借治外法权和帝国主义霸权，抢占中国金融市场，欺压弱小的中国金融业，所以强者更强、弱者更弱。

百年轮回、岁月流转，今非昔比。大国金融地位的变迁，与本国的政治经济实力，以及在全球格局中的地位和影响消长变化密不可分。今日在世界银行的排行榜上，开始西风东渐，中国工商银行等4家银行进入世界金融前列。英国《银行家》2018年全球银行1000强榜单中，中国有135家银行入榜，较2017年新增9家。按一级资本排名的前20家大银行中，中国占6席，美国占5席。中国工商银行位居榜首，一级资本为3241亿美元，中国建设银行、中国银行、中国农业银行分列第2～4位。前20强中亚洲的银行已经占据9席，反映了政治经济金融实力的全球演化与变迁。

一位印度的著名银行家，曾经在次贷危机前，在达沃斯会议上说亚洲可能在经济总量和制造业方面超过美国，但亚洲的银行在金融方面不可能超过美国。但不过3年，次贷危机爆发了，他同样在达沃斯论坛上沮丧地说自己错了，因为中国工商银行已经成为世界上最大的银行。

所以金融格局发生历史性的变化，固然是因为中国经济力量崛起的历史必然，又是人类经济长期发展过程中的一种周期性的轮回。但是，金融业是马拉松行业，沧海桑田、陵谷变迁、兴衰沉浮、胜者为王，谁能预测百年以后全球银行榜中的“胜者”？

我写本书的时候正是全球金融危机10周年之际。回想2008年那场刻骨铭心的危机，我至今心有余悸。人们在风平浪静的时候往往会忘记惊涛骇浪的时刻。正如黑格尔所说，人类从历史中学到的唯一教训就是，人类无法从历史中学到教训。在全球金融危机10周年后，人们依然看到，全球经济和金融结构不平衡没有改变，经济和金融的发展模式没有调整，消费、储蓄、投资和贸易失衡的现象仍广泛存在，“大而不能倒”的现象愈演愈烈，债务杠杆仍居高不下。被惩罚的借款人和债权人并没有因担心和害怕而降低其债务水平。

2018年，全球的债务已经升到247万亿美元的新高，占全球GDP比重上升到318%，远超出150%的警戒线水平，而且这个比重还在继续上升。再加上新冠疫情以后，全球过度信用扩张的货币政策加剧了经济结构和资产价格的失衡，以邻为壑的贸易保护主义、单边主义、霸权主义政策也为下一次国际金融危机爆发点燃了导火索。

货币超发和债务激增的根源还是早期的银行金匠所致，我在文章中讲道，由于金匠的获利动机，存放金银的收据成为最早的银行券或纸币，成为银行信用货币创造机制的起源。金匠的收据演变为银行纸币，全额准备金演变为部分准备金，金匠演变为银行家。真正意义上的银行被这些富于冒险精神的金匠创造出来了，不过风险也蕴含其中。头破血流的金匠和“断裂”（rupt）的“长凳”（bank）给英语留下了一个生动的词语——“破产”（bankrupt）。2018年，全世界政府债务、企业债务以及家庭和个人债务的总和已达247万亿美元，全世界流通硬币、纸币、股票账户资金、活期存款、定期存款、汇票等广义货币的总量约为90万亿美元。而全世界已经开采的黄金只有18万吨，折算约8.6万亿美元。这一巨大的差额，就是从17世纪开始由现代金匠偷偷“签发”出来的。在货币发行完全脱离黄金储备和将国家信誉作为“储备”的现代金融时代，遭遇破产及头破血流的是“脱锚”滥发货币国家的中央银行和政府。

通货膨胀，归根结底是一个货币现象。为了让人们深入了解通货膨胀，我引用了许多罕见的“通货膨胀”实物材料，介绍了各国通胀出台的历史背景，以让人加深印象。1923 年，德国发行的 1 万亿马克面值的硬币和 10 万亿马克面值的纸币，记载了纳粹登台前的奇特金融史。然而，大面值纸币的“冠军”还轮不上德国。1946 年，匈牙利发行的帕戈更令人眩晕，其面值是 10 的 21 次方，成为当之无愧的世界最大面值的纸币。老“病”新传的故事还在继续：5000 亿面值的南斯拉夫第纳尔纸币发行于 1993 年的波黑战争时期，若加上第纳尔在之前几年的货币更换和币值调整，最后的 1 单位超级第纳尔等于 100 万万亿旧第纳尔——1 后面有 18 个 0，几乎可以比肩匈牙利的通货膨胀了。

2009 年，津巴布韦发行了 100 万亿津巴布韦元面值的纸币，当年的通货膨胀率达到了惊人的 231 万倍。近年来，资源丰富的委内瑞拉深陷通货膨胀泥沼，2018 年，其通货膨胀率突破 1 万倍。通货膨胀从表面来看是与纸币印刷机相联系的经济现象，而其背后则是错综复杂的政治、经济和社会因素或政策的失误。在令人咋舌的天文通胀数字背后，真正值得我们同情的是那些无辜人民，他们承受着无法承受之重。

（二）所有金融史都是一部风险史

金融如水，水能载舟，亦能覆舟。人类社会近百年来的快速发展得益于金融的发展，但危机也源于此。金融活动自出现以来，无论是古罗马的货币危机、中世纪的借贷禁锢、欧洲早期的“郁金香泡沫”和“南海泡沫”，还是 1929 年的美国证券危机、20 世纪 90 年代的拉丁美洲金融危机、1997 年的亚洲金融危机、2007 年之后的次贷危机和欧洲主权债务危机，金融危机就像海浪一样，一波一波地冲击着社会经济稳定的礁石，而且从未消亡（见图 1）。

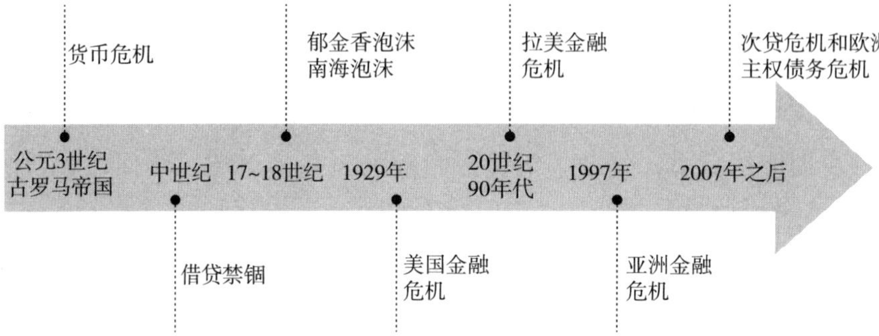

图1　所有的金融史都是一部风险史

所有的金融史都是一部风险史——风险如同影子一般无所不在、相伴而行。风险与效益如同毕加索立体画中同一人像的两张脸，当银行家在看到庆贺盈利的笑脸时，侧眼一看，风险的狰狞一面也在阴笑。百年间，银行业多少沉痛往事，告诫后来者莫忘风险，莫蹈前车之覆辙。银行体系本身具有脆弱性和高风险性，让许多知名的银行家折戟于此，因而把控风险是优秀银行家的底线，稳健经营是打造百年老店的不二法门。

历史总是惊人的相似，然而人类总是健忘。风和日丽的年代往往使金融家忘记了以往的灾难，前天悲惨的金融故事，一次次成为昨天的残酷事实，金融家今日仍在书写明天的历史。假若不敬畏市场规律，不敬畏金融法则，那么所犯的金融错误又会演变为明天的悔恨。

历史环境不断变迁，今天的金融迈过的不再是昨天的“河流”，但“邯郸学步”的失败可能会依然不少。我们无法预知未来，也确实不知道下一场金融海啸来自何时、何地，以及不知道其因何爆发。但历史是“聪明学”，相信读史能帮助我们深入思考、领会精髓，把握金融的常识和规律，理性地进行比较并作出决策。

世界金融沧桑变迁，成功银行的故事大致相同，失败的银行却各有各的故事。美国伊利诺伊大陆银行曾是美国第六大银行，被评为美国“最优秀的银行”——穆迪AAA评级。该银行也是一家普通的“邻家”银行，走的是司空见惯的传统银行套路——追求规模扩张，追求市场份额。然而，该银行过量的信贷投放和急剧的资产扩张造成了银行资产负债和流动性失衡。在外部因素的激发下，流动性危机形成并爆发，该银行成为“大而不能倒”的首个案例。直到20年后，美国金融危机爆发，人们才明白美国伊利诺伊大陆银行危机是预警、前奏。当时，美国联邦存款保险公司拯救美国伊利诺伊大陆银行就是“大而不能倒”的危险开端，因为保险公司愚蠢地拯救了不该拯救的投资者，以至于让人们对风险“无所畏惧”，这是2008年的全球金融悲剧的诱因之一。

具有160多年历史的美国富国银行曾是头顶耀眼光环的金融“模范生”，受到全球“富强粉”的热捧，站在粉丝最前排的就是著名投资家巴菲特。然而，这家以马车为图腾的银行却忘记了马车需要缰绳，汽车需要刹车，银行需要管控。这家银行忽视了银行的信托责任，私开“幽灵账户”，挪用客户资金，跌进了危机旋涡，导致其董事长惨淡下课。富国银行奉为圭臬的“交叉销售”激励也受到质疑。这一案例告诫银行家们，要避免短期和单一激励导致的道德风险和逆向选择。银行家要提升激励需求层次，协调银行的文化愿景、战略定位和目标考核，推行综合激励和多元激励。

典型的道德风险案例还有葡萄牙圣灵商业银行案例。这家逾150年的家族金融帝国，往昔如日中天，最终圣灵不佑、瞬间崩溃。大厦崩溃是从底部砖块的挪移开始的。葡萄牙圣灵商业银行隐瞒关联交易，涉嫌连串丑闻，模糊家族与银行利益的界限，在公司治理、透明度披露方面弊端百出，最终导致银行破产倒闭。诡异的是，该银行24年前铸就的铜章上的文字一语成谶——预见了圣灵银行的宿命。

再如，魔鬼交易员和法国兴业银行的“滑铁卢”。2008年1月24日，法国兴业银行宣布，该行一位交易员热罗姆·盖维耶尔在期货市场违规交易，给法国兴业银行带来48.2亿欧元的损失。它超越了巴林银行14亿美元的纪录，成为有史以来金融交易员欺诈最大的案件，被经济学家称为银行业的“9·11”。

世界上最古老的银行是意大利的锡耶纳银行，金融业是“马拉松”行业，这家跑了540多年马拉松的银行按理说是业内好手，可惜在20世纪90年代后连续十几年的激情奔跑中耗尽了体能。虽然一连串收购、兼并使锡耶纳银行成为意大利第三大银行，但在其亮丽的外表下，是外界看不见的隐痛和内伤。在全球金融危机来临之时，锡耶纳银行的疾病终于迸发了。巨额亏损和不良资产使锡耶纳银行成为欧洲银行业中最糟糕的银行。其病因是众多因素积累而成的：经济失衡、债务高企、制度缺陷、经营失误、政策异见、决策迟缓。

20世纪90年代，拉美出现了广泛的金融自由化，除20世纪70年代曾有过的利率市场化、取消定向贷款和降低储备金率等措施外，还包括对国有银行实施私有化、积极引进外国银行、加强中央银行独立性等。1994年墨西哥金融危机、1999年巴西金融危机以及2001年阿根廷金融危机已经成为经济学教科书上的经典案例。

以阿根廷为例，改革期，左右翼政党都默契一致竭力推进国有企业的私有化改制；危机时，激进的左翼政党将私有企业收归国有的做法，同右翼政府将私有企业国有化措施却又是殊途同归，相信的还是政府“看得见的手”。然而，经济衰退究竟归咎于谁？压倒骆驼的是最后一根草吗？原因具体包括经济发展政策失误、过度负债恶习、伊比利亚天主教文化鼓励人们超前消费，导致社会储蓄率很低、通货膨胀积重难返、金融管制愈演愈烈。最后使全球领先的发达国家，发展成了发展中国家。

这一案例又一次警诫我们，银行始终存在发展与风险之间的权衡，速度、效益、质量之间的权衡，短期目标与长期目标之间的权衡，以及做强、做优、做久三者之间的权衡。然而，战略选择知易行难。在风险没有爆发的漫长阶段，又有多少人有战略定力呢？正因为战略选择如此艰难，历史上盛极而衰的银行才比比皆是。因而把握住风险是优秀银行家的底线，稳健经营是打造百年老店的不二法则。

（三）深刻领会金融的宗旨和目标

在2008年全球金融危机之后，传统银行业的“大而不能倒”的原则面临着越来越多的质疑和挑战。没有想到数年后率先提出这一命题的欧美金融家却南辕北辙，继续提高银行业的集中度，全球主要经济体、五大银行市场占比齐刷刷地提高50%甚至90%以上，连银行集中度一贯较低的美国也大幅提升，而中国差不多是全球最低的，我们现在五大银行市场占有率差不多在40%。

从古希腊、古罗马的银行业、典当业到高利贷者和金匠银行家，人类发现金融的实践功能很早，但对资本的理论认知却很晚。经过千年的宗教禁锢，金融在夹缝中艰辛生长，受到极度抑制，储蓄转化为投资的通道被堵塞。尽管欧洲中世纪一直在黑暗中徘徊，但金融的曙光终于在佛罗伦萨初现。如果把意大利中世纪银行比作夏夜的璀璨星空，那么美第奇银行显然是其中最耀眼的一颗。从1397年建立到1494年被其政治对手充公，美第奇银行因为三个重要人物而维系了它的百年传奇。美第奇家族让存款人通过参与投资的方式获得分红，用巧妙的贸易来隐藏利息，从而形成了独具特色的控股公司形式，并在世界金融史上留下了深深的痕迹。

17世纪后，欧洲的商业银行快速发展，其受益者中增加了跨国公司、贸易商人和工业厂商等新兴资产阶级，但银行的高门槛仍将众多中小企业和穷人拒之门外。在互助合作理论和实践的推动下，近两百年后，储蓄银行终于向穷人打开大门，在存款和支付领域实现了金融普惠。

合作金融的诞生剑指更深层次的金融不公平现象，让穷人得到低成本贷款。储蓄银行和合作银行两大银行体系一度与商业银行并肩成为银行的三大体系。

然而，“使命漂移”现象又出现了。储蓄银行和合作银行逐渐从扶贫济困、合作互助转向财务利润最大化，从偏向于弱势群体转向偏好富裕人群，从支持弱势群体的小额贷款转向热衷于富裕客户的大额贷款，从而与普惠金融的方向渐行渐远。

2005年，新的普惠金融观念很快在全球达成共识，因为它切中了世界的痛点。社会呼吁金融要包容性增长，金融追求的目标并不仅是效益最大化，还有最大限度地为社会创造价值，为人类幸福赋能，为实体经济服务，让更广泛的人群以负担得起的成本享受质量更优、效率更高的金融服务，并能实质性控制风险。当今金融发展面临着观念、理论和实践的一系列改变与突破，这关系到资源配置和财富分配的优化和公平，关系到金融是服务多数人还是少数人的问题。但是，普惠金融仍走在探索与争论的过程中。争议的焦点涉及普惠金融与商业可持续的平衡发展，以及金融“普”与“惠”、公平与效率平衡发展的难题。

普惠金融的产生和发展具有强烈内生性，具有因市场需求而诱导性变迁的特性，银行业复制历史上的金融普惠模式已经不具有现实可行性。前方并没有现成可仿效的道路，现今中国蓬勃发展的小微企业贷款、微型金融、“三农”信贷等普惠金融实践，尤其是在金融科技模式下的普惠金融实践，都可被视为对普惠金融发展的新探索。新的金融发展道路将在探索中完善，新的金融理论也会在实践中创新。

（四）金融改革和转型

金融开放是一把“双刃剑”：运用得好可以促进金融部门效率的提高，

促进经济增长；反之则会使金融体系出现不稳定因素，对经济产生负面影响。如果在外部条件不具备进行金融改革的时期激进地推进，还会酿成巨大的金融风险。金融改革必须和其他经济与监管领域的改革配套进行。金融过度放任自流，缺乏监管能力，缺乏公共参与和市场约束，就可能导致社会经济、金融的震荡和危机。众多银行的兴衰故事都给予了案例来证实。在本系列的第二册、第三册中，我着手对中东欧金融历史和转型的案例做了介绍。

苏联和俄罗斯的金融改革过程，从早期漠视金融规律到后期漠视金融风险，看似是对立的两极，实质都是缺乏对金融本质的深刻理解，才导致一错再错、大错特错。以史为鉴，可以知兴衰。今日俄罗斯的金融体系已经趋向稳定，而其付出的沉重代价、得到的沉痛教训，将永远成为转型国家金融改革的生动案例。

在罗马尼亚银行“三巨头”变迁的故事中，我通过币章回溯了其金融历史及转变。经历了150年金融沧桑的罗马尼亚国有储蓄银行今天依然存在。在罗马尼亚的百年巨变中，不论政权更迭还是战争肆虐，积少成多的储蓄存款及安宁的家庭生活始终是罗马尼亚人最后的期盼，储蓄银行始终是他们记忆中的一部分。这家罗马尼亚国有银行在1990年还占有罗马尼亚银行业市场份额的32.9%，但到了2006年，其市场份额剧降至4.03%。

捷克最早的商业银行和最早的储蓄银行同样有跌宕起伏的历史。年轻又古老的捷克国家银行有处在欧洲砧板上的中东欧小国金融的困苦经历。经济危机侵袭，纳粹德国蹂躏，计划经济解体，贸易体系被打破，国际市场冲击，经济危机凸显，恶性通货膨胀和严重失业并行，当时运行僵硬的国有银行的体制、观念、人才及技术都不适应转变中的市场经济。当时，多数银行出现巨亏，政府企图卸掉包袱，国有股权纷纷易主，欧盟甚至将银行私有化作为各国加入欧盟的前提条件。在银行私有化后，中东欧国家缺失本国金融机构，独立货币政策的传导机制开始失效。在欧洲主权债务危机时，外资银行母行则要求中东欧国家分行限贷，这无疑是雪上加霜。转型中的新兴市场经济国家，既希望提升国有银行的效率和效益，又希望国有银行发挥宏观调控、提供社会福利的效用，但两者如何平衡以及国家如何参与银行体系的股权却是迫切而又两难的命题。中东欧国家对欧盟资金的依赖度较高，16 国中的 11 个国家已经加入了欧盟。2007—2013 年，欧盟结构性基金及欧洲投资银行贷给中东欧国家的资金占中东欧国家年均 GDP 的 11% ~25% 。2014—2020 年，中东欧国家得到上述贷款资金约 2000 亿欧元，但仍不能满足中东欧国家的建设需求。中东欧国家在习惯于期限长、利率低的欧盟政策性长期贷款后，对利用商业性资金反而变得不习惯和不擅长了。如果欧盟给予的支持资金递减，那势必会给中东欧的金融业带来挑战。

在关注金融发展包容性的同时，我也将目光注视到殖民地国家的金融史。相比历史悠久的欧美大型银行，对非洲银行史的研究一直是金融史上的薄弱一环。究其原因，早期的非洲跨国银行通常伴随着殖民统治的渗透扩张。首先，殖民地国家政治、社会的剧烈变动导致历史档案收集保管缺失；其次，殖民地银行多少有些不光彩的过去，银行及企业档案存储于原宗主国，原宗主国并不愿意公布其历史档案以供研究；最后，殖民地银行存续期短、兼并重组多且不重视修史，从而形成金融史研究的大段空白，导致研究著作和学者较少。但是，包括非洲银行业在内的新兴市场国家的银行和企业史，对于研究殖民地和新兴市场国家的社会及经济发展极有意义。百年来殖民地银行的兴衰成败、是非功过，给人留下了难以磨灭的金属记忆。

长久以来，法国政坛流行一句话：“如果没有了非洲，法国就会成为二流国家。”法国人强调自己是使非洲成长为现代文明社会的“乳娘”。我在书中从阿尔及利亚银行的系列铜章谈起，揭示了19世纪中叶法国政府控制殖民地金融的历程。“征服过后，行善者的时代跃然而至”，法兰西政治家们希望在殖民地金融领域开辟另一战场，期盼金融软实力能比枪炮起到更大、更久的作用。

在欧元诞生之后，法国告别了承载着法兰西历史、文化、情感和“自由”精神的法郎。令人慰藉的是，法郎依然在非洲流通。原来，欧盟并不是废除主权货币的第一个吃螃蟹者。在欧元诞生之前，非洲大陆已经率先实行了货币与主权国家相脱离的政策，而且至今依然正常运行。这便是流通于西非和中非的非洲金融共同体货币——非洲法郎，它是非洲两个跨主权货币区、15个国家的共同货币。非洲法郎区各国自愿放弃独立主权货币和独立货币政策，付出了影响经济增长、贸易发展和国际竞争的代价，得到的是货币稳定、汇率稳定和信贷稳定，并保持了对非洲法郎可兑换性的信任。走过150年漫长历程的非洲法郎，其最后的归宿是什么呢？在非洲统一组织改为非洲联盟之后，非洲中央银行成立了。非洲未来会不会成立整个非洲的货币联盟，从而实现非洲货币统一呢？这个进程还需经历多么漫长的道路才会实现呢？它又会“盯住”什么货币呢？人们盼望早日翻开“明天”的一页。

南非标准银行是非洲南部地区最古老的银行，其在南非从事营业活动长达一个半世纪。在非洲开普敦初创的英资贸易融资银行，因抓住了19世纪七八十年代钻石和黄金的发现契机，成长为非洲资产规模最大、机构网络最广和最有影响力的银行集团。只有阅读过150多年的标准银行历史，我们才会领悟彩虹之国的曲折历史，领悟非洲殖民地的深重灾难。书中还揭秘了中国工商银行与南非标准银行世纪握手的前因后果，这一划时代的投资交易为中、非之间的经贸合作架起了一座宽阔的金融桥梁。

书中介绍了人们不甚熟悉的刚果比利时银行，掀开了非洲殖民银行历史的一幕。19 世纪末，欧洲列强加快了入侵非洲的步伐。1876 年，欧洲列强只占领了非洲 10.8% 且主要分布在非洲沿海的土地。但到了 1900 年，欧洲列强已经瓜分了非洲 90.4% 的土地。其中，比利时是积极的倡导者和参与者。虽然时间已过百年，但金属币章让人们记忆犹存。对于比利时国王利奥波德二世（Leopold Ⅱ，1835—1909）及刚果银行的是非功过，人们一直存在争议。虽然英国自身的殖民历史不见得光彩，但 BBC（英国广播公司）对利奥波德二世的统治进行了严厉指责。时空不能穿越，历史也无法重演，历史与历史人物只能留待后人评价了。

书中还阐述了众多国际银行业的并购，收购兼并或使成功者更加成功，或使成功者失败和失败者更加失败。西班牙对外银行（Banco Bilbao Vizcaya Argentaria，BBVA）仅有 150 年历史，却经历了 150 多次并购，至今仍在拉美市场称雄。汇丰银行也是金融并购的王者，成就了跨国银行霸业。然而其近年悄然从“全球的地方银行”改为“全球的领先银行”，这也说明了其全球化战略的转型。

（五）金融史上的银行家

金融的诞生、发展和消亡与金融家分不开，金融家的大名已经永远铭刻在这部由金融币章铭刻的金融史上。书中讲述了意大利美第奇家族传奇及欧洲的银行复兴时代；讲述了苏格兰人威廉·佩特森为英国战争融资而造就了世界中央银行的鼻祖；讲述了法国里昂信贷创始人亨利·热尔曼的成功故事，他将一家为纺织业服务的小银行发展为在 20 世纪初就已跻身世界银行业之最的大银行，他创立并影响至今的银行分业经营理论，依然为今天的银行家所感受。书中讲述了高盛公司卑微的起源，德裔移民高曼和萨克斯怎样创造了一个伟大的公司和一个分裂的家庭；讲述了瑞典北欧斯安银行打破魔咒，富过五代；讲述了梵蒂冈上帝的银行家的惊骇故事；讲述了美国中央银行创始人汉密尔顿和美国总统杰斐逊生死相斗的事实真相，两人的分歧源于美国建国路线的异同，并非阴谋论披露的内容；讲述了空想社会主义信用合作理论的践行者德国人赖夫艾森和鼓励贫困农民通过小额储蓄自助自立的英国人亨利·邓肯的感人故事；讲述了“劣币驱逐良币”的提出者格雷钦其人其事及万有引力定律的提出者牛顿的金融生涯；讲述了创建法兰西银行的拿破仑及其侄子的金融才能。虽然金融和金融家的兴衰沉浮离不开时代的政治环境，但这也与金融家的性格、努力密不可分。通过这些讲述，人们或许更能了解历史发展的偶然性和必然性。

每家银行的诞生，背后都凝结着金融家的心血、智慧，失败的银行有金融家的失误，讲金融家的故事使略显枯燥的金融史，显得有血有肉，使惊心动魄金融战后凸显人的因素。

在书的最后我讲了留下金属记忆币章的银行家。虽然世界上精品林立的银行的雕塑很多，但是金融艺术章不多。为写此书，不知不觉，我汇集了 2200 多枚银行纪念章，涉及五六十个国家，5500 多个银行。我也在想，第三本书完成了，会不会写第四本书，将来会不会搞一个小小的博物馆或者博物社，让外国银行家到中国的时候，看他的银行，或者他的银行的银行（此前并购的银行），心里可以扬扬得意，可以寻根历史。我相信会成为金融家金融追思的殿堂，会感觉到金融的力量。

20 世纪 30 年代企业史从金融、经济史独立出来，形成新的学科。后来国外很多大学也开始了企业史的研究，但是与日新月异的经济学科相比，与相对不繁荣的金融史相比，企业史特别是银行史尤为“冷门”。目前，中国出版的银行史著述很少，尤其在外国银行史方面更是如此。历史学的研究、史料考据、理论分析及综合考察是研究银行史常用的方式，而写银行史又要涉及当时的政治、经济、文化，交叉性较强。由于断断续续的写作，这本书更像银行史的札记，内容比较“碎片化”。本书以讲述银行的故事为主，有时在文中也做些理论归纳或评说，但在史料的考证上努力论证寻据，力求精准无误。在撰写此书的过程中，我深感关于世界各国银行史的中文资料的匮乏，好在互联网使世界变小了，我日积月累存下了几百部国外英文版银行史著作。这也是无心插柳，为未来的国外银行史学研究创建了小小的专题图书馆。

新中国的金融从诞生、成长到强大，百年世界金融的沧桑变化，为中国银行业的发展提供了宝贵的经验。今天中国银行业已经跻身于世界金融业之林，中国工商银行更跃居全球银行业鳌首。鉴往知来，现代金融的发展离不开历史、文化底蕴的支撑。忘记了银行业的历史，不可能深刻地了解现在和正确地走向未来。整理世界珍贵的金融文化遗产，发掘前人创造的金融文明成果，回顾金融的兴衰成败及经验教训，对中国更好地推进现代银行业发展具有十分重要的意义。

（本文根据作者2020年11月20日在北京大学汇丰商学院“北大汇丰金融前沿讲堂”的演讲整理，经作者审阅。）

现代商业银行资产负债管理实践的理论思考

中国农业银行香港分行副总经理
于东智

我从2009年12月开始接触银行的资产负债管理工作，十年间，虽然由于分管工作的变化，偶有间断资产负债管理实践，但是一直保持着对该领域的关注和思考。我的资产负债管理实践经历了两种不同的市场环境，一个在境内，是一种利率市场化进程不断推进的市场环境；另一个在香港特别行政区，是一种完全市场化的经营环境。总体的感受是资产负债管理是商业银行经营管理的核心内容，是实现银行战略规划、价值创造和风险管理的基础工具。通过本次总结分享，希望能够对银行资产负债管理领域感兴趣的朋友提供一个框架性的参考。

一、 银行资产负债管理实践的认知逻辑和内容框架

（一）从三个途径认识银行资产负债管理工作

我们可以通过三个途径来认知银行的资产负债管理实践。

1. 通过一段话来认知银行资产负债管理实践

第一个途径是通过一段话来认知商业银行资产负债管理实践。这段话是这样的：

银行的资产负债管理工作既是科学，也是艺术，需要在风险和收益之间寻找恰当的平衡。在银行资产负债管理的“科学艺术”公式当中，最让人难以抵抗的是“高风险和高收益”。绝对的安全将无法为银行利益相关者带来价值，而暴露于最大的风险之下将会为银行带来灾难。好的银行的资产负债管理，也就是“最佳实践”，应该在“安全性、流动性和效益性”之间取得平衡。

可以对如上一段话做进一步的理解：

一方面，如图1所示，左边是科学、右边是艺术，中间的交界部分按照现在通行的、业界比较认可的一个说法是“奇迹”。所以，银行资产负债管理工作能做好，能够得到大家的一致认可，就是一个奇迹；如果得到的是诟病或者不同的看法，也是常态。

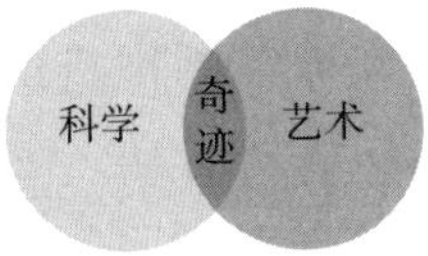

图1　银行资产负债管理的“科学艺术”公式

另一方面，大部分情况下，银行出现问题的原因是管理层追求增长但不计成本，追求利润但罔顾风险，因此，商业银行的资产负债管理要坚持“量、价、险”平衡和“短、中、长”兼顾的原则，统筹平衡风险边界和业务发展、短期目标与长期战略的关系，确保规模与速度、质量与效益的协调统一。

资产负债的总量、结构和期限的统筹平衡，是整个资产负债管理的关键，其中又包括资产的组合、负债的组合以及资产负债组合的最优化构建，以实现总量的平衡、结构的对应和期限的匹配。

特别需要关注的是，要根据可用负债的总量来安排资产的规模，不可无视资金来源的最大潜力来超负荷地运用资金。自商业银行产生以来，银行经营管理的核心艺术始终是由资产负债错配和流动性风险管理两大原则构成。也就是说，在保证安全性和流动性的前提下，通过资产负债的错配获取收益。从本质上讲，银行业所从事的活动就是期限转换的活动。

2. 通过一张图来认知银行资产负债管理实践

第二个途径是通过一张框架图认知银行资产负债管理实践，它为从业者提供了一个共同的思维框架（见图 2）。对商业银行而言，传统的资产负债管理的对象就是银行的资产负债表。传统的资产负债管理的内涵是根据外部的形势变化和发展战略的要求，以资本约束为核心，以资产负债组合管理为基本工具，对资产负债表中的资产、负债和权益的总量、结构和组合配置进行全面、动态和前瞻性的规划、调节和控制。

资产负债管理体现了商业银行经营管理的最基本原则，即以安全性和流动性为基本前提，通过盈利性来实现银行价值的最大化。随着商业银行实践的不断发展，资产负债管理的对象和内涵也在不断扩充，呈现出“本外币、表内外、集团化”的趋势。

具体而言，在管理的内容上，从资产负债表的表内管理转变为资产负债表内外项目全方位的综合管理；在管理的范畴上，从单一本币口径的资产负债管理转变为本外币资产负债的全面管理，从单一法人视角的资产负债管理转变为从集团战略角度加强子公司和境外机构统一全局性的资产负债管理；在管理思路上，从对表内资产负债规模的被动管理，转为对资产负债表内外项目规模、结构和风险的积极主动管理。

总体而言，当前商业银行的资产负债管理已经越来越强调全面、动态和前瞻的综合平衡管理。商业银行资产负债管理的整体目标是在承受合理的缺口与流动性风险的前提下，追求银行价值的最大化。从时间维度上来看，这一目标还可以具体细化。

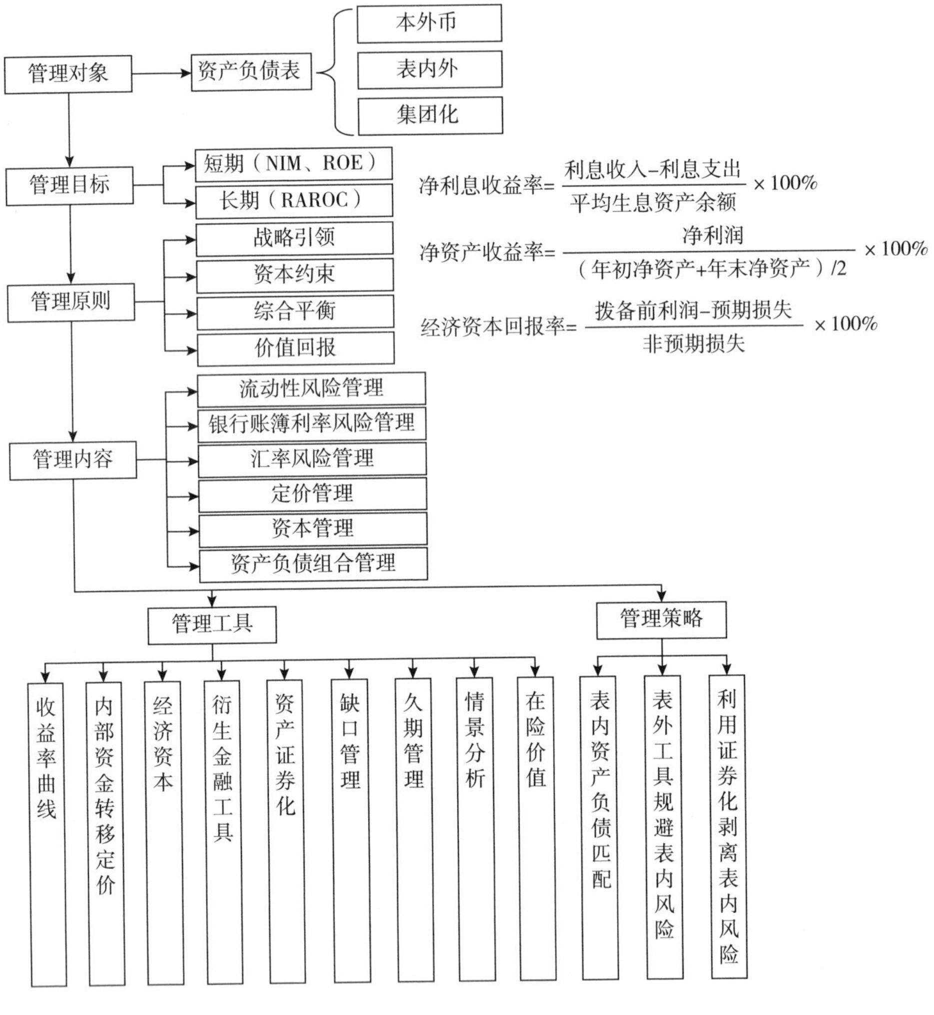

图 2　认知银行资产负债管理实践的思维框架

一是短期目标。根据资本市场的估值理论，银行的市场价值由三个因素决定：银行的净现金流、获取现金流的时间和与现金流相关的风险。在短期内银行现金流的可预测性比较强，风险相对可控，获取现金流量的时间对价值的影响也不大，因此，银行价值的主要变量是净现金流量。

由于资产收入扣除负债成本后的净利息收入是银行净现金流量的主要

构成项目，因此银行业通常是以净利息收入与平均生息资产余额之比，即净利息收益率，作为衡量短期资产负债效率的核心指标。以净利息收益率（Net Interest Margin，NIM）为核心的短期管理目标突出了对利润最大化的追求，从收入和成本匹配的角度，强调了对银行资本的有效利用，但NIM越高，蕴含的结构性风险可能也越高，比如短期追求较高的NIM，有可能是银行通过提高风险偏好和加大对高风险资产的配置实现的，这些信用风险很可能在经济周期下行时候暴露；再如短期较高的NIM，也有可能是承担了较高的利率错配风险和流动性风险。

因此，资产负债管理的短期目标就可以概括为顺应当前的经济形势、市场环境和监管要求等变化，在集团统一的风险偏好框架之下，以提升净利息收益率和净资产收益率水平为核心，统筹表内外资产负债管理，做好规模、风险和收益的平衡协调发展。

二是长期目标。从长期来看，商业银行的经营管理应该充分考虑资金的时间价值与风险、收益间的关系，在有效控制风险的基础上实现公司价值的最大化。经济资本回报率也就是我们讲的RAROC将未来可预计的风险损失量化为当期成本，衡量了经过风险调整后的收益率的大小，并考虑了为非预期损失提供资本储备，衡量了资本的使用效率，使银行获得的收益和承担的风险挂钩，成为现代商业银行普遍采用的一种以风险为基础的价值创造能力的考察指标。所以，商业银行资产负债管理的长期目标又可以表述为：从银行的整体战略出发，建立符合现代商业银行要求的资产负债管理体系，强化资本约束，提高风控水平，统筹把握资产负债的总量和结构，实现三性统一，最终实现经济资本回报率的最大化，进而提升股东价值的回报。用公式表示，即经济资本回报率等于拨备前利润减预期损失，除以非预期损失，再乘以100%，其中预期损失等于违约率（PD）、违约损失率（LGD）、违约风险暴露（EAD）的乘积，非预期损失即经济资本。

3. 通过两张表来认知银行资产负债管理实践

第三个途径是通过两张表（即会计报表或财务报表）来认知银行的资产负债管理实践。稻盛和夫曾经将会计比喻为飞机的仪表盘，飞行员只有通过仪表盘的信息才能驾驶飞机，经营银行也是如此，管理层需要基于准确及时的数据作出决策。所以，从某种意义上讲，会计是经营方向和经营战略的指南针，会计报表是银行经营状况的显示屏，将一家银行分散的经营活动，转化为一组客观的数据，提供了银行的绩效、隐忧和远景的信息。

根据会计信息披露的要求，银行需要披露四张报表，包括资产负债表、利润表、现金流量表和所有者权益变动表。在银行报表的分析实践中常用的是资产负债表和利润表，因为从这两张表中就可以洞察银行的盈利模式和资产负债的特征。

图3上半部分是资产负债表的简表。资产负债表是对银行的资产、负债和权益历史状况的静态反映，是银行主要经营元素的结合，它展示了商业银行的业务规模和资源摆布、资产质量和风险状况、战略导向和盈利能力等。银行资产负债表由资产、负债和所有者权益三大部分构成：（1）资产项目反映银行在资金运用方面的基本情况，主要包括现金、贷款、同业拆放、投资及固定资产等内容；（2）负债项目反映银行资金来源情况，主要包括存款、借款、同业拆借及发行债券等内容；（3）所有者权益项目反映银行自有资金情况，包括股本、各类权益工具和未分配利润等内容。

图3下半部分是利润表。利润表是商业银行在一定时期内经营成果的动态反映，它展示了商业银行的收益类型、成本管控能力和竞争实力。银行利润表包含的主要内容有：（1）营业收入，包括利息收入、手续费及佣金收入、其他业务收入；（2）营业支出，包括利息支出、手续费及佣金支出、资产减值损失、业务及管理费；（3）各项利润指标，包括营业利润，

税前利润，净利润。图中展示的虚线和实线体现了两张表之间的勾稽关系和逻辑关系。

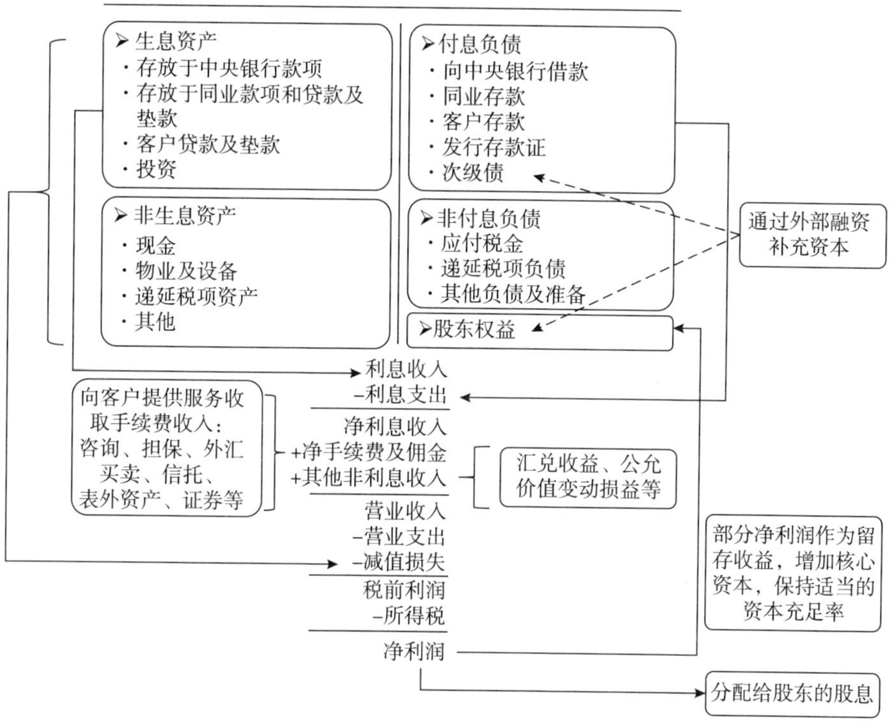

图3　银行资产负债表和利润表逻辑关系

商业银行的盈利模式主要通过对资产和负债的管理获得利差，同时在利率市场化的推进过程中，商业银行提供金融服务过程中派生的手续费和佣金收入也逐渐成为银行的重要收入来源。

概言之，银行的盈利来源有三大块：第一块是净利息收入，是指银行通过持有生息资产获得的利息收入，它与计息负债产生的利息支出的差额是净利息收入；第二块是手续费和佣金，是指银行在向其他市场主体提供金融服务的过程中，因为提供服务而收取的报酬；第三块是投资和交易性收入，是指商业银行自营各类投资和市场交易所产生的收入。

盈利模式的选择与资产负债的管理是商业银行经营管理的重要内容，从逻辑关系上看二者互为因果，一方面盈利模式直接决定了商业银行对资产负债的选择偏好，另一方面资产负债的结构又决定了商业银行的盈利结构。资产负债表展现银行的资产负债特征，利润表则展现银行的盈利模式。对于银行的财务报表分析而言，资产负债表是基础，资产负债的结构决定了利息收入、投资和交易性收入的结构。

资产负债表的变化过程，也是银行经营战略的执行过程，通过资产负债表可以看出银行战略的发力点、风险偏好和流动性风险管理能力。利润表则是展示资产和负债匹配后的盈利能力情况，是资产负债表的结果。此外，利润表的收入结构可以反映一家银行对资产负债的依存度，比如，轻资产银行的手续费和佣金收入占比一般高于重资产银行。因此，银行的盈利模式与资产负债特征的逻辑关系，最终体现在银行的资产负债表和利润表的关系上，读懂了这两张报表，也就基本把握了一家银行的基本经营情况。

（二）银行资产负债管理职能部门的现实定位、演进路径和实践模式

1. 银行资产负债管理职能部门的现实定位

图4展示了商业银行治理和管理架构的一个通行范本。在银行的各个组成部门中，资产负债管理职能部门的定位介于宏观和微观之间，既不同于银行的战略规划和研究部门那样，偏重宏观的战略研究和政策解读，也不像银行的客户部门那样，负责具体的业务规章和业务营销。

资产负债管理部门通常有以下三项核心职能：第一个主要职能是构建银行集中统一的资金池，通过内部资金转移价格实现全额资金管理，实践中大家也偶有探讨是否有必要建多个资金池；第二个主要职能是风险管理，主要是指流动性风险、银行账簿利率风险和汇率风险；第三个主要职能是资本管理，主要是对经济资本的管理，以应对非预期损失。

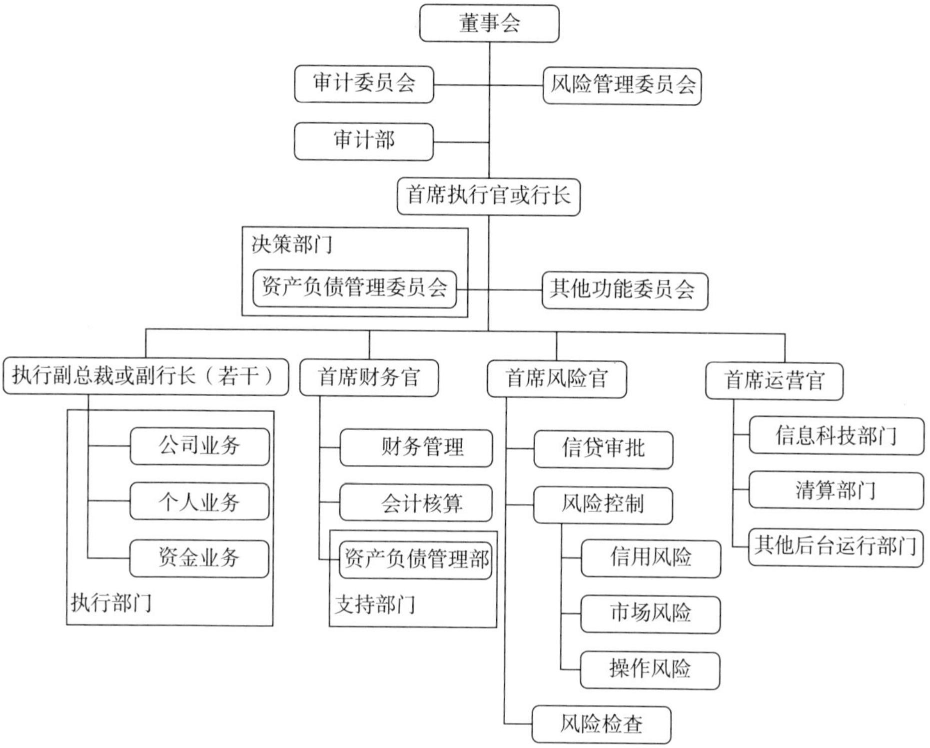

图 4　商业银行治理架构

从自身的功能逻辑看，银行的资产负债管理部门负责保障银行资产负债的平衡发展，其目标是统筹管理银行的流动性、银行账簿利率风险和汇率风险，也就是在风险可控、基本实现内部资金管理盈亏平衡的同时，促进整体的业务发展，达到银行风险调整后的利润最大化，实现“三性”，即安全性、流动性和效益性（也叫盈利性）的平衡。

因此，资产负债管理职能部门在现实中的主要定位是中台的风控部门和成本中心。资产负债管理委员会作为资产负债管理业务的决策部门，是管理层下设的一个功能委员会；资产负债管理部门作为一个业务支持部门，通常是首席财务官下辖的一个部门。

2. 银行资产负债管理职能部门的演进路径

受银行管理层偏好和银行发展路径依赖的影响，履行银行资产负债管理职责的职能部门的设置在实践中多种多样。名称只是一个符号，履行的职责内容才是核心。大体而言，中资商业银行（比如工商银行、农业银行和建设银行等）履行资产负债管理职能的部门通常称为资产负债管理部。工商银行的资产负债管理部由原来的资金营运部为主体转化而来，农业银行的资产负债管理部以原计划部为主体转化而来，建设银行的资产负债管理部以原计划财务部为主体组建。在外资商业银行，特别是欧美商业银行中，履行这一职责的部门通常称为司库（Treasurer）。从目前业内对司库的理解看，有两个类型，即狭义的司库是操作型、工具性的，主要是进行资金集中投资交易和筹措，重视现金流缺口管理，投融资决策相对分散；广义的司库是管理型、战略性的，不仅包括狭义的司库职能，还包括资本管理、资产负债管理等。

随着实践的不断深化，银行的资产负债管理职能部门的职责已经从最初的仅仅负责银行自身的资金管理，延展到目前的广义管理。当前的主要职能是通过计量和控制资产负债的流动性风险、银行账簿利率风险和汇率风险，并通过资金转移定价（FTP）机制来实现对银行内部的资产负债成本和收益的考核，不断改进资产负债结构以适应银行业发展的战略，提高银行业总体的盈利能力。

德勤会计师事务所 2012 年对 24 家国际金融机构的司库调查数据显示，司库职能主要包括：流动性和头寸管理（100%）、投融资管理（96%）、资产负债错配管理（87%）、资本管理（74%）、内部资金转移定价（含利率风险管理）（70%）、汇率风险管理（70%）、资产证券化管理（65%）、抵押品管理（57%）。从这个意义上讲，广义司库职能就基本对应着目前大型中资商业银行资产负债管理部的职能。

3. 银行资产负债管理职能部门的实践模式

进一步而言，国内商业银行资产负债管理职能部门的实践模式又可以分为三种。

第一种模式是由资产负债管理部和金融市场部共同承担司库的职能。随着市场环境变化，监管机构对资产负债管理的要求日趋严格，部分银行成立了资产负债管理部门，将部分司库的职能转移到资产负债管理部集中管理，形成前台进行司库业务操作、资产负债管理部中台统筹管理的模式。资产负债管理部和金融市场部的司库模块（货币市场交易功能）均向资产负债管理委员会报告。国内大型银行大多采用这种形式，即广义的司库模式。

第二种模式是司库的职能归属于金融市场部，不同银行的名称可能不同（也有称为资金部的），但部门内部通常都设有固定收益或者货币市场交易台、外汇交易台、资本市场交易台、金融衍生品交易台、资产负债管理交易台等功能组，以便通过不同的金融市场灵活管理银行资金，资产负债管理委员会负责落实银行的风险偏好，决定 FTP 和资产负债的策略，司库需要向资产负债管理委员会汇报。国内的大多数中小银行均采用这种模式，香港的一些小型、中型银行也采用这种模式。

第三种模式就是独立的司库，将司库业务从金融市场部分离出来独立运作，比如中国银行集团曾经将金融市场总部拆分为司库、投行部、全球市场部、托管业务部、金融机构部等部门。司库承接了原金融市场总部的债券投资业务，负责流动性的组合管理和本外币的资金池运作。此外，集团总部财务管理部下设内外部定价、流动性管理和资产负债管理三个团队，负责其他资产负债管理有关的工作。这种模式属于狭义的司库。

上述模式对资产负债管理履职部门的定位不尽相同，成本中心、利润中心或者二者兼之的情况都有，也有部分银行尚未明确司库的定位。就第二种模式而言，金融市场部既是利润中心，又承担着流动性管理的职能，在实践操作中二者经常会出现矛盾。

因此，当司库的职能归属于金融市场部而不能独立核算的时候，金融市场部在制定内部资金转移价格时就难以保持公正性，金融市场部的绩效也难以评估和考核。第一种模式虽然避免了第二种模式的弊端，但由于流动性风险管控中资金进出分别由两个部门负责，部门之间存在壁垒和利益分割，也会导致实践中的矛盾日益明显。由于各家银行的历史演进各有特点，存在路径依赖，所以并不存在一个最优的资产负债管理部门架构，部门架构的设计应该有利于履行核心职能，应该遵循委托代理机制顺畅、消除部门壁垒障碍的原则展开，从这个角度出发，将银行的资金交易划分为基于行内资金的司库交易（满足流动性管理的需要）和市场资金的自营交易（获取更大的盈利性），应该是当前银行业的最佳实践选择。

二、 银行资产负债管理核心实践领域的理论归纳

如前所述，银行资产负债管理实践囊括众多领域，这里选取五个实践领域加以探讨。

（一）宏观分析框架

资产负债管理决策是银行最基本、最核心的商业决策，透彻了解宏观经济运行（特别是本国和全球）的特点和趋势，是做好银行的微观竞争主体资产负债管理工作的关键所在。

从外部看，银行的资产负债管理主要是对资产负债的总量、结构和期限的配置；从内部看，资产负债管理本质上是商业银行风险管理的重要手段，主要是对流动性风险、银行账簿利率风险、汇率风险、资本充足率的

管理，达到“三性”的平衡。因此，资产负债管理决策除了需综合考虑银行自身的风险偏好、预算目标和外部监管的约束之外，宏观的经济变量也是影响银行资产负债管理决策的重要因素。

此外，银行的资产负债管理部门还是政府宏观政策传导的重要微观主体，需要对宏观经济政策和环境变化具有极高的市场敏感度，这也是银行自身价值最大化的内在要求。宏观的经济变量虽然纷繁复杂，但是从银行资产负债管理自身的功能逻辑看，影响资产负债管理决策的宏观变量大体可归结为“量、价、险”三个方面，这三个方面又是相互关联、相互影响的，这样就构成了我们进行宏观分析的框架（见图5）。

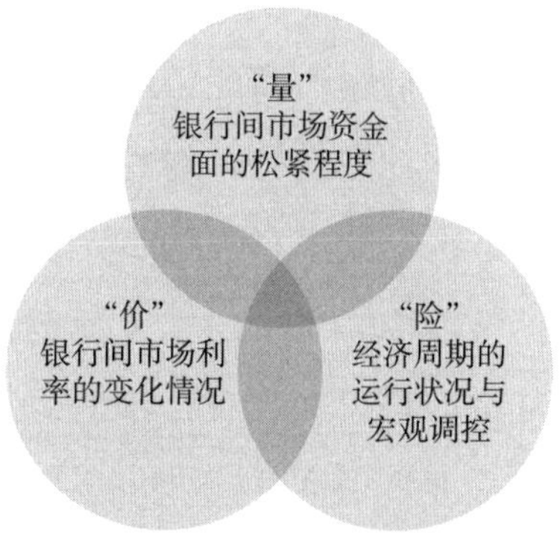

图5　宏观分析框架

首先看“量”，量是指银行间市场资金的松紧程度。一般而言，资金面表示货币供应量对金融产品的支持能力，资金面的松紧程度是市场资金供给和需求相互作用的结果，反映市场的流动性状况。资金面宽松是指市场流动资金充裕、资金供给大于需求，市场利率下行；资金面紧张则是指市场的流动资金匮乏，资金供不应求，市场利率上涨。银行资产负债管理工作关注的资金面概念更加聚焦，主要是指银行间市场资金面的松紧程度。

其次看“价”。利率是资金的价格，短期利率的走势反映了短期资金的松紧情况，中长期的利率走势则反映了市场对宏观经济走势的判断和货币政策的走向。银行需要判断短中长期的利率走势，从而合理摆布资产和负债的期限结构，防范利率风险和流动性风险。其中，银行间市场利率能够及时、准确地反映资金的供给状况，是银行资产负债管理工作重点关注的价格变量。

最后看“险”。“险”就是经济周期的运行状况和宏观调控。宏观经济发展呈现周期性波动是一个客观存在，经济周期的存在使金融体系在经济扩张时加速风险集聚，并且在经济衰退时集中释放，从而进一步加剧金融体系和宏观经济波动，经济学界把这种现象称为“金融体系的顺周期性”。

同时，政府会根据经济运行的情况，通过财政政策和货币政策进行宏观调控，宏观调控的方向将直接影响商业银行的资产负债管理决策，而货币政策的调控方向将直接影响利率走势，对商业银行资产负债管理决策有着非常重要的影响。特别是由于现在科技进步，政府获得的信息量与过去大不相同，逆周期的调控已经成为当下的一个惯例。了解宏观经济的运行情况，尤其是与货币政策目标相关的宏观经济情况，就可以判断货币政策的大致方向，比如经济持续上行，可以预期央行将采取紧缩的货币政策，防止经济过热；如果经济下行，可以预期央行将采取宽松的货币政策，刺激经济。因此，了解经济周期，有助于掌握货币政策的长期走向。

为有效分析判断货币政策的走向，需要关注影响货币政策走向的关键指标，可以从以下两个方面着手：一是了解中央银行如何取舍不同的经济指标，以美联储为例，美联储的货币政策目标是促进就业的最大化和物价的稳定，那么我们就应该集中分析与其关联度最大的指标，比如就业人口的比率、工资的变化、信贷的扩张、资产的价格。二是要兼顾其他非经济数据。比如，失业率的下降过去一般是反映经济活动的增加，反映经济上行，但是从近年来的情况看，发达国家都面临着低失业、低通货膨胀的新常态，低失业率无助于提振经济。这种现象主要是因为发达国家人口老龄化问题非常严重，使生产力和信贷的增速在放缓，经济活动在减少；而人口老龄化又使劳动人口的比例在降低，拉低了失业率。因此，有关失业率的分析还要兼顾人口结构状况，不能直接把低失业率视为利好经济的因素。

下面利用上述宏观框架来分析香港特别行政区的情况。中国香港由于实行联系汇率制度，没有独立的货币政策，港元的流动性主要受港美汇率的影响，香港金融管理局可以自主调控港元流动性的空间非常有限。港元兑美元的汇率、外汇基金票据和债券的总额、季节性因素、预期的自我实现和预期差是影响港元流动性的主要因素。

第一个因素是港元总结余和港美元的汇率。总结余是香港的持牌银行在金管局的结算户口的结余总和。开设这些结算户口的目的是结算银行相互之间、金管局和银行之间的交易。

总结余是香港特别行政区基础货币的重要组成部分，根据金管局联系汇率制度的安排，当港元汇率触及 7.75 的强方兑换保证时，金管局需要于市场上买入美元、卖出港元，使增量的港元流入银行体系，港元的总结余会相应增加，银行的同业拆借利率预期会下降；反之，当港元的汇率触及 7.85 的弱方兑换保证时，金管局需要在市场上买入港元、卖出美元，使港元流出银行体系，也就是港元的总结余会相应减少，银行间的同业拆借利率会预期上升。因此，港元汇率走势是判断港元流动性的一个前瞻性指标。1997—1998 年，香港的总结余非常少，容易引致银行间同业拆借利率的大幅度波动，最终被炒家利用，操控市场。2008 年之后，香港市场总结余增加，港元同业拆借利率受资金流入和流出的影响相对降低，利率波动的幅度在减小。但是自 2018 年开始，银行的总结余开始减少，利率的波动幅度又开始增加。

第二个因素是外汇基金票据和债券总额。在1998年国际金融危机之后，外汇基金票据被香港金管局加入基础货币中。根据联系汇率制度的安排，金管局只有在资金流入的情况下才能增发外汇基金票据和债券，来确保所有新发行的外汇基金票据和债券都得到外汇储备的充分支持。金管局通过增发外汇基金票据和债券，可吸收总结余内的全部或部分港元资金。

第三个因素是季节性因素、预期的自我实现和预期差。

宏观分析框架中的第二个影响因素就是“价”。香港市场中有三个指标：第一个是港元隔夜平均指数（HONIA）。HONIA是根据真实交易数据加权平均计算得出的同业隔夜拆借利率。香港的同业拆借期限主要包括隔夜到一年，主要的成交在一个月以内，其中隔夜拆借利率一般对市场短期流动性状况最为敏感，如果隔夜利率飙升，代表市场短期流动性比较紧张，如果隔夜利率维持在较低水平，就代表市场短期流动性较为宽松。香港也没有统一的同业拆借交易中心，同业拆借业务主要通过货币市场经纪来完成，价格信息也不对外公布。实践当中都是以HONIA来作为判断指标。

第二个影响观察“价”的指标是外汇掉期隐含利率。外汇掉期是一种对冲汇率风险的方式，同时也是一种资金借贷的方式，是银行管理流动性的一种主要工具。因此，外汇掉期隐含利率是判断银行间市场流动性状况的一个重要指标。外汇掉期的期限通常是一年及以内，由于外汇掉期的交易量大，具有市场深度，因而外汇掉期的隐含利率是主要的货币市场利率指标。掉期的价格是远期汇率减即期汇率的点差，一般而言，如果美元对港元的掉期点下降，说明港元的流动性趋紧；如果美元对港元的掉期点上升，说明港元的流动性比较宽松。

第三个判断“价”的指标是HIBOR。HIBOR以香港银行公会指定的20

家参考银行所提供的报价资料为基础，每个工作日上午十一点对外公布，期限涵盖隔夜到十二个月。HIBOR 对市场资金的供求也比较敏感。其中，隔夜拆借利率一般对市场短期流动性状况最为敏感，如隔夜利率飙升，代表市场短期流动性较为紧张；如隔夜维持在较低水平，代表市场短期流动性较为宽松。

宏观分析框架中的第三个方面是“险”。首先，我们要判断经济周期所处的阶段。对于经济周期所处阶段的判断，市场上并没有一个明确量化的标准，各个国家和地区对同一经济指标的解读可能也有所不同，但是我们仍然可以综合考虑各个国家和地区的经济和金融数据来判断其所处的阶段，比如我们通常可以通过表 1 中的这些指标来做一个大致的判断。

表 1　对经济周期所处阶段的判断指标

经济周期所处阶段	GDP	通货膨胀	失业率	采购经理人指数（PMI）	资产价格
Ⅰ衰退	连续两个季度出现负增长	零增长或出现负增长	持续上行	下降至 50 以下	持续下行
Ⅱ萧条	持续负增长	持续负增长	处于历史较高水平	持续低于 50	处于历史较低水平
Ⅲ复苏	恢复增长	恢复增长	持续下行	回升至 50 以上	持续上行
Ⅳ繁荣	持续正增长	持续正增长	处于历史较低水平	持续高于 50	处于历史较高水平

在对经济的周期做出初步判断之后，我们需要判断利率的走势。利率的走势与经济周期紧密相连，当经济衰退时政府会采取低利率政策以刺激经济，利率预期会下降；但当经济周期运行到最高点时，持续的经济增长会增加贷款需求，从而推高利率。中国香港实行联系汇率制度，在过去的 20 多年中，美联储每次加息或降息，香港金管局几乎都会跟随行动。其一是香港基本利率一般根据美国的联邦基金目标利率上调或下调，是用作计算银行经贴现窗与金管局进行回购交易的一个基础利率；其二是港元市场

的利率走势与美元利率基本一致。联系汇率制下存在强弱方兑换保证，从历史数据可以看到美元和港元的利率走势趋同。因此，我们可以通过分析判断美元利率的走势来分析港元利率的走势。此外，还可以通过其他的工具来观测美联储的政策走向，比如利率期货隐含利率，以及议息会议公布的利率点阵图等。

（二）流动性风险管理

对商业银行来说，流动性风险管理的重要性怎么强调都不为过。摩根斯坦利前首席全球策略师巴顿·比克斯（Barton Biggs）先生的一个比喻非常形象，他指出，“流动性是个懦夫，遇到麻烦就会消失。”

流动性是指商业银行在不引起无法接受损失的情况下，应对资产增长和履行到期债务的能力。流动性风险是指商业银行虽然有清偿能力，但无法及时获取充足的资金，或者无法以合理成本及时获得充足资金，以应对资产增长或支付到期义务的风险。

从基本内涵上看，有清偿能力将流动性与清偿风险区分开来；突出成本概念，即可以获取资金，但是需要付出额外的成本，仍然属于流动性风险；强调支付义务，支付的范围大于债务，未能支付非法定义务也可能带来声誉风险。从产生原因来看，流动性风险主要来源于资金流的不匹配，比如资产负债规模的不匹配，存在资金缺口，或者资产负债的期限不匹配，借短放长，以及其他风险派生，比如信用风险、市场风险、操作风险、声誉风险、IT 风险等，均可能会引致流动性风险。从主要特点来看，流动性风险的突发性强、传染性高、破坏力大，会对银行的盈利和资本造成不利的影响。而且在极端情况下，会导致银行的倒闭，这是最致命的风险。借短放长这种期限错位的经营模式是银行天然存在的，这种经营模式又导致了流动性的脆弱，因此流动性风险是商业银行的天生缺陷，备受监管当局的关注。总体来讲，流动性风险管理的主要目标就在于以合理的成本确保支付安全与监管达标。

1. 流动性风险为何如此重要

第一，流动性风险是银行董事会和监管当局最关注风险。前面讲到借短放长是银行的普遍经营模式，银行面临着不可避免的流动性风险。纵观银行的经营史，英国巴林银行、美国伊利诺伊银行、英国北岩银行、中国海南发展银行等，都出现了危机，虽然这些银行问题的起因各有差异，但最终都是因为流动性不足而导致危机。

第二，金融危机之后流动性风险管理的重要性进一步提升。一是监管部门意识到监管的力度需要加强。商业银行流动性风险往往是一些“灰犀牛”事件所引致的，并不是难以预料的“黑天鹅”，因此监管部门意识到监管力度的加强会有助于降低流动性风险。二是确立了流动性监管和资本监管几乎并列齐驱的地位。因为监管机构意识到即使是资本充足，银行仍然有可能因流动性风险而陷入困境。

第三，在成熟市场的条件下，比如一个完全没有管制的市场中，银行的流动性风险管控难度更大，体现在以下四个方面。

首先，负债稳定性降低，增加了银行负债端流动性管理的压力。负债的不稳定性表现为，客户可以选择的投资理财产品的种类多样，为了追求更高的利率，客户的资金可以频繁地在各种产品之间转换；由于利率充分的市场化，银行具备完全自主的定价权，资金定价的竞争会影响客户资金的流动，增加银行负债不稳定性。

其次，利差的收窄也会加剧银行资产负债期限的错配和高风险的偏好。在成熟的市场条件下，由于竞争的充分性，资金利差一般低于管制的市场水平。为了应对利差收窄给银行收益带来的压力，银行会更倾向于扩大资产负债期限错配的程度，短借长贷。同时，出于盈利的压力，银行也愿意将贷款投放给愿意支付高借款利率的客户来获取更高收益，高风险的资产占比会增加，对风险较低的借款人会产生挤出效应，形成风险偏好的逆向选择。

再次，资金的自由流动使区域的流动性更容易受到全球市场因素的影响。在完全市场化的环境中，区域的流动性会受到全球政治、经济因素的影响，给区域内银行的流动性管理带来压力。区域市场资金的进出完全自由，也给银行业的流动性管理提出了更高的要求。

最后，对于国际化经营的银行集团来说，流动性的监管成本更高。国际化的商业银行分支机构遍布于全球各地，虽然各个分支机构面临不同国家的监管要求，但是在监管的理念上，银行的流动性监管均是首要的监管目标，特别是成熟市场的监管机构，一般都执行全球最为严格的流动性监管标准，比如将表内外的业务全部纳入监管，再如强调对集团流动性风险的整体监控，以及重视流动性压力测试结果的应用。同时，这些监管机构也强调监管的协作，比如某一国家或者地区的分支机构被监管机构提出了监管意见，那么这个银行集团在其他国家和地区的监管机构一般会同时跟进，相应增大了银行监管达标成本。

2. 流动性风险管理的治理架构

流动性风险是银行多种风险的综合反映，管理上需要跨部门的协作，为了保证管理架构的有效运行，银行需要成立集团层面的领导和协调机构，建立完善的协同机制。银行的董事会需要决定和清楚说明流动性风险的类别和程度、银行在正常和压力情况下流动性风险可承受的水平等。在制定业务策略和政策方面，银行的管理层应设有流程，以计量流动性成本、收益和风险，并且能够将有关的成本、收益和风险分摊到各项业务中，确保业务开展和银行流动性风险的偏好一致。这种治理的架构通常由一个决策、执行和监督体系构成（见图 6）。

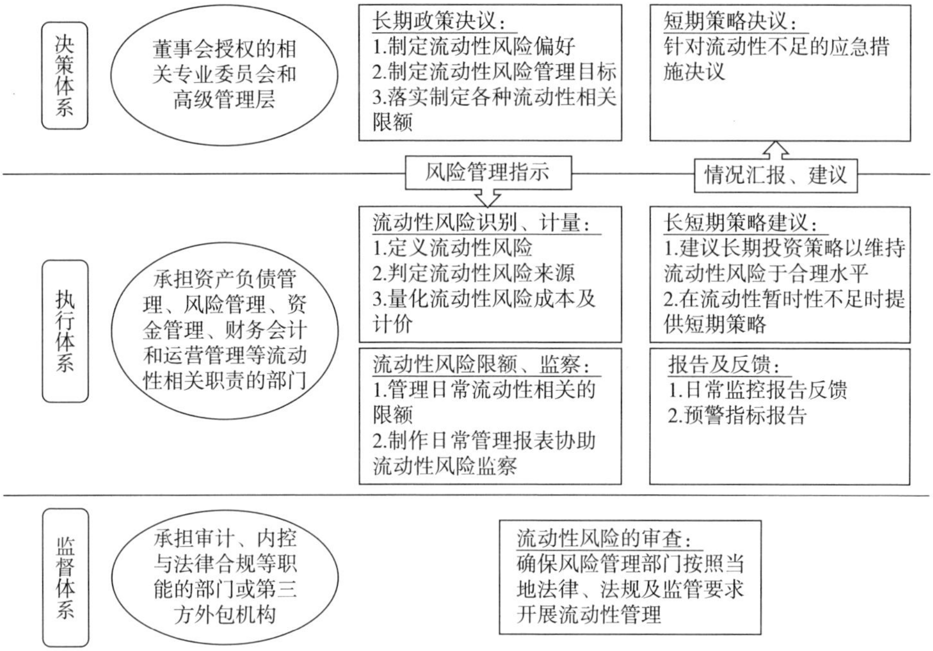

图 6　银行流动性风险管理的治理架构示例

3. 应对风险管理的四步工作法

四步工作法可以有效地应用于风险管理。它们分别是，第一步明确管理目标，第二步制定风险偏好，第三步明确管理对象，第四步运用管理工具。

对于流动性风险管理而言，管理目标有三个：第一，建立科学、完善的流动性风险管理体系，对流动性风险实施有效的识别、计量、监控和报告；第二，确保银行在正常的经营环境和压力状态下，能够及时满足业务的流动性需求，履行对外支付的义务；第三，有效平衡资金的安全性和效益性。

明确目标之后，我们需要确定风险偏好。风险偏好的确定就是要综合考虑银行的经营战略、业务特点、财务实力、融资能力和总体的风险偏好。风险偏好分为定性和定量两个方面，两个方面是相互匹配的，比如进取型的风险偏好，相应定量的指标就要有所反映，表现在监管指标和监测指标上。

第三步是明确管理的对象，明确管理的对象是要密切关注资产的增速、现金流、日间头寸、融资来源、优质流动性资产变化等各种流动性风险的因素，确保未来一段时间内的日常和压力状态下的支付安全。其中，现金流的管理是流动性管理风险中最为重要的管理对象。展开来说，银行需要建立现金流的测算和分析框架，需要有效地计量、监测、控制正常和压力情景下，未来不同时间段的现金流缺口，现金流的测算和分析要涵盖资产和负债的未来现金流，以及或有资产和或有负债的潜在现金流。

为了实现精细化的现金流管理，银行应该将资金的头寸分为基础头寸、可控头寸和不可控头寸，基础头寸与可控头寸之和称为储备头寸。基础头寸是指超额准备金，可控头寸包括明确到期日的债券、同业往来等银行可以主动控制现金流的投融资业务，不可控头寸包括个人存款、贷款、分红、表外承诺等，是银行难以主动控制现金流的业务。银行对可控头寸按日计算各个设定时间窗口的现金流入和流出，对不可控头寸的未来现金流按照审慎原则，以历史数据和行为模式为基础，开展客户的行为分析，计算出正常和压力情景下在一定时间窗口和一定置信区间内的现金流出。每日头寸摆布要满足储备头寸覆盖不可控头寸流出的原则。

第四步是运用管理工具。

第一，要构建指标体系，制定一系列指标来管控流动性风险，并设置警戒线作为第一道防线，流动性管理人员需要提高警惕，关注有关风险；内部限额是第二道防线，一旦突破，银行应该采取措施改善风险情况，并向管理层报告（见表2）。

表2　制定管控流动性风险的指标体系

类别	风险指标	指标管理要求		
		法定要求	警戒线	内部限额
监管指标	流动性覆盖率（LCR）			
	净稳定资金比例（NSFR）			

续表

类别	风险指标		指标管理要求		
			法定要求	警戒线	内部限额
期限错配缺口	期限错配比率	7 天错配比率			
		1 个月错配比率			
流动性缓冲资产	优质债券市值相对一个月内到期净负债				
集团内流动性	系统内拆出资产占比				
	系统内拆入负债占比				
货币错配	主要币种掉期资金上限				
融资集中度	同业融资比率	30 天同业融资比率			
		90 天同业融资比率			
	银行集团占总负债比率	单一银行集团占总负债比率			
		前 5 大银行集团占总负债比率			
	同业拆入余额占同业拆入能力比率				
	单一交易对手负债占剩余拆借能力比率				
	主要资金来源占比				
资产负债结构	全币种和分币种贷存比率				
压力测试	现金流压力测试				

第二，进行现金流的管理，需要建立一个有效的现金流测算和分析框架，通过系统按日对现金流入和流出进行计量、监测和分析。在正常情景下，未来不同时间区间现金流的缺口，区分可控头寸和不可控头寸。

第三，运用压力测试工具。流动性压力测试的主要目的是测试银行在流动性风险压力情况下的风险承担，通过检视测试的结果来促进对银行自身风险的了解，压力情景设定一般遵循监管要求，有轻度、中度和重度压力情景。测试结果主要是应用于未来流动性管理政策的制定和银行发展战略的调整。

第四，要有一个应急融资计划，清楚列明处理紧急情况的策略。有关紧急情况包括流动性短缺的严峻程度超过银行根据自身受压、市场整体受压、合并压力情况下进行压力测试所估计的一个水平。银行也需要根据业务规模、经营性质、复杂程度和风险水平，充分考虑压力测试的结果，制订一系列的政策、程序和行动计划，来缓解流动性的压力事件，并且清楚地定明职责。

第五，流动性风险管理需要持续检视市场的流动性情况，以便做好对应的资金安排，包括：对当前流动性的考虑，判别未来的流动性，以及同时做一些流动性缓冲的安排。

（三）银行账簿利率风险管理

利率风险是指因利率不利的变动而使银行的财务状况承受损失的风险。对银行而言，利率风险存在于银行账簿和交易账簿中。银行账簿的利率风险是指银行没有划入交易账簿的相关表内外业务形成的利率风险头寸而带来的风险。图 7 清晰地展示了二者的区别。

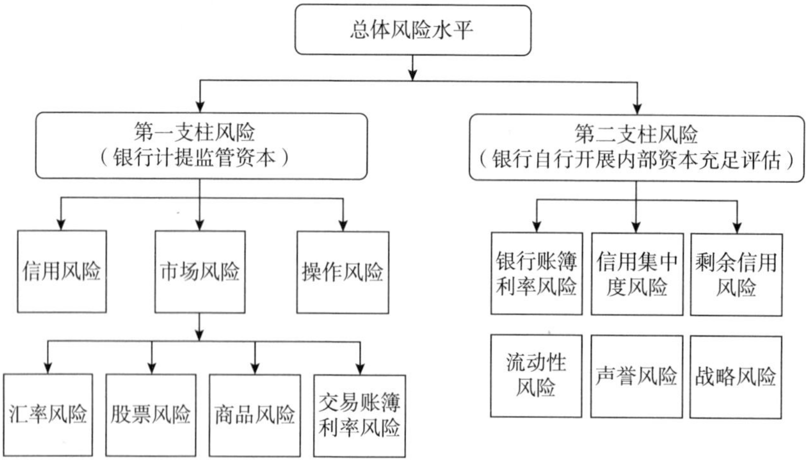

图 7　交易账簿利率风险和银行账簿利率风险

根据《巴塞尔协议Ⅲ》的相关内容，交易账簿利率风险属于市场风险的范畴，为第一支柱的风险，银行需要计提监管资本；而银行账簿利率风险是第二支柱风险，银行需要自行开展内部资本充足评估。两类账簿的资本要求不同，会计处理也有所不同。交易账簿是指为交易目的而持有的金融工具的头寸，它的计量属性按照目前会计准则用公允价值计价，损益直接进入利润表；银行账簿的计量属性可以是摊余成本或公允价值，通常情况下盯市损益不直接计入利润表而是计入其他综合收益。

对于银行账簿的利率风险，同样也可以采取四步工作法进行管理。

第一，明确管理目标。包括建立完善的体系来管理利率风险，以及确保银行的利率风险水平可控，并且在此基础上通过主动管理、优化调整银行资产负债结构，最终目的是提高净利息收入。

第二，制定风险偏好。要综合考虑银行的规模、盈利的能力和资本的状况，利率风险的偏好最终体现为利率风险的限额。

第三，利用管理工具来管理银行账簿的利率风险。可以从三个维度来识别银行账簿的利率风险，一是缺口风险，也就是当利率变动时，表内外业务重定价期限不匹配而引发的风险；二是基准风险，是指银行收取利息和支付利息的资产负债业务，尽管重定价期限相同或者相近，但是由于两类利率的变动之间存在不完全的相关性，因而产生了基准风险；三是期权性风险，是指银行持有衍生工具，或者表内外业务存在嵌入式的期权条款或隐含选择权，使产品的期限和原来的期限不一致所导致的风险，比如提前还款等。

计量利率风险通常有四种工具：一是缺口分析，二是久期分析，三是净利息收入分析，四是 EVE 模拟。运用四种工具进行计量之外，还要进行利率风险的压力测试和反向压力测试。在进行压力测试时要考虑基本情景、监管指定情形、历史情景三个方面。在进行压力测试之后还要进行反向压力测试，即根据一项已知的压力结果，逆向追溯引致该结果的事件，由果求因。运用管理工具的第四个方面是要运用一些限额管理，比如缺口限额、久期限额、收益角度的敏感度限额、经济价值角度的敏感度限额、压力测试限额等。

第四，制定管理策略。首先，制定一个宏观经济的分析框架；其次，根据宏观分析框架合理制定利率风险的管理策略；再次，依据制定的策略调整资产负债的结构，比如对资产组合、负债组合进行调整，利用管理工具确保利率风险缺口按照期望的方向发展；最后，要善用利率风险的缓释工具，包括远期利率的协议、利率期权、利率互换、利率顶和利率底等。

（四）资产负债组合管理

一个标准的资产负债组合管理的基本框架通常包括以下六个方面：模型的建立、总量的编制、组合的管理、资产负债表的预测、验证的分析和结果的输出。

资产负债匹配的建模有一个基本的框架，可以在各种统计软件上实现，根据银行的规模大小、数据量的大小和复杂程度的高低进行建模。资产负债匹配的建模旨在建立一个在约束条件下能够有最优解的模型，通常情况下需要进行多次拟合使得模型完成最优的方案。在建模的过程中要立足于银行资产负债表的管理，将资产负债预算、流动性风险水平、银行账簿利率风险和资本充足率的管理纳入组合模型中。

组合管理的过程通常需要总量的编制。总量的编制要根据时间、区间内资产负债预定的总量来制定。组合的管理最终形成的是资产负债表的预测，同时对预测结果进行验证。验证主要是以预测的资产负债表的各项业务发展情况为基础，验证预测的资产负债的情况是否符合监管、战略的要求，以及内部管理的需要。结果的输出在模型建立、总量编制、组合管理、资产负债表预测、验证分析五个步骤之后，如果运行顺畅，会形成资产负债的预测报表、利润表的预测报表和限额监控表的预测报表这三张报表。

（五）资产负债管理系统建设

最后一个核心的实践领域是银行资产负债管理系统的建设。之所以要进行资产负债系统的建设，是因为资产负债管理囊括了预算、流动性、利率、汇率、FTP、经济资本管理等方面，涉及海量的数据，数据的提取、整理、分析和测算都需要自动化处理。金融市场的波动性增强进一步给商业银行的资产配置、流动性风险管理、利率风险管理等方面带来了诸多的挑战。靠手工操作进行资产负债管理，不仅存在较大的操作风险，也会占用大量的人力资源，无法做到精细化管理，因此必须有系统的支撑。

总体来讲，系统建设的目标就是构建一个全面和集成的应用平台，通过多种分析工具和技术，对各类市场风险进行计量和管理，科学制定内部资金转移定价策略，为银行的资产负债管理提供决策支持。具体来讲包括以下四个方面：第一，要明确地界定管理资产负债的范围，实现对资产负债的预算编制、收支预测的自动化处理；第二，实现对资产负债的久期、利率、敏感性缺口、流动性缺口的自动实时检测，提升司库对流动性、利率和汇率的管控能力；第三，实现流动性比率的每日监测报告，实现多币、单币的压力测试；第四，实现 FTP 自动化的动态管理，基于资金价格、流动性成本和管理控制需求等因素进行动态调整。

系统的框架如图 8 所示，主要包括资产负债组合的管理、利率风险的管理、流动性风险的管理、资金转移定价的管理、资本管理和数据处理六个部分。资产负债管理系统的建设当中数据处理是实施阶段最重要的一个环节，直接影响到框架当中的流动性管理、利率风险管理、汇率风险管理、资本管理和 FTP 管理五个部分。数据处理包括了数据质量的核查、基础数据的处理、数据聚合的规则、映射规则的设定和缺失数据的补入等。

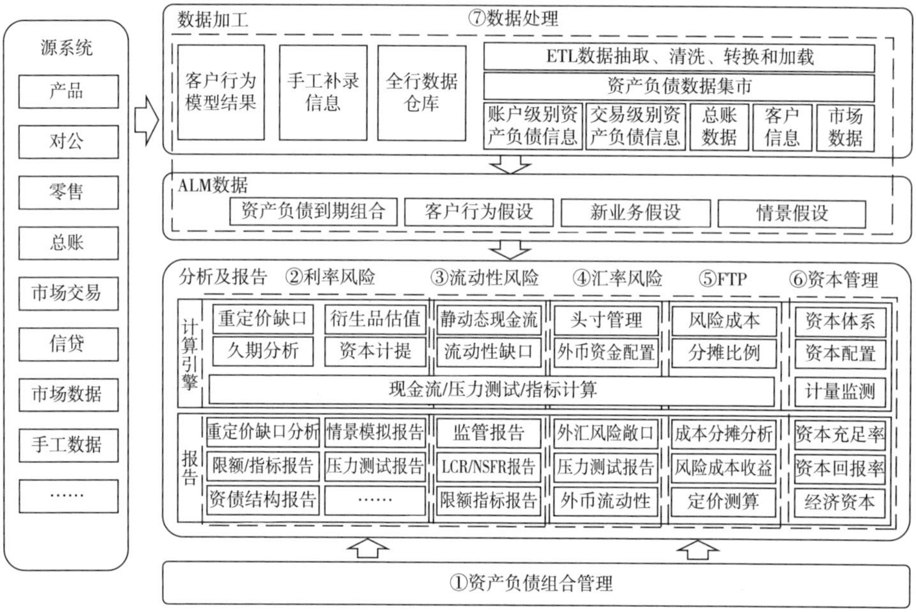

图 8　资产负债管理系统建设

三、银行资产负债管理工作的挑战、趋势和未来着力点

（一）四大挑战

第一大挑战是2008 年的国际金融危机对银行经营的深刻影响仍然持续存在。2008 年至 2009 年期间，美国有近 160 家商业银行破产或被收购，当时政府支付了大约美国 GDP4.9% 的财务成本应对危机。从这次危机的过程看，商业银行不恰当的管理行为促使危机的发生和蔓延，也加剧了自身的风险积累，这体现在以下三个方面。

一是资产负债管理战略层面的失误。资产负债管理的策略过于激进，大量投资次贷相关的资产，由此面临的风险远超自身承受和管理的能力，在危机爆发前大概有总额 1.4 万亿美元的次级抵押贷款支持证券，美国的商业银行持有了大约 2500 亿美元，这种激进的策略为危机发生埋下了伏笔。

二是过度强调杠杆化的经营。为了避免监管，商业银行运用各种衍生工具和证券化的方法，将某些资产从资产负债表中剥离出来，运用较少的资本金开展巨额的资产业务，资产的规模迅速的膨胀，比如在危机中倒闭的英国北岩银行，在 1997—2007 年中资产规模增长了 7 倍，年均增速大概是 21% 。

三是在金融脱媒的环境下，过度依赖主动负债。以英国北岩银行为例，其资金来源只有 5% 是存款，这种负债的策略通常具有较高的风险，包括主动负债的价格波动过大，导致资金成本不稳定；当银行陷入财务困境的时候需要融入资金，但是其他金融机构出于风险考虑都不会向这些处于困境中的银行提供流动资金。这些危机产生的教训直到今天对我们资产负债管理改革的影响都极其巨大。

第二大挑战是人口特征的变化对银行经营模式的影响。专业机构预测 65 岁以上的人口数量在 2050 年将达到 15 亿，占全球人口的比重是 16% ，意味着人口的老龄化在继续；另外，中产阶级兴起，预测 2022 年有 2/3 的中产阶级将生活在新兴经济体中，其中中国和印度将占据一半。人口的老龄化和中产阶级的兴起都会对人口的消费模式和商业银行提供产品的模式产生重大影响，同时也会对银行的经营模式和资产负债管理模式产生重大的影响。

第三大挑战是科技进步和数字化转型带来的冲击。现在无论是银行业还是其他的行业都在进行数字化转型，数字时代各项技术的成熟带来一轮又一轮的颠覆已经成为常态。科技进步和数字化转型对银行资产负债管理带来的冲击体现在以下四个方面。

一是在支付和清算的方面。由于网络支付具备能够满足用户存取、借贷、理财记账等多元化需求的特点，已经成为主流的支付方式，这就要求商业银行积极推动数字账户迅速融入社交、旅游、消费场景，提升客户的便利性。

二是在融资借贷方面。去中介化的网络融资理念已经被社会理解和接受，银行的服务需要去平台化，需要重构借贷的业务模式，来获取新的竞争力。

三是在资金的组织方面。去中介化也加剧了银行和非银行金融机构的竞争，使银行的资金成本在迅速上升。

四是在理财服务的方面。技术的发展降低了理财服务的门槛。

第四大挑战是监管环境的变化对银行资产负债管理提出了更高的要求。一是《巴塞尔协议》和相关监管框架的出台对银行业的经营行为产生了深远影响。二是利率的市场化和基准利率的改革，中国的利率市场化改革已经进入了最关键的一步，全球金融市场也在进行定价基准利率改革，这主要是由于美国想要拿回美元离岸市场的定价权，这些都对银行的资产负债管理产生了更高的要求。三是新会计准则实行，新会计准则在 2018 年 1 月 1 日开始实施，改变了银行资产负债的分类和计量的模式，对银行资产负债的配置、流动性管理、资本管理和定价管理都产生了非常重大的影响，需要银行在资产负债管理工作中有更多的前瞻性考虑。

（二）四大趋势

银行资产负债管理未来的趋势有四个方面。

第一个趋势是更加注重对宏观趋势的研究，提升管理的主动性和前瞻性。未来银行的资产负债管理必须坚持主动性和前瞻性的原则，主动加强对宏观趋势和未来政策动向的研究，认真分析自身和同业的资产负债变化趋势，主动发现新情况和新问题，预先研判。

第二个趋势是突出风险因素和资本制约，强调资产负债的价值创造能力。银行的价值是收入、成本、风险和资本这些要素的综合，在盈利能力的基础上还要考虑到风险和资本的因素，风险、资本约束之下的盈利能力是可持续的盈利能力。商业银行本质上也是经营风险的企业，资产负债管理工作也必须以风险管理为出发点，在实际工作中以三种风险为重点，通过风险的计量、风险的限额、风险的考核来主动管理、防范风险，实现收益和风险的平衡。资本的约束是风险控制的基础，银行的经营要确保风险资本来覆盖风险资产。资产负债管理也必须牢固树立资本约束的理念，采取资本节约型的发展，通过资本的主动分配、调节来引导业务线的合理扩张和收缩，以努力提高资本的回报。

第三个趋势是大资产负债管理的模式随着实践的发展日益成熟。在新的时代和新的形势之下，商业银行资产负债管理业务的管理内容和内涵都在不断拓展，银行为适应这种变化要构建大资产负债管理机制，也就是从表内、本币、法人、内部的单一管理范畴，向表内外、本外币、境内外、集团与子公司的全表管理体系转变。

第四个趋势是科技支撑对银行资产负债管理日益重要。信息科技的支撑对银行资产负债管理工作的重要性，从来没有像目前这么重要。因为无论是趋势的研究、价值的管理还是大资产负债管理架构的构建，都依赖于有效的数据支持和技术手段，特别是金融科技的快速发展，极大地推动了银行的客户、产品和资金管理的升级换代，银行的资产负债管理形态更加丰富、结构更加复杂，交易对手也更加多样。同时，金融科技还促使资金流动的速度加快，流通的渠道和方向分散，流动性风险管理的难度提升，这使得银行的资产负债管理更加复杂，迫切需要改进和提升方法。信息化是我们资产负债管理的必然选择和趋势，银行要加强资产负债管理系统的建设，加快从原始的手工和电子表格的分析，转变为电子化、数字化、模型化的信息管理系统，要充分借鉴和运用金融科技手段，实现资产负债管理流程的精细化、信息的标准化和手段的科学化。

（三）四大着力点

商业银行的资产负债管理实践未来的着力点也有四点：第一是要健全以 RAROC（风险调整后的资本回报率）和 EVA（经济增加值）为基准的评价激励体系。第二是要建立健全以风险敞口为主线的资产负债匹配管理体系。第三是要完善内部资金转移价格机制，引导经营资源的最优化配置。第四是要提高资产负债管理的信息化水平，培养高素质资产负债管理团队。

（本文根据作者 2020 年 5 月 13 日在北京大学汇丰商学院“北大汇丰金融前沿讲堂”的演讲整理，经作者审阅。）

评级视角的中国债市发展漫谈

瑞霆狗（深圳）信息技术有限公司（YY评级）创始人
姚　煜

一、 中国债市起源与现状

1911年，大清帝国湖广铁路借款债券正式发行，起因是修建铁路需要募集大量资金，也需要较长的时间来进行偿还。这张债券的发行额是600万英镑，期限是40年，票面利率为5%，联合主承方是德国的德华、英国的汇丰、法国的东方汇理和美国摩根大通，评级是穆迪Caa，中国湘鄂两省每年所得的约520万两的厘捐（一种盐税）作为担保。虽然后续因抗日战争，该债券以违约565万英镑而告终，但是作为我国债券的起源，是较为规范的。

发展债券市场主要是为了帮助企业融资，强化金融服务实体经济的作用。在我国，债券市场最早的审批机构是国家发改委，主要为审批周期长、金额巨大的项目配套资金。财政部则审批国债、地方债和政府支持债。为了解决流动性错配的问题，中国人民银行审批政策性银行债、央票等，交易商协会审批中期票据、短融、ABN等金融产品。此外，自2007年起，中国证监会为鼓励上市公司发展，推动了公司债和资产支持证券的发行，并于2013年开始发行中小企业私募债，拓展到非上市公司领域。

债券经过审批、发行之后就开始在包括交易所债券市场和银行间债券市场的二级市场交易，面向投资者销售债券。银行间交易市场不面向个人投资者，投资者包括政策性银行、商业银行、非银金融机构和非金融机构；而交易所债券市场面向的则是商业银行、非银金融机构、非金融机构和个人投资者。

相较于股票，债券的性质更类似于信贷。信贷和债券的共性更多体现在运行逻辑和债权融资方面，不同点在于风险承担和融资方式，即信贷和债券的风险承担者分别是银行和投资人。信贷主要是银行借钱给企业支付给上游（存货）或者购置固定资产，有担保和抵押物处置，到期现金回流或者用流动资金贷款替换。债券中，除企业债之外，基本是没有募投项目的到期滚动发债，其他融资接续。还款方面，债券是没有刚性兑付的，存在一定的违约风险。诸如银行理财、公募基金、私募基金等金融产品，收益波动是由投资人自己承担的。但是一般来说，债券的风险低于股票。此外，相比于信贷的间接融资，债券名目上属于直接融资，但在我国仍处于直接融资和间接融资的中间地带，且多用于补充流动资金。

信用债最大的风险是信用风险。复盘债市整体违约金额并对比民营企业和国有企业，可以发现 2018 年是违约高峰期，其中民营企业占比较高。归纳民营企业债违约的诱因，主要有以下五点：第一是经营面恶化，表现为停工时间过长、产能利用率下滑；第二是业务模式不可持续，表现为市场过小、初期成本过高等；第三是投资过于激进（多元化战略的失误），表现为在建工程大幅增加、投资性净现金流持续流出；第四是公司治理存在高危行为，表现为股东控制权争夺、大股东占用违规担保等；第五是财务造假，表现为虚增收入、货币资金造假等。

二、 民营地产债和城投债

当前，民营地产债面临很高的违约风险，主要是因为很多房地产公司的杠杆在10倍以上，在行情不好的情况下，过高的杠杆便容易造成违约风险。因为一旦销售数据下滑，回流资金就会变少，“烂尾楼”现象便与日俱增，从而进一步造成销售量下滑。我们可以将房地产公司看作是房地产周期的放大器，在周期低谷阶段，地产公司的机会便不会回来。

如果说当前涉及地产债的消息都是比较负面的，那么信用债中的城投债则是相对正面的。城投债在信用债市场中的发行主体占比为50%，存量债规模为60%，收益率则为2%～40%，到目前为止零违约。

但是，低风险和高收益率是不会一直同时存在的，未来城投债肯定要打破刚性兑付。此前，地方政府不做直接融资，地方的税收和财政被中央政府统筹管理，并在区域之间做调配和转移支付。但随着地方政府扩大基础设施建设、招商引资，税收逐渐增加，通过加杠杆来加速经济发展的诉求也与日俱增。这一时期，城投平台应运而生，它由地方政府机构设立，主要目标是推进城市基础设施建设，发行城投债。城投债由地方政府的财政收入作为隐形兜底，其投资方主要是金融机构。

但是，随着城投债的发行量和种类越来越多，有些地方政府偿还债务的能力也有所下降。这就造成了不同区域发行的城投债的票面收益率有较大差异，所以其收益率会在2%～40%这样一个很大的范围内波动，比如江苏省的利差要显著低于贵州省。未来，城投债打破刚性兑付是必然的，不过不会像地产债一样大面积违约。即使城投债违约，也可以参照市场中的做法进行债务重组。

三、评级市场行业现状与发展展望

从20世纪90年代，国内的债券市场才开始发展，进而催生了评级公司。相比于美国，我们债券市场的发展速度过快，市场检验却相对不足，尤其对于评级公司而言。在美国，三大评级机构长期占据垄断地位的同时，中小评级机构的发展也较为迅速；在欧洲也是如此，中小机构在结构性融资产品、担保债券等类型的评级数量上升。

国内大部分评级公司都是从零开始，通过客观符号进行的主观判断，异质性不足。而且评级公司在发展初期，大多是向发行人收费。在这一发展过程中，获取评级费这一诉求始终成为评级机构的首要诉求。这也进一步导致了向发行人收费的商业模式与风险防范的利益冲突。

向发行人收费的商业模式使得评级机构收入不断增长，但与此同时，评级机构的地位始终处于弱势。现今，AAA 级企业的违约率甚至可能超过 AA 级，因为 AA 级别的公司以城投公司为主，它的违约率是 0，而很多地产公司因为体量大，所以按照模型评级出来的结果较高。这也可以发现，大多数评级机构的评级排序很难解决投资人衡量风险与收益的问题。

违约率与评级的不匹配迫使投资人不得不自己进行风险评估和评级。最后就会发现，评级公司实质上很大程度是为一级发行服务，帮助监管机构排查实质性风险。对于投资人而言，投资人需要在原有评级的基础上进一步发展内评措施，但这是规模不经济的，因而市场上催生了以个人评级为代表的服务投资者的第三方评级机构。

（本文根据作者 2022 年 11 月 3 日在北京大学汇丰商学院“北大汇丰金融茶座”的演讲整理，经作者审阅。）

中国资产管理行业趋势洞察与未来前瞻

光大理财有限责任公司原总经理
潘　东

2022 年是全球资产管理行业大变局的一年，全球资产管理规模收缩，而中国资产管理行业依然变中求稳、韧性成长。从资金运转模式来看，资金流入资产管理机构和流入银行有两点主要的区别：第一，前者是以长期化、专业化、机构化的趋势进入资产管理行业，后者主要是靠储蓄存款。第二，通过资产管理的资金进入金融市场后，可以有定价匹配，优化资源配置，有利于提升资金融通的效率，降低系统性风险。

中国的实体经济不缺资金，而是缺支持企业发展的中长期资本金，比如专精特新的股权性资金和长期复杂项目的资本金。同时，中国宏观杠杆率较高，也会使经济面临一定的脆弱性。要解决这些问题，在中国金融机构里就要充分发挥资产管理机构配置资金、定价资产的潜在作用，将资金赋能于企业高质量发展。

从西方主要发达国家经济和金融行业的发展看，1950—1970 年，美国金融行业中银行体系的占比约为 80%，资产管理体系占比则只有 5% 左右。但是在过去 70 年里，美国银行业的占比一直在缩减，目前只有 30% 左右，非银中介的比重上升至 27%，但资产管理体系在 2021 年已经占到了美国金融体系的 42%。历史总是可以传递很多信息，回看中国，目前中国资产管理在金融体系中的比重大约是美国 20 世纪 90 年代的水平，未来中国资产管理行业大有作为。

一、 中国资管市场的回顾：变中求稳，韧性成长

资产管理行业规模驱动的一个重要因素是新增资金的流入。从全球来看，2021 年新增资金净流入占年初 AUM 的比例是 4.4%，但 2022 年已经下降到了 1.6%。同时，2022 年全球标普 500 指数、德国 DAX、彭博美国债券等各类资产均是负增长。在全球主要资产下跌、新增资金乏力的情况下，2022 年全球资产管理规模从 2021 年的 112 万亿美元下降至 98 万亿美元，降幅达 13%。

尽管 2022 年很艰难，但是资产管理行业是一个基业长青的赛道，中国资产管理行业在逆境中仍然实现了规模微增，达到了 133.8 万亿元，较 2021 年增长 0.1%，又一次创下了历史新高。银行理财公司作为中国资产管理行业的重要组成部分，虽然经历了 2022 年股市债市的大幅波动，增长率较往年有所下降，但仍高于公募基金、保险资管、信托等资管机构的增长，2022 年增长率收官于 29%。

对于中国资产管理市场，2022 年变中有稳，逆境中发展不乏亮点，具体而言，有以下四个方面。

1. 从资金结构来看：第一个资金来源是零售客户，中国资产管理机构连续多年保持了非常稳定的大众客户和高净值客户的资金占比，始终维持在 54% 左右。特别是 2022 年，受疫情影响，老百姓避险意识增强，大众资金回流银行存款，历史上首次出现 -1% 的负增长。第二个资金来源是政府资金，中国有 5.6 万亿元的资金来自于各级政府，2022 年增速为 9%。第三个资金来源是企业资金，在 2022 年低利率环境下，企业资金增加了资管产品的配置，全年增速为 3% ~4%，与上年比有较大提升。第四个资金来源是养老金，随着第三支柱新政落地，迎来了新一轮的资金增量，包括全国

社保、基本养老金、企业年金、职业年金和个人养老金等，各类增速在10%～54%。

2. 从渠道结构来看：主要有两点变化，第一点变化是理财代销的开放化、多元化。以前银行理财在母行代销的占比是100%，现在这个比例已经降至87%。例如，以往大家买光大理财的理财产品，只能到光大银行购买，但现在可以通过招商银行等其他银行的渠道购买。第二点变化是券商对于公募基金代销的增长。以前公募基金代销渠道主要是银行和互联网。在2022年动荡的市场环境下，券商的渠道占比从12%增加到了18%，说明了券商渠道客群整体风险偏好更高，风险承受能力更强。

3. 从产品结构来看：2022年大部分产品的表现不太理想，尤其是股票型基金和混合型基金，其中非ETF股票型指数基金负增长4%。但是，主动型固收仍然保持了5%的增速，QDII基金保持了23%的增速，现金管理类的增速为2%，股票型ETF增速为11%。

4. 从中国资管机构排名来看：根据国际机构IPE的2023年全球前500大资管机构排名，当前中国最大的资产管理机构是国寿资产，管理规模为4.4万亿元，全球排名第38位。可以看出，中国的直接融资体系和资产管理行业还有很长的路要走，中国的投资者教育之路同样任重而道远。

二、宏观及大类资产配置：百年未有之大变局

从图1可以看出，第一次全球化结束之后发生了第一次逆全球化现象，期间有第一次世界大战、西班牙大流感、大萧条等多个标志性事件发生，直至1940年，全球迎来了和平发展的新时代，新中国在此阶段成立，并后续实施了对外开放政策，赶上了第二次全球化发展的长尾浪潮。

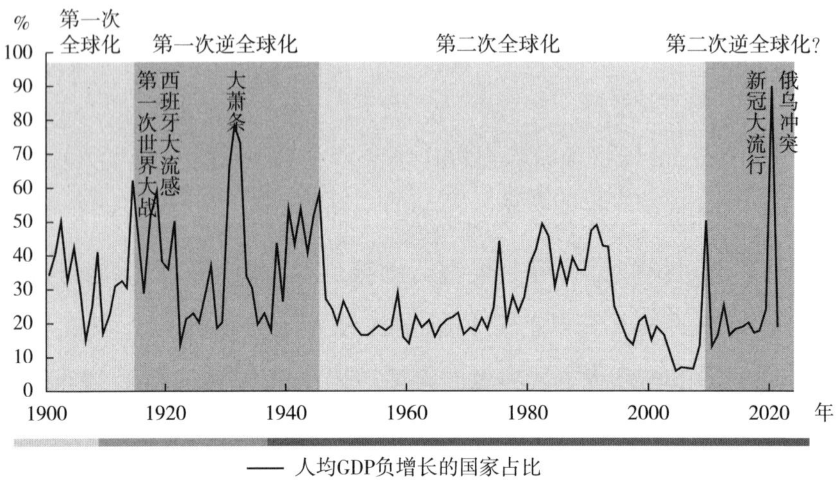

图 1　百年罕见双重冲击——新冠疫情、俄乌冲突

近年来，受新冠疫情、局部地缘冲突等因素影响，我们正处于第二次逆全球化的波动中，无论是做投资还是择业，都要深刻思考。中金公司首席经济学家彭文生认为，中国的金融周期和美国的金融周期是有背离的。例如，当下美国的加息、紧货币政策并没有带来紧信用，而中国则在采取宽松的货币政策，这一现象背后更深层次的逻辑是在于全球化周期其实就是金融周期。

回顾 1926—2022 年美国股票和债券回报的走势（见图 2）可以看出，2022 年美国的股市和债市都处于第三象限，这在百余年历史中只发生过三次：1931 年、1969 年以及 2022 年。像 2022 年这种程度的股债严重双跌也是美国的“百年未有之大变局”。

回到中国，在“房住不炒”、科技革命与产业变迁的背景下，房地产行业告别了“高周转、高杠杆、高负债”的“三高”时代。如果房地产的商业模式不存在，地方政府靠“卖土地、搞基建”的模式也会消失，依靠政府基金偿还平台债的模式也会随之消失。中国的企业杠杆率很高，但是政

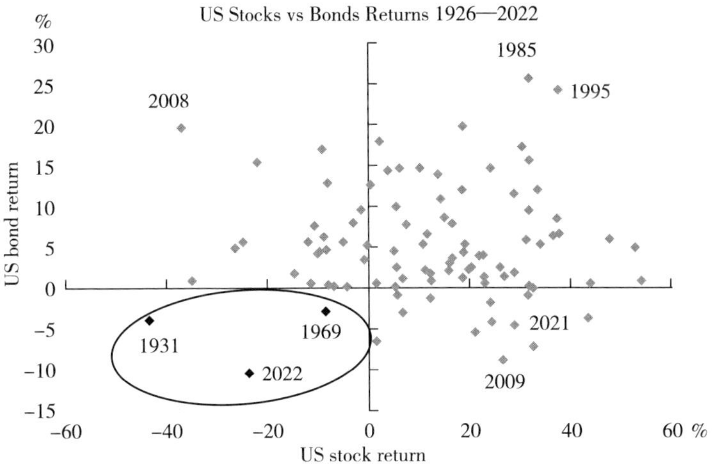

图 2 1926—2022 年美国股票和债券回报

府债务是全球比较低的，杠杆率还有足够的空间。同时，民间投资持续处于低位，制造业还未完全走出衰退，居民存款增加，消费倾向修复尚需时间。

因此，在当前的情况下，资产配置的难度是很大的。大家一定要记住三个条件下的复苏：第一，百年未有之大变局，全球外部环境复杂多变；第二，中国经济结构深刻转型，过去发展依靠的是房地产，现在则要依靠高科技、“专精特新”和消费拉动；第三，随着房地产市场深层调整、房地产模式不复存在，大部分行业即使维持现状也会遭遇流动性危机。

三、 资产管理行业的展望：长坡厚雪，波动向好

资产管理行业发展主要包括三大驱动因素：第一，长期因素，推动行业持续发展和深化，包括经济增长、人口老龄化、环境及社会问题、创新基础等；第二，周期性因素，决定了市场的增速波动与业务结构调整，包

括全球化周期、经济波动周期、利率周期、通胀周期等；第三，事件性因素，主要是指极端事件导致变量影响集中体现，甚至市场整体“洗牌”，比如，2008 年国际金融危机导致了美国资产管理行业的系统性改革，但也催生了资管行业发展的结构性机遇。

当前，全球市场周期反转，正在面临新一轮的“重置”“洗牌”，但是中国市场中长期依然向好，一个重要的点是，中国的零售资产管理的渗透率只有 13%，而美国的渗透率则是 24%，一个百分点对应的便是 2 万亿 ~3 万亿元，单看渗透率，中国资产管理还有巨大的提升空间。

展望未来，全球资产管理行业在高度不确定下，将呈现增速放缓、结构深化的趋势，需进一步围绕降本增效、另类市场、产品服务、新兴市场等方面强化转型、穿越周期、防御过冬。对于中国资产管理行业发展，虽然短期面临宏观局势、经济增长、利率及货币政策等不确定因素影响，但在养老新资金引入、周期性变化、科技进步等带来的新机遇加持下，中长期仍然稳中向好。光大理财和 BCG 联合发布的《中国资产管理市场 2022—2023 年》显示，中国资产管理规模预计从 2023 年的 146 万亿元增长至 2030 年的 275 万亿元，未来将保持 9% 的增速。

具体而言，以公募基金为例，相较美国主动型公募基金市场，中国市场仍处于低规模、高增长、高费率的阶段。比如，管理费率方面，中国主动型公募基金管理费率的中位数是 100 个基点，增速是 21%；美国的中位数是 64 个基点，增速为 5%。但美国公募基金的产品丰富度和业绩相较更好，所以中国公募基金行业预计未来会经历一个比较大的模式变革。

此外，中国固定收益投资和另类资管市场潜力巨大。随着中国经济发展，居民财富不断增长，中国投资者调整资产配置，从持续降温的房地产逐渐转向资本市场和资管产品，且由于中国投资者的文化偏好以及个人投资作为养老补充用途，预计固收投资占比将保持在 60% 左右。同时，纵观

2021 年全球另类资产管理市场，总规模达到近 19 万亿美元，过去 10 年年化复合增长率 10%。相较而言，中国另类市场在资产端和资金端还有较大发展潜力：第一，中国私募股权中以 VC、PE 为主，并购基金占比显著低于全球市场；第二，中国实物资产投资占比远低于全球；第三，私募债权资产投资占比低于全球。当前，中国缺乏大型养老金等长期资金，除政府部门以外，单个 LP 出资能力有限。此外，LP 多有指定投资地域与行业等战略性投资偏好和诉求，缺少系统化的 GP 选择标准和流程，看重 GP 整体资源和服务。

四、 资产管理机构：能力为核，差异发展

现阶段，中国领先资管机构的产品数量和单只基金 AUM 较海外领先机构仍有差异，资管机构价值创造水平仍待提升。在创造投资收益方面，投资者实际收益率低于基金指数走势；在提升财富配置份额方面，中国零售渗透率仍有较大提升空间；在服务实体经济方面，中国资管占金融体系规模比例与海外市场仍有较大差异，中国直接融资比例较低；在支持可持续发展方面，可持续投资占比仍低；在促进资本市场繁荣方面，A 股市场仍由散户主导。

从中国被动市场来看，过去 13 年虽经历两波上升周期，但规模仍较小、占比仍较低。第一阶段是宽基 ETF 热潮期，机构投资者大举买入宽基 ETF，机构资金占比从 46% 提升至 84%；第二阶段是牛熊更替调整期，2014—2015 年牛市中火热的分级 ETF 逐渐退潮，叠加资产荒，被动萎缩；第三阶段是结构性增长潮，市场处于历史低位，β 价值凸显，纳入国际指数后，外资资金进场，养老金入市，国内机构配置需求增大。过去 3 年，中国被动市场各产品资金扩张 8290 亿元，增长主要来自宽基与主题型 ETF、

债券指数基金、跨境 ETF，零售增量资金赶超机构。

此外，从资产投向、运作模式、股指标的三大维度进行剖析，中美被动市场存在结构差异。在底层资产投向方面，中国近两年固收类增长迅猛；在基金运作模式方面，中美权益产品 ETF 和指数基金比例较为均衡，中国债券产品以指数基金为主；在 ETF 股指标的方面，中国过去依赖宽基，近年追捧主题。

从产品大类来看，除被动差距较大外，中国资管机构在主动管理、另类、解决方案和全球市场等领域也空间巨大。造成中美资管产品差异的根本原因有以下五点。

第一是全球化程度。美国资产管理和资本市场是一个全球化市场，而中国未来的国际化拓展还有待于人民币国际化的发展以及资本市场开放化的发展。

第二是底层资产丰富度。广度上，美国底层资产丰富多样，资产类别划分精细；深度上，每一类资产都具备足够的深度来满足策略交易需求，美国债券市场全球规模第一，达 48 万亿美元，占全球总规模的近 40%；活跃度上，美国资本市场高度活跃。美国债券市场 2021 年日均交易量达 9570 亿美元。

第三是资金体量。美国资管市场拥有足够大的资金体量来支撑广泛而丰富的资管产品。截至 2020 年底，美国资管市场资金端规模约 59 万亿美元，而中国资金端供给约 107 万亿元人民币。

第四是资金结构。美国资管市场由机构资金主导，机构资金高度强调资产配置和策略细分，促使资管机构产品更加体系化、精细化。

第五是客户理念。美国零售投资者理念“机构化”，注重资产配置而非选股择时，对投资工具精细化提出更多需求；美国零售资金主要通过投顾开展投资，看重中长期稳定回报而非赚短期快钱，资管机构致力于提供最佳的精细化投资工具供投资顾问搭配和选择。

最后，希望大家从以下10个问题思考出发，探索构建中国资产管理机构高质量发展路径：第一，如何回归对投资者负责的本源？第二，如何助力实体经济转型？第三，如何做好资管和财管的融合？第四，如何为机构客户打造解决方案？第五，如何赋能政府和企业？第六，如何系统性建立另类资产投资业务？第七，如何打造体系化、平台化的投研能力？第八，如何打造客户导向的销售和服务能力？第九，如何系统性提升资产管理公司产品创新与布局能力？第十，如何构建面向未来的科技体系？

（本文根据作者2023年6月20日在“北大汇丰金融系列讲座”的演讲整理，经作者审阅。本文为作者个人研究性观点，与所在公司无关，文中信息源自公开可获取的资料，作者力求准确完整，但不对此进行保证。在任何情况下，本文所载信息或所表述的意见不得成为任何人的决策依据。）

中国公募基金未来发展趋势

金鹰基金管理有限公司董事长
姚文强

一、 公募基金的发展阶段与现状

总体而言，公募基金的发展可以分为以下五个阶段。

第一阶段：1998—2001 年的初创阶段。1998 年 3 月，两只基金——基金开元和基金金泰发行，它们是我国第一批真正意义上的公募基金。参照海外公募基金经验，早期的基金采取了稳妥方式，均为封闭式基金。封闭式基金的整体份额是固定的，并且在交易所上市，客户中间无法赎回基金，只能像股票一样在交易所买卖。早期投资者其实是将基金当作股票来炒的，当时两只产品的发售规模均为 20 亿元，引来合计 2000 亿元资金的申购，并采用摇号抽签方式进行配售。

第二阶段：2001—2004 年的创新发展阶段。首只开放式基金——华安创新基金成立，此后以开放式基金为主的基金市场规模迅速壮大。开放式基金解决了投资者持有封闭式基金的痛点：封闭式基金无法赎回，而交易所买卖又存在大幅折价，开放式基金则可以自由按照净值赎回，所见即所得。相应地，基金可投资范围从股票市场扩展到了债券市场和货币市场，基金品种也从股票型基金发展到债券基金、混合型基金、货币基金等。2002 年南方基金发行了第一只债券基金，2003 年华安、招商、博时发行了第一只货币市场基金。

第三阶段：2005—2007 年的快速发展阶段。受益于股权分置改革，在中国股市快速上行的带动下，股票基金规模出现了爆发式增长，到 2007 年底，公募基金资产总净值规模达到 3.1 万亿元。从那时起，基金行业真正进入了广大老百姓的视野，基金公司也开始成为优秀学子的求职选择。

第四阶段：2008—2012 年的徘徊阶段。届时，A 股表现低迷，公募基金的资产规模一直在 3 万亿元左右徘徊，股票型和混合型基金资产大幅萎缩，而债券型和货币基金的需求上升。尽管整体市场规模停滞不前，但产品数量仍保持高速增长。

第五阶段：2013 年至今的高速发展阶段。2013 年 6 月，余额宝横空出世，互联网理财推动个人投资者的银行存款流入货币型基金，余额宝高峰时候，单只基金规模突破 1.7 万亿元，带动了各类“宝宝”类产品的发展，基金公司和互联网金融部门也受到了前所未有的重视；而机构投资者对债券和货币类基金等中低风险产品的需求也大幅上升，带动了各类机构定制产品的大发展。至此阶段，公募基金可谓深入人心，其一举一动都会受到社会前所未有的关注。

回顾公募基金的发展过程，适合机构和个人投资者的产品类型在不断增加，每年都有创新产品诞生，满足了投资者多样化的理财需求。

此外，公募基金行业能稳步发展，离不开基金公司之间的良性竞争。

2021 年，中国市场上共有 151 家具有公募牌照的资产管理公司，其中一半左右的公司在 2012 年之后获得公募牌照。这些公司包含了 137 家公募基金公司，14 家具有公募牌照的资管机构；此外，还有 34 家机构在申请公募牌照。可以预料，后续市场份额的竞争将越发激烈。

根据公募基金公司的实际控股人分类，可以把它们分为券商系、银行系、保险系、信托系、个人系、私募系和其他派系 7 类。现在的公募基金公司以券商系、信托系为主流，分别有67家、22家公募基金公司，也就是一半的证券公司和1/3的信托公司都具有公募牌照。

此外，个人系基金公司也加快了发展脚步。2015年，第一家个人系“泓德基金”成立，之后不断发展，现在已经有19家个人系基金公司，大部分掌舵者为业内知名投资人。

整个公募行业的头部效应比较显著，头部公司市场份额占比虽然逐年下滑，但现在前10大基金公司仍管理了超过40%的市场规模，前20大基金公司市场份额占比近2/3，对于中小基金公司来说，抢占市场份额需要持续创新的能力。

基金公司前台除了需要过硬的投资实力外，也需要销售渠道予以配合，引导投资者进行理性投资。当前基金的销售渠道主要分为直销和代销两种方式。

直销是指基金公司利用自己的网站、基金APP等方式直接服务客户。基金公司直销主要是满足机构客户的需求。

代销渠道包括银行、券商和其他有基金牌照的第三方机构，例如天天基金网、理财通、蚂蚁等。早年商业银行凭借遍布全国的网点形成了绝对的客户优势，银行是当时基金代销的主要渠道。但随着互联网技术的爆发，电商销售模式兴起，2013年余额宝等新兴理财产品的出现，使排名较后的天弘基金一跃成为行业管理规模最大的基金公司，这也直接导致了基金行业各公司直销占比开始大幅增加，改变了行业的销售格局。

虽然电商销售模式拓宽了广大投资者的投资渠道，为基金行业带来大量新增规模，但也逐渐受到严格的监管。例如2018年监管发布货币基金的指导意见，从赎回、持牌、垫资等多角度严格规范互联网货币基金销售，余额宝规模也从2018年顶峰近1.7万亿元下降了近1万亿元，截至2023年6月底，余额宝规模已经不足8000亿元。

总体而言，公募基金主要有四大优势，即专业的投资能力、严格的风控体系、丰富的产品线以及完善的信息披露。

专业的投资能力：公募基金行业是人才密集型行业，基金经理大部分为硕士和博士，其中硕士及以上学历占比超过九成，博士达到一成，基金公司的内部投研体系叠加卖方研究服务共同为资产管理保驾护航。

严格的风控体系：基金公司建立了完善的监管、自律、合规风控体系，与此配套的法律法规多达200余条，每只基金都是独立托管、每日估值。

丰富的产品线：全市场基金产品涵盖了货币、债券、混合、股票等不同的类型，产品风险从低至高全方位布局，能满足投资者不同的理财需求。

完善的信息披露：2018年《资管新规》明确所有产品都需要净值化管理，而公募基金本身就是净值化管理、每日披露净值信息，而且定期的持仓报告能帮助投资者明确产品的投资方向。

二、 中国公募基金发展所处的外部宏观环境

第一，近年来，全球资产管理行业迅速发展。2020年全球资产管理规模已经突破100万亿美元，同比增长达11%，资产净流入占年初资产规模的比例基本保持在3%左右，近20年来资产管理规模呈现出显著的上升趋势。

第二，国内经济发展带来居民财富的增长。聚焦到中国，随着经济的高速发展，我国居民的可投资资产规模也在快速增长。2008年以来，我国居民可投资资产规模以年化16%的增速，从39万亿元增长到了241万亿元。居民投资方向的重心从不动产和银行理财产品向资本市场产品与境外投资转移，2018—2020年，资本市场产品规模年复合增长率高达27%。这就对专业的资产管理公司提出了更高的要求。

第三，我国居民金融资产配置上升空间巨大。虽然，近几年我国居民金融资产投资比例有所上升，但与海外对比，仍有巨大的上升空间。从美国数

据来看，截至 2020 年 6 月底，美国家庭和非营利性组织总资产达到 135 万亿美元，但其中房地产配置比例仅有 25%，金融资产配置比例高达 69%；相比之下，我国居民当前资产配置结构偏向于房地产，其占比接近 60%，而金融资产配置比例仅为 20%，金融资产的潜在市场空间等待进一步挖掘。

第四，随着资管规模的不断扩大，中国已经进入大资管时代。2017 年《关于规范金融机构资产管理业务的指导意见》（以下简称《资管新规》）出台后，我国的资产管理行业过去粗放、野蛮的发展模式将难以为继，大资管行业从高速发展转向高质量发展。

《资管新规》作为大资管行业最高规格的纲领性文件，重新塑造了行业格局，以前占比最大的银行理财，其赖以生存的“资金池模式 + 隐性刚兑 + 期限错配”的模式被打破，整个行业将进入净值化管理时代。

第五，在低利率市场环境下，居民对资产的保值升值需求会提高其风险资产的配置意愿。以美国为例，从图 1 可以看出，随着利率的降低，居民投资于风险资产的比例在逐渐提高。

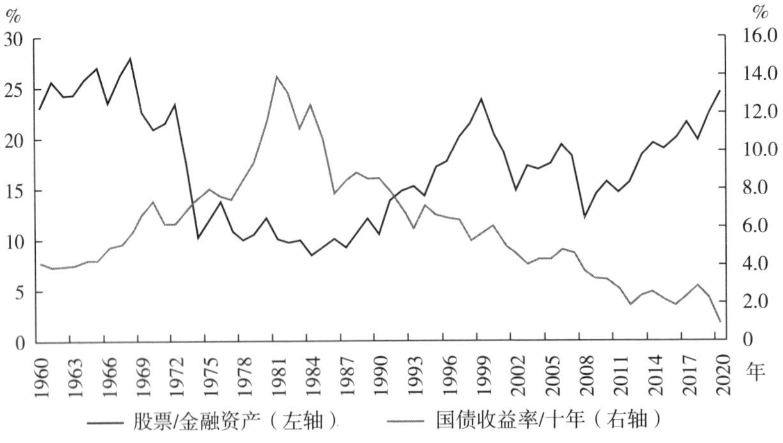

图 1　美国居民股票的持有比例与利率走势相反

（数据来源：BEA）

图 2 展示了美国居民对股票和基金的配置比例，从中可以看出，美国居民股票配置比例波动比较大，主要是在低利率初期配置，现金净流入并不稳定；而相比股票，基金配置占比稳步提升，资金净流入比较稳定。

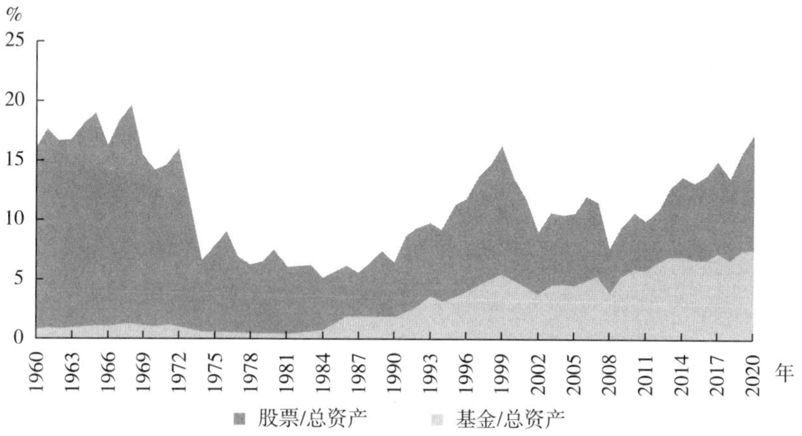

图 2　波动更小的基金配置比例稳步上升

（数据来源：BEA）

随着国家坚持"房住不炒"定位不动摇，房地产调控政策密集出台，2021 年多家中资地产企业美元债出现违约或延期兑付情况，房地产或许已经不是居民投资的最优选择。根据美国、日本的历史经验，在地产回报不明朗的前提下，居民资产配置重心将从房地产向股票、基金等金融资产转移，这将为基金行业发展带来新机遇。

三、 公募基金的未来十大发展趋势

第一，公募基金核心竞争力凸显，在大资管行业比重日益提升。在《资管新规》背景下，截至 2021 年 6 月，整个大资管行业管理规模达到 90 万亿元，其中公募基金管理规模达到 23 万亿元，占比已经超过 1/4。公募基金作为“净值化产品”的“领头羊”，当前理财产品替代成为其重要的战略发展方向。银行理财的净值化比公募基金晚，所以公募基金能够在大资管时代脱颖而出。

第二，公募基金行业竞争格局激烈，强者恒强。随着2012年以来证监会审批速度加快，基金公司成立速度激增，当前已经有151家具有公募牌照的管理机构，从管理规模来看，两极分化显著。例如，当前已经展业的基金公司中，有一半以上的基金公司旗下产品数量不足35只，有1/3以上的基金公司非货管理规模不足200亿元。而公募行业的头部效应也非常明显，图3是排名前10的基金公司占全市场比例的变化图，虽然近年来呈下降趋势，但当前这10家公司管理规模仍占全市场的42%，即使剔除货币基金之后，也达到39%的份额。

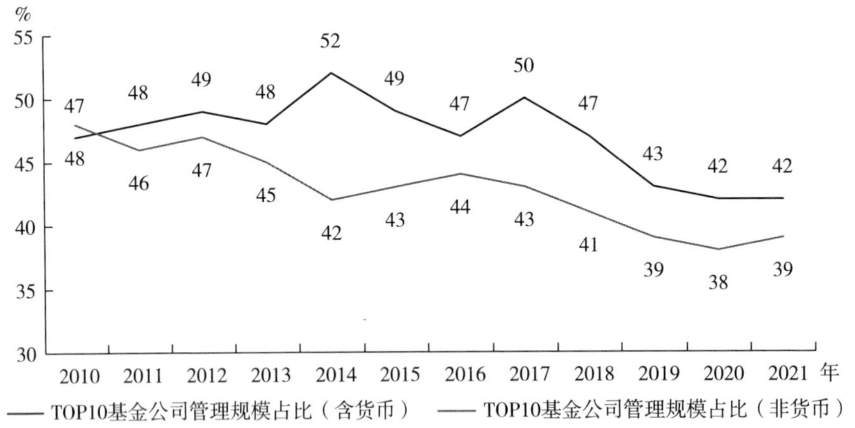

图3　中国规模排名前10的基金公司管理规模占比

（数据来源：Wind，截至2021年6月30日）

第三，公募产品创新进程全面加速。公募基金产品的创新，是现行法规框架下、充分挖掘客户需求的创新，从产品设计、资产配置、投资范围等多维度全面创新，不断刷新公募市场的产品生态。例如，为应对“基金赚钱、基民不赚钱”的难题，基金产品设计了新的运作方式——最短持有期，新的运作方式可避免投资者追涨杀跌，也便于基金经理以相对长期的理念进行大类资产配置以及行业个股的选择。近年来，公募 MOM、公募 REITs、同业存单指数基金等创新产品陆续推出，为投资者提供了资产配置的新工具。

当前，公募基金已经把科创板、新三板、北交所等新兴市场都纳入投资框架中，进一步扩大了投资边界。投资者可以进入公募基金分享多层次的资本市场的改革红利。

第四，权益产品占比持续上升。2020 年以来，市场出现了很多爆款权益基金，首发规模超过 100 亿元的权益型产品屡见不鲜。但即使经历了权益牛市，我国的权益产品占比还是处于非常低的水平。

虽然我国公募基金在发展过程中走的是美国模式的道路，但股票型基金占比不到 10%，规模仅 2.2 万亿元。过去 20 年，我们一直担心美国的股票市场泡沫太大，会出现持续下跌的情况，但事实上并没有出现很大问题，说明美国的资本市场还是有其独特的优势。

因此，我国公募基金的权益产品占比有望持续提升。一方面，由于监管强化长期业绩导向、引入中长期资金入市，为权益类基金的爆发营造了良好的制度环境；另一方面，国内居民风险偏好的提升，也带来了权益资产配置的资金，而中长期资金入市和市场有效性提升将会优化投资者结构、促进长期牛市的形成，从而进一步提升国内权益资产的配置价值。

第五，公募工具化、配置化投资是大势所趋。公募基金从管理方式可以将产品划分为主动管理型基金与被动指数型基金。我们也把被动基金称为工具型产品，这些基金以市场指数、行业指数为跟踪标的，实行指数跟踪或者指数增强策略。过去在投资中，特别是在美国，有一种说法是认真做投资的不一定能够赢过投硬币的，所以会出现一些工具性产品。

第六，公募产品费率下降，让利投资者。在公募基金的高速发展过程中，一个明显的趋势是基金的费率逐渐降低。以股票型基金为例，2000 年其规模加权平均 0.99%，连续下降 11 年后，截至 2020 年其规模加权平均率已经到了 0.5%，降幅接近一半。

聚焦到我国，随着国内规模经济效应、产品工具化及投资者结构变化，国内公募基金费率下降是必然趋势。对于基金产品来说，尤其是工具型基金，具有比较明显的规模经济效应。随着大量资金净流入带来的规模上涨，基金公司单位成本摊薄、利润增厚，在竞争环境下基金公司有动力主动调低费率，以占据更多的市场份额。另外，市场有效性提高，主动产品和被动产品的业绩差异缩小，被动的指数基金占有率提升。

第七，公募基金的组合投资管理的模式逐渐兴起，大类资产配置时代已经开始。当前全市场的基金已经超过 8000 只，数量接近股票的 2 倍，对于投资者而言，选择合适的基金进行投资其实并不是一件简单的事情。此外，不同类型的基金，其投资范围、投资比例、运作方式、投资限制等差异很大，广大投资者需要在不同的产品中进行选择和配置。在此背景下，大类资产配置的庞大需求凸显，因此公募的组合投资管理模式也应运而生。

2019 年以来，以 FOF、MOM 和基金投顾为代表的组合投资管理模式已然成形，拉开了为投资者提供多元化资产配置和策略配置的大幕。尤其是 FOF，当前被越来越多的投资者认可，已经成为常规的产品类型；MOM 以崭新的姿态登上公募基金历史舞台，2021 年首批 MOM 产品成立，为公募行业注入新的血液、挖掘新的可能性。

第八，公募拥抱养老新机遇，三支柱建设主力军。对于个人投资者而言，仅仅通过短期的股票、基金、银行理财投资是不够的，我们更需要从一个长期的维度来进行自身的宏观资产配置。因此，现在市场上已经专门成立了一批养老 FOF 基金，供投资者根据自身情况直接选择对应的养老产品。

当前养老 FOF 基金分为两类：目标风险基金和目标日期基金。一类是基于自己的实际风险偏好，例如稳健型、保守型、激进型，选择合适的产品长期持有，这类产品称为“目标风险基金”；另一类产品叫“目标日期基金”，投资者根据自己退休的年龄，选择对应日期的基金产品即可，这类产品在基金名称中会直接体现日期，例如“养老目标日期 2050 三年持有期混合型基金”，就是为 2050 年退休的人群所设计的产品。

养老 FOF 有以下几点明显特征：一是产品名称。在给基金产品起名时，“养老”这两个字不能随意使用，只有证监会批准成立的养老基金才能使用，其他基金产品中不得有“养老”字样（除养老行业主题基金外）。二是养老基金都带有持有期。为了鼓励投资者长期持有，也为了给基金经理一个宽松稳定的运作环境，避免资金频繁进出带来的风险，所有养老目标基金都设定了最短持有期（1 年、3 年、5 年）。投资者在最短持有期之后才可以赎回。养老 FOF 基金在监管政策大力支持和个税递延预期不断强化下，已成为各家管理人争相布局的热点产品。2018 年下半年以来，养老 FOF 在稳步上报、获批以及发行，近 3 年产品数量由 12 只增长近 10 倍至 116 只，产品规模从 40 亿元大幅增长至近 800 亿元，养老 FOF 基金逐渐得到更多投资者的认可，为投资者树立科学的养老观念、培养长期投资习惯。

第九，金融科技赋能，助力公募行业高质量发展。在当前市场环境下，金融的科技化是基本趋势，在基金行业，通过金融科技赋能，能从多维度助力行业高质量发展。

从投资品种来看，随着科技与金融结合程度的逐渐加深，金融衍生品市场必然会更加活跃，基金公司之间基于量化模型的定价和交易策略的比拼，又将反过来促进金融科技的进一步结合。

对于基金公司的来说，无论是前台的投资、销售，还是后台的运营、风控，都能从金融科技大大受益。我们现在可以通过大数据等各种科技手段来辅助投资决策，进一步提升投资业绩，增厚投资收益；此外，通过对客户数据的深度挖掘，使基金公司可以在投资者许可范围内最大限度地了解、挖掘、分析客户的真实需求，为后续产品服务提供相对精准的基础条件，显著提高了营销、运营、管理和服务的效率，同时降低了服务成本。

以基金投顾业务为例，当前基金投顾业务试点工作稳步推进，智能投顾服务模式的接受度将逐渐提升，基金公司可以借助量化模型，将基金产品与客户风险收益目标之间进行精准匹配，实现“千人千面”，提升客户定制体验。随着金融科技水平不断提升，智能投顾服务也将不断升级迭代，为客户提供更极致的私人定制体验。

此外，监管机构现在也更多地通过科技手段实现市场监管，加强交易全程监管，提升监管准确性、针对性和有效性，整体向“科技监管”转变。

第十，资本市场对外开放，公募行业要注重打造国际化能力。当前，随着我国资本市场对外开放程度的不断扩大，公募基金行业的投资范围、资产定价、竞争对手等多维度都已经进入国际化趋势。从投资范围来看，2007 年已经有投资于全球市场的 QDII 基金，随着沪港通、深港通、债券通等机制的深度落实，公募产品的可投资范围已大幅增加，投资者可借道公募基金进行全球资产配置。此外，A 股已经陆续被纳入 MSCI、富时罗素、标普道琼斯等国际化指数，国债及政策性银行债被纳入巴克莱综合指数，这都标志着，随着资本市场的对外开放，我国金融资产的定价逐渐国际化。

从竞争对手来看，随着一系列政策的颁布实施，全球知名资产管理机构已陆续进入我国公募基金行业，为国内公募行业带来“鲇鱼效应”。从 2020 年 4 月 1 日起，全国已经取消基金管理公司外资股比限制，目前摩根资管已成功竞拍上投摩根 2% 股权，持股比例将达 51%，待该事项获得监管核准后，上投摩根或将成为外资绝对控股的基金公司。此外，证监会于

2020 年 8 月底批复“贝莱德基金”，首家外商独资公募基金公司正式诞生，2021 年 9 月贝莱德也成立了首只公募产品——“贝莱德中国新视野混合型基金”，募集规模高达 67 亿元，首秀堪称完美，外资“鲇鱼效应”已经显现。

总结来看，公募基金一方面切实服务于实体经济，另一方面服务于百姓的财产保持增值。此外，公募基金采用了领先于其他资管行业的市价估值、完备信息披露等手段，加上 20 余年来积累的多资产投资能力和丰富产品线，有理由相信，公募基金作为资管行业的标兵，还将具备持续高速发展的生命力。

（本文根据作者 2021 年 12 月 9 日在北京大学汇丰商学院“北大汇丰金融前沿讲堂”的演讲整理，经作者审阅。）

金融环境之变

关于中国通货膨胀形成机制的几点观察

国投证券首席经济学家
高善文

中国通货膨胀的形成机制，与经济学的基本原理存在非常大的一致性，但也表现出很多自己所独有的特点。

过去 40 年，中国经济经历了翻天覆地的变化，实现了极其惊人的快速增长，今年已经非常接近高收入国家的门槛。在这一过程中，中国从一个相对封闭的经济体转向了一个高度开放的经济体，从一个计划经济体转向了一个市场经济占主导地位的经济体，从一个农业占比较高的经济体转向了一个工业和服务业主导的经济体，从一个农村人口占大多数的经济体转向了一个实现高度城市化的经济体。

在这一过程中，中国通货膨胀的形成机制也经历了重要的结构性变化。深入地分析和理解这些结构性变化，可以用来观察和透视中国经济在过去 40 年所经历的翻天覆地的变革和增长，也为深入理解当下通货膨胀的形成过程提供了非常重要的背景。

一、 从封闭走向开放的中国经济

首先讨论中国通货膨胀形成机制之中第一个非常重要的结构性变化。

观察中国的工业品出厂价格和美国的工业品出厂价格的数据，把时间跨度设定在 1980 年到 1996 年。在 1983 年之前，中国还存在着由计划经济相伴生的很强的价格管制，但是在20世纪80年代中期以后，中国在工业领域的价格管制逐步放开，价格呈现市场化的波动特征，振幅也越来越大。

美国的工业品出厂价格在这段时间也经历了几轮非常明显的波动。但是在这16年的时间里，中国的工业品价格和美国的工业品价格波动之间的关联并不是特别紧密，两者的相关系数是 -0.2。

1996年以后，中国和美国工业品价格开始表现出极其紧密的联系，相关系数从 -0.2 上升到0.92。在这26年的时间里，每一轮工业品价格的上升和下跌，在中美之间都是完全同步的，甚至在很多时候顶部和底部幅度都很接近。

如图1所示，1996年是一个非常明显的分水岭。

一个基本的问题是，为什么中美工业品价格波动会从毫无关系变为紧密相关?

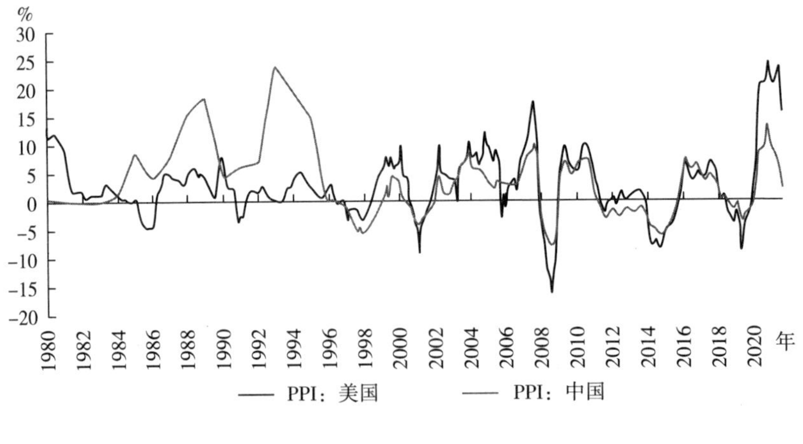

注：中国PPI在1996年前为年度数据，中美PPI在1980—1996年相关系数为 -0.2，在1996—2021年相关系数为0.92。

图1　中美PPI同比

（数据来源：Wind，安信证券）

原因非常简单：一是中国20世纪80年代扩大开放，并在90年代后以非常快的速度融入了全球经济；二是中国在1996年开放了经常账户下的外汇买卖和交易，此后很长时间将人民币兑美元的汇率维持在相对比较固定的水平。

在这样的条件下，一价定律就开始发挥作用。如果中国的钢材价格显著高于全球市场的钢材价格，进口商就可以大量地从国际市场进口钢材，这会把中国钢材价格压低到跟国际钢材价格接近的水平。因此，中美两国在PPI的层面上就表现出了非常强的同步性。

这表明，随着中国快速地融入全球经济，在人民币汇率波动相对不大的条件下，中国可贸易品及工业品价格的波动迅速成为全球工业品价格波动的一部分。

在这样的条件下去分析和理解中国工业品价格的波动，必须把视野拓宽，去分析包括中国在内的全球经济景气的变化和全球地缘政治的变化，去分析全球范围内大国货币政策的变化等因素。

二、 食品通货膨胀主导消费物价指数

其次观察食品通货膨胀与一般消费物价之间的关系。

从图2可以看到三个序列的数据，实际上可以把它归结为两个序列的数据。第一个是中国消费物价指数的波动，第二个是剔除食品以后的消费物价指数的波动。

把观察范围限定在2000年到2012年之间（把2000年之前的数据包括进来，结论是一样的。这里的做法主要出于方便比较的目的）。2013年以后，中国通货膨胀形成机制出现了第二次重要的结构性变化。

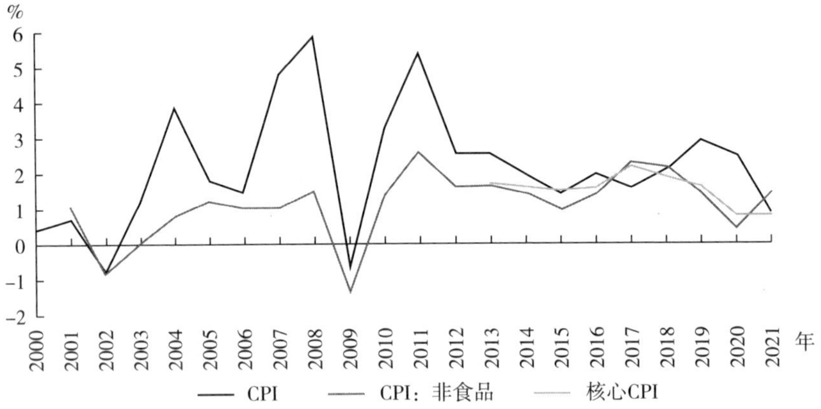

注：中国核心 CPI 从 2013 年开始公布。

图 2　CPI 和核心 CPI

（资料来源：Wind，安信证券）

把观察的范围限定在 2012 年之前，第一个重要的事实是，那时中国的非食品部门通货膨胀年均涨幅低，而且波动小。它在大多数时候运行在 0 ~ 1.5% 这个明显偏低的区间。但是与此同时，总体 CPI 的波动非常大。

如表 1 所示，2002 年到 2011 年，CPI 年平均涨幅是 2.6%，其中食品的平均涨幅是 6.4%，贡献了总体涨幅的 97%。剔除食品后的 CPI 年均的涨幅只有 0.7%，涨幅和波动均非常小。

表 1　过去 20 年 CPI 和食品分项统计

年份	期间累计涨幅（%）		食品项贡献率（%）	同比算术平均		变异系数	
	CPI	食品分项		CPI	食品分项	CPI	食品分项
2002—2011	29.3	84.5	96.9	2.6	6.4	0.9	0.8
2012—2021	22.6	44.7	60.8	2.1	3.8	0.3	1.0

注：食品分项在 CPI 中权重在 2006 年前尚未公布，鉴于恩格尔系数在 2002—2011 年匀速下降，假定期间食品权重均值等于 2006 年的 33.6%，推算出食品项贡献率。

数据来源：Wind，安信证券。

第二个重要的事实是，1996—2012 年，中国的食品价格与工业品价格的波动是高度同步的，相关系数达到 0.77。

如前一节所述，中国的工业品价格是全球工业品价格波动的一部分，这使得两者的紧密相关多少令人惊讶（见图 3）。

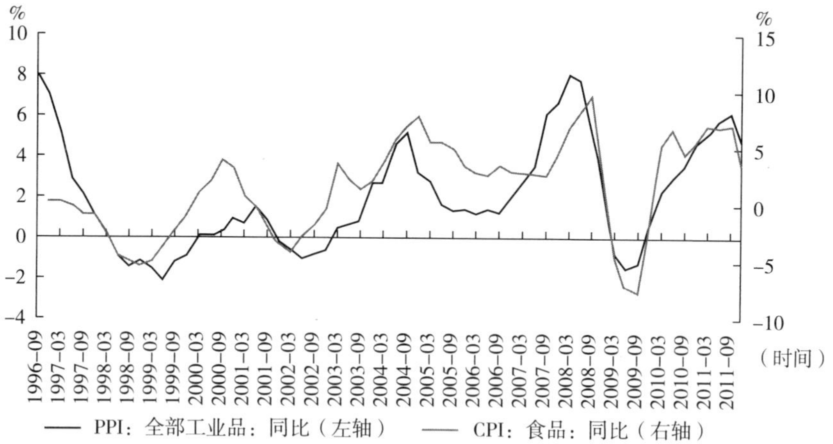

图 3　中国 PPI 和 CPI 食品分项当季同比

（数据来源：Wind，安信证券）

第一种解释认为食品价格取决于供应，天气的好坏、作物的丰歉和牲畜的疫病是核心影响因素。如果这种解释是正确的，食品价格的波动对于宏观经济就是噪声，但它与工业品价格高度同步的结果很难支持这一解释。

第二种解释是成本传导，工业品是食品生产过程中重要的原材料，化肥、种子、农药、农业器具、运输等，都是来自工业部门的投入。在这样的条件下，工业品价格的上升导致了农作物生产成本的上升。

首先去观察农产品生产价格指数和农业生产资料价格指数。两者高度同步不令人意外，真正意外的是两者计算的弹性是 1.1，意味着农业生产资料价格涨 10%，农产品价格平均会涨 11%，这显然不利于成本传导假说，这是因为农产品生产投入除了农业生产资料外，还包括土地和劳动力的投入。

如果可以假定农业生产资料在农产品生产成本中的占比不超过70%，那么在仅有成本传导机制的情况下，两者的弹性应低于0.7（见图4）。这样从统计结果看，就可以拒绝成本传导假说。

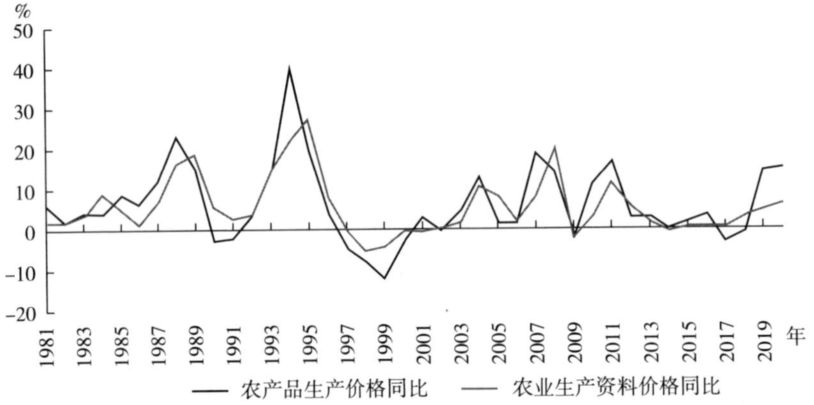

注：回归后弹性为1.11，标准差为0.168。

图4　农产品和生产资料价格指数同比

（数据来源：Wind，安信证券）

其次是农村人均来自农业的纯收入，其与农业生产资料价格的弹性为1.14，同样大于1。每一次农业生产资料价格上涨的时候，农户来自农业生产的收入同样上升，并且上升的幅度更大（见图5）。这一结果同样不利于成本传导的假说。

第三种解释是农产品价格的波动来自通货膨胀预期。当农户观察到农业生产资料价格上升后，农户产生了通货膨胀预期，认为农产品价格也会上涨，随后增持存货，减少销售，这一行为立刻造成了供应紧张。

考虑到农产品的需求相对稳定，会立即导致农产品价格的上升，这就是通货膨胀预期传导机制。

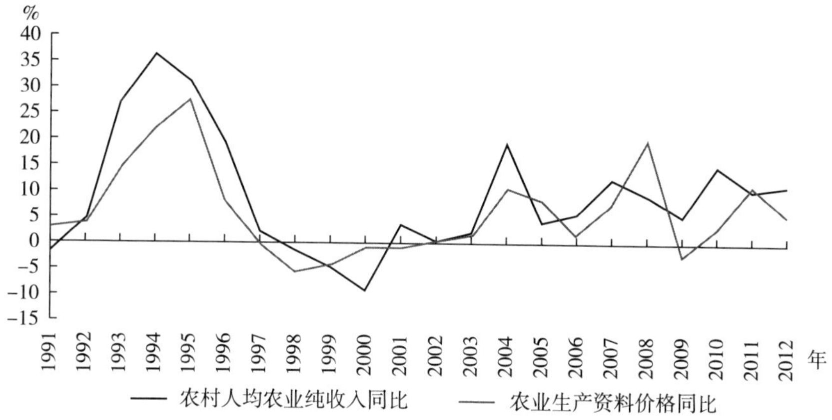

注：回归后弹性为1.14，标准差为0.173。

图5　农产品资料价格和农村人均农业纯收入同比

（数据来源：Wind，安信证券）

这一解释是由北京大学的宋国青教授最早提出的，他在20世纪90年代分析1994年那一轮通货膨胀时就倡导这一解释。这一解释非常有洞察力，但是在很长的时间里似乎未被广泛接受。通货膨胀预期这种假说，有没有排他性的证据？

我们可以设想，如果通货膨胀预期和存货调整是一个重要的机制，那么难以储存的农产品价格应当和工业品价格无关，易于储存的农产品跟工业品价格的联系会非常紧密。

观察图6，左侧相关系数较高的农产品存储更加便利，从而方便进行存货调整，而越靠右侧越难储存。

根据常识，储存便利性的排序是粮食 > 干鲜瓜果 > 蛋 > 鲜果 > 菜 > 鲜菜，而对于畜肉，除了冷冻储存，还有一个重要渠道是压栏。就是当生猪已经可以出栏的时候，将生猪的出栏推迟一些时间。

还可以进一步观察这些产品的价格与工业品价格的弹性。

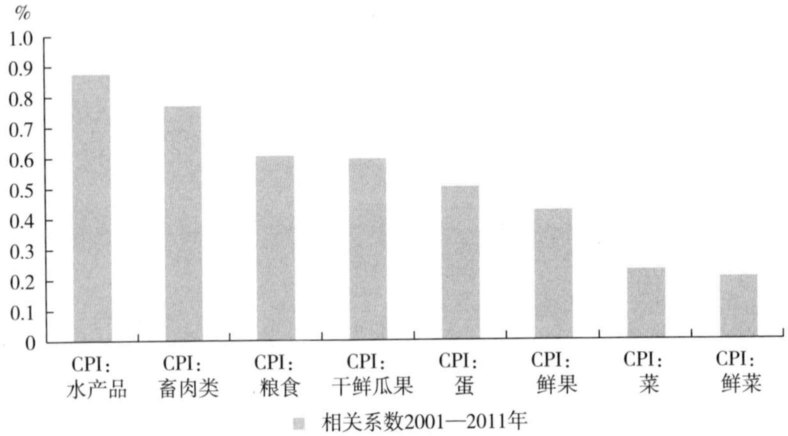

图 6　各类食品价格对第二产业 GDP 缩减指数的相关系数

（数据来源：Wind，安信证券）

如图 7 所示，和相关系数的关系类似，总体上越利于存货调整的品质的弹性越大。这一模式是无法用天气的丰歉以及生产成本来解释的。

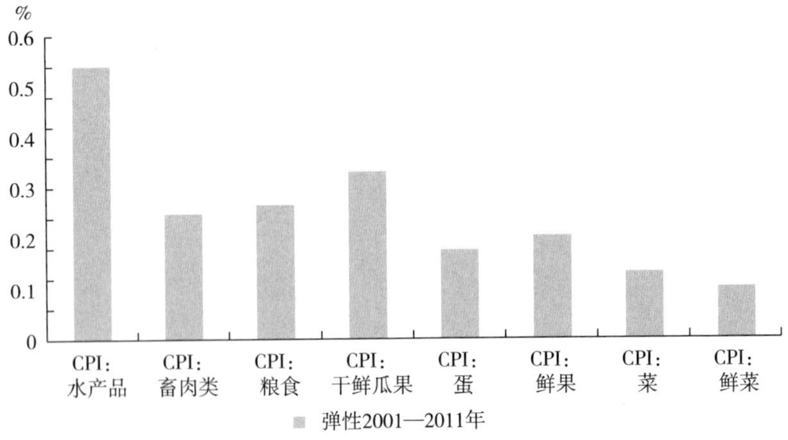

图 7　各类食品价格对第二产业 GDP 缩减指数的弹性

（数据来源：Wind，安信证券）

从这些情况看，通货膨胀预期机制得到了较有力的支持。

三、 非食品部门通货膨胀开始具备指示性

如前节所述，在1996年到2012年期间，中国的食品价格与工业品价格的波动高度同步，但如图8所示，2012—2022年这种同步性消失了。

过去10年，两者的相关系数为-0.62，在2016年之后实际上出现了非常强的负相关关系。

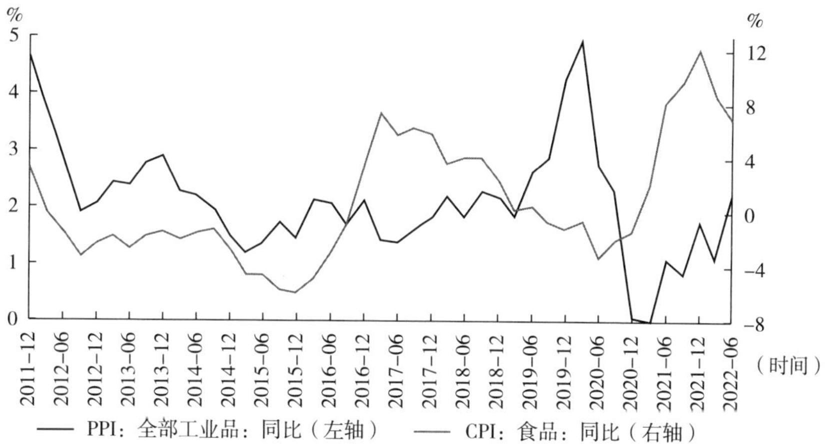

注：2012年后，两者相关系数为-0.62。

图8 中国PPI和CPI食品分项当季同比

（数据来源：Wind，安信证券）

更进一步地，如图9和图10所示，过去10年，食品价格的波动与工业品价格之间的弹性和相关性的模式也消失了。

这些发展表明，通货膨胀预期和农产品存货调整机制在2012年以后不再发挥明显的作用。

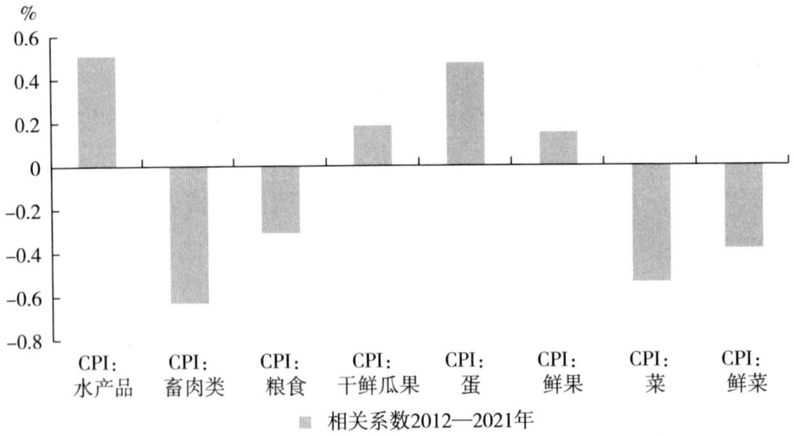

图9　各类食品价格对第二产业 GDP 缩减指数的相关系数

（数据来源：Wind，安信证券）

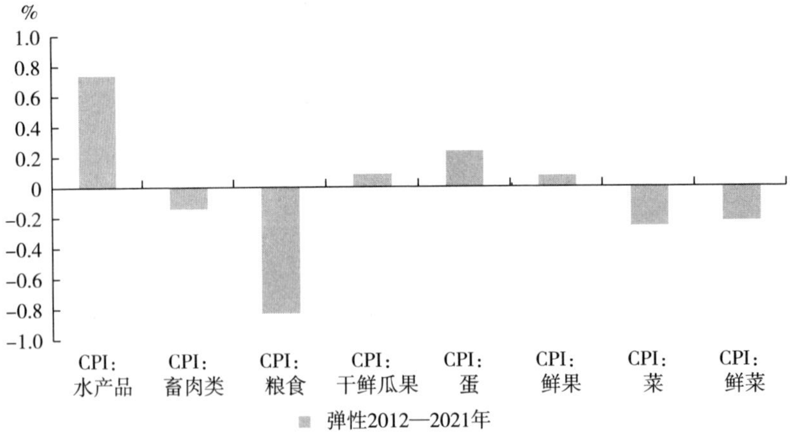

图10　各类食品价格对第二产业 GDP 缩减指数的弹性

（数据来源：Wind，安信证券）

同时，如表 1 所示，在 2012 年到 2021 年期间，CPI 累计上升了 22.6%。其中 60% 的贡献来自食品，食品的贡献率从前十年的 97% 下降到 60%，仍然是最大的涨价因素，但影响显著下降。

CPI 的波动性也明显下降。前十年其变异系数为 0.9，显著大于后十年的 0.3。这一变化波动最主要来源于食品分项的贡献率下降。

此外，核心通货膨胀显著上升。非食品通货膨胀中含有能源，但可以认为接近核心通货膨胀。前十年的核心通货膨胀均值为 0.7%，后十年的均值为 1.5%，显著上升。

如果进一步考虑到在 2012—2021 年的后十年中，大多数产品价格的涨幅都明显下降，经济增速也显著更慢，那么核心通货膨胀的上升就更为突兀，值得认真注意。

如果观察核心通货膨胀的各个细分项，如表 2 所示，可以发现价格涨幅的上升十分普遍，且这种上升并非来自某一分项的异常波动。

表 2　过去 20 年非食品 CPI 细项统计

年份	服装	生活用品和服务	交通通信及服务	文娱用耐用消费品	旅游及外出	租房	非食品
2002—2011	-1.2	0.2	-1.0	-7.2	0.4	3.5	0.7
2012—2021	1.7	1.0	-0.2	-2.4	2.3	2.25	1.5

数据来源：Wind，安信证券。

注：新冠疫情对房租有显著负面影响，如果直接对比 2002—2009 年和 2012—2019 年，租房 CPI 均值分别为 3.10 和 2.84。

实际上，在这些细分科目中，只有租房科目的涨幅在下降，其他科目的涨幅都在上升。

从宏观上看，我们可以将食品、工业品和劳动力作为非食品部门的投入品，那么非食品价格涨幅的扩大是否来自成本压力呢？

如表 3 所示，所有这些投入品在后十年的价格涨幅都明显更低，这使得非食品部门通货膨胀的加速十分反常。

表 3 过去 20 年非食品 CPI 细项统计

年份	CPI：食品	PPI	城镇工资	农民工工资
2002—2011	6.4	3	12.7	12.4
2012—2021	3.8	0.4	6.3	8.1

数据来源：Wind，安信证券。

注：新冠疫情对房租有显著负面影响，如果直接对比 2002—2009 年和 2012—2019 年，租房 CPI 均值分别为 3.10 和 2.84。

我们认为，其中的关键原因是 2013 年前后，中国经济通过了刘易斯第二拐点（见图 11）。

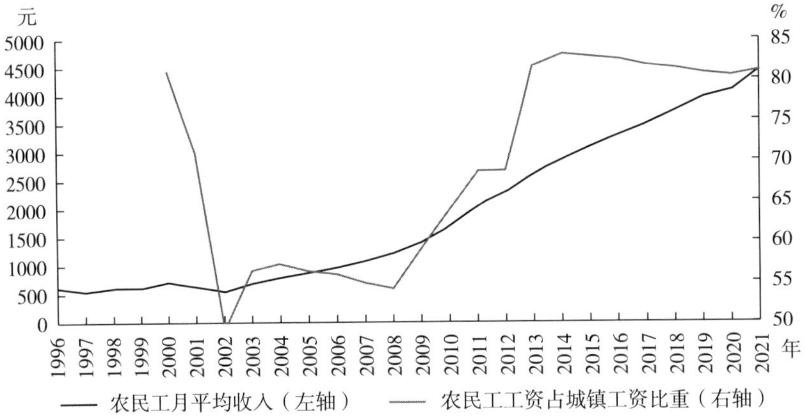

图 11 农民工月均工资和城镇就业工资比例

（数据来源：Wind，安信证券）

我们知道，在 2005 年前后，中国通过了刘易斯第一拐点，此前，低端劳动力的工资在剔除通货膨胀后长期维持稳定。2005 年以后，低端劳动力工资水平开始快速上升。

但在到达刘易斯第二拐点之前，低端劳动力的工资水平仍然低于其在工业和服务业部门的边际产出。这样，工业和服务业部门存在很大的动力去加快扩大低端劳动力的雇佣，这在劳动力市场造成雇佣快速扩大和（或）

工资水平加速上升的同时，在产品市场造成了持续的价格下跌压力。

在可贸易品市场上，由于价格水平在全球范围内由供求平衡形成，作为价格接受者的国家，这种压力表现为竞争力的提升、市场份额的扩大和汇率的升值压力。

在不可贸易品市场上，这种压力显示在价格信号上。

这不是说在到达刘易斯第二拐点之前，经济不会遭遇通货膨胀压力，而是说，这时的通货膨胀压力主要来自资本存量的短缺所导致的生产能力的瓶颈。

在经济通过刘易斯第二拐点之后，劳动力市场进入均衡状态，工资水平等于其边际产出水平，不可贸易部门产品的系统性价格下跌压力消失。

从长期的观点看，如果认为可贸易品部门的劳动生产率的增速快于不可贸易部门，均衡状态下劳动力的工资处于两者之间（考虑汇率因素后等同于可贸易品部门），那么不可贸易品部门此时将出现更快的价格上升。

图 12 显示了中国分部门的劳动生产效率的增长情况。

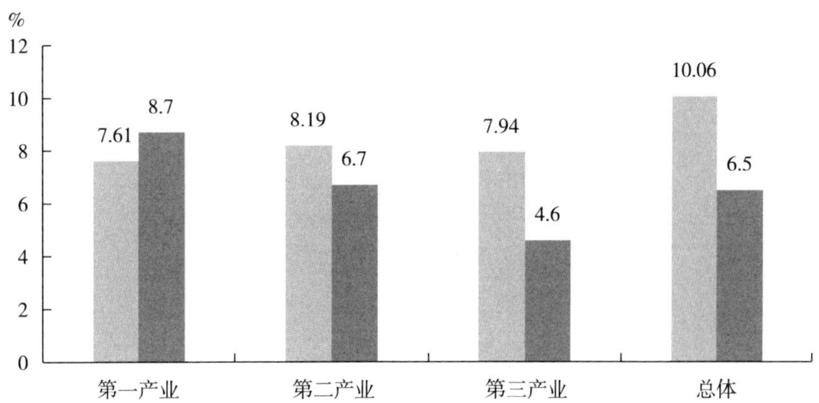

注：劳动生产效率增速使用该产业增加值的实际增速和从业人员增速计算。

图 12　总体和分产业劳动生产效率年均增长率

（数据来源：Wind，安信证券）

结合表 3 中的数据，在 2002—2011 年，劳动力工资的增速平均在 12.5% 左右，显著超过第二、第三产业或总体的劳动生产效率的年均增速，但这期间中国可贸易部门竞争力提升，不可贸易部门的价格涨速很低（或接近于通货紧缩的状态）。

在 2012—2021 年，劳动力的工资增速下降到 6.3%（城市职工）和 8.1%（农民工）的水平，第二产业劳动生产效率的增速在 6.7%，明显快于第三产业 4.6% 的水平，出口竞争力的提升放慢，不可贸易部门价格压力开始显现出来。

经济通过刘易斯第二拐点之后，劳动力市场进入均衡状态，核心通货膨胀和产出缺口的关系就变得紧密起来。原因在于，当经济加速增长的时候，工资水平加快上升，超过不可贸易部门的劳动生产率的增长，从而形成了该部门的价格上升压力，并通过非食品部门的价格上升表现出来。后者对可贸易品价格的依赖显著低于对不可贸易品价格的依赖。

图 13 报告了我们计算的 2013—2019 年产出缺口与核心通货膨胀之间的关系，其中产出缺口的计算方法在附录中，基本想法是计算特定年份前后

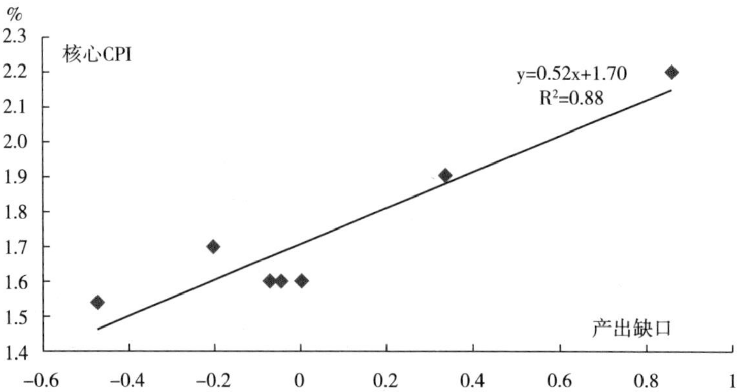

注：由于新冠疫情扰动，2020 年和 2021 年潜在增速估计较为困难，故略去。t 值为 5.96。

图 13 2013—2019 年产出缺口与核心 CPI

（数据来源：Wind，安信证券）

各两年的均值。考虑到 2020 年以来新冠疫情的影响，这段时间没有包括在样本中。

四、 城乡居民生活方式的趋同

在经济通过刘易斯第二拐点之后，低端劳动力的价格等于其边际产出，城乡劳动力市场基本融合，这意味着经济发展水平的显著提升，此时农户的生产经营行为，本质上开始成为广泛的市场调节过程的一部分，而不再是自给自足的封闭个体，其资产配置行为也与城市居民开始趋同。

那么，是否存在一些微观证据支持这些判断呢?

（一）居民食品支出的变化及国际比较

1978 年以来，由于中国经济的快速增长和人均收入大幅度上升，食品开支占居民支出比重从 65% 下降到 30% 以下，恩格尔系数的显著下降（见图 14）反映了生活水平的快速提高。

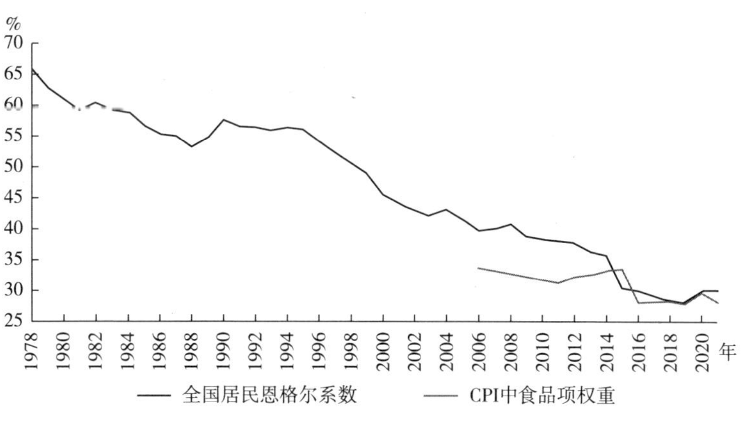

注：2015 年前使用农村和城镇居民恩格尔系数和城镇化率计算，食品分项权重自 2006 年开始。

图 14　全国居民恩格尔系数

（数据来源：Wind，安信证券）

国际比较也支持了这一点。如图 15 所示，中国居民的食品烟酒在消费支出中的占比已经和欧盟、日本、韩国、中国台湾等高度发达的经济体接近。

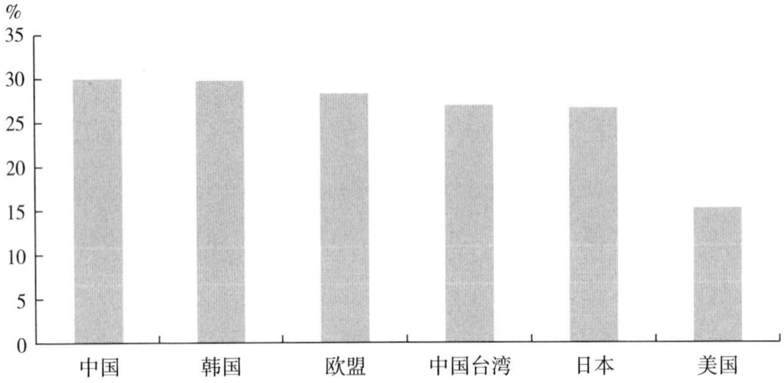

注：部分国家 CPI 中食品项定义中不含外出就餐，为保持口径一致，调整后加入。

图 15　各经济体 CPI 中食品烟酒分项权重

（数据来源：Wind，安信证券）

根据世界银行的标准，中国去年的人均收入离世界银行定义的高收入国家的门槛大概只差 4%。如果从食品支出占比这个维度看，中国与发达经济体的情况的确十分接近。

（二）农户支出行为的变化

观察农村居民支出行为中非现金的占比（见图 16）。农户非现金支出主要来自自产自用，例如住自己的房屋、吃自己种的粮食蔬菜。总的来说，非现金的开支占比越大，说明生活方式越接近于自给自足。现金类的占比越高，就说明越广泛和深入地参与了市场的生产和交换过程。

如图 16 所示，1980 年农村居民在生活消费中大约一半是不需要现金

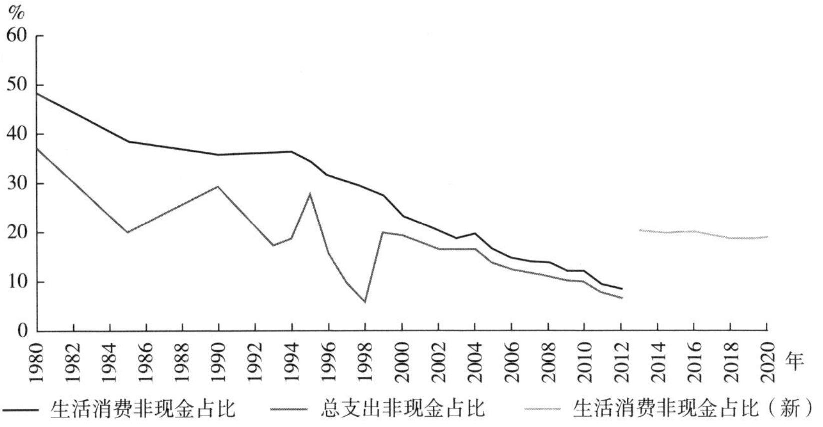

注：2013 年家庭住户调查口径进行调整，生活消费支出口经存在差异，导致现金占比发生变化。

图 16　农村居民支出中非现金占比

（数据来源：Wind，安信证券）

的，2012 年下降至 10%，新口径下为 20%。这代表农户部门 80% 的生活消费支出都需要去购买，是市场分工和交易体系的一部分。

对比城市居民的情况（见图 17），城市居民的消费中同样存在非现金支出，很大的一部分因为自有住房。此外，随着社会保障和医疗保险等体系的普及，医药消费的非现金支出比率上升，叠加医药消费占比提升，这是城镇居民非现金消费支出占比上升的重要原因，农村居民也有类似的情况。

容易看到，2018 年后，农村与城镇居民在消费支出中的现金占比基本一致，显示城乡居民消费模式在市场化程度方面基本趋同。

（三）农户资产配置行为的变化

进一步观察农村居民储蓄配置行为的变化，这里的储蓄定义为没有消费掉的收入，其可以配置在银行储蓄存款、农产品存货、自有住房、农田改造、农业生产设备等各种用途上。

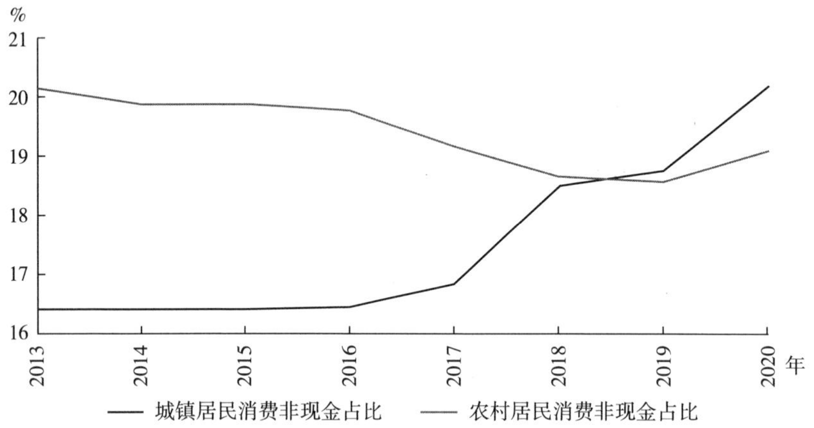

图 17　城镇和农村居民消费中非现金支出比率

（数据来源：Wind，安信证券）

我们计算农村居民储蓄存款占其总储蓄的比例，以此来衡量农村居民的收入结余在什么程度上成为银行体系融资过程的一部分。

如图 18 所示，2002 年前，这一比例低于 50%，2007 年接近 100%，在 2009 年后上升到了 150%。

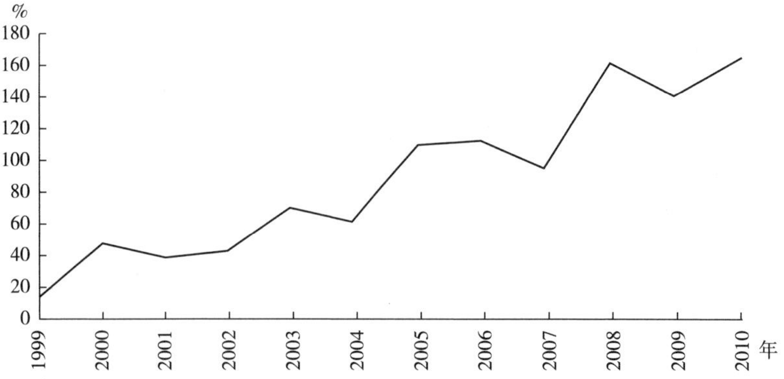

图 18　农村居民当年新增银行存款占总储蓄比重

（数据来源：Wind，安信证券）

显然在早期，相当部分储蓄都用于农村农业的固定资产形成和相关的生产活动，而到了后期，其总储蓄全部成为银行融资过程的一部分。

为什么 2008 年以后，该比例迅速超过了 100%？只有一种解释，就是总体上来看农户处置和变卖了自己的资产，将其转换为银行储蓄存款。

第一种可能性是拆迁，城市近郊的农民的房屋和土地均被政府收购，相当于农户处置了资产，处置资产获得的收入就以银行存款的形式表现出来。

第二种可能性是，随着农民工工资在刘易斯第二拐点之前的爆炸性增长，在农村从事农业养殖等活动越来越不划算，所以农户不再新投入，甚至会处置这些资产，离开农村进入城市。

我们看一个非常重要的案例，即农户的养猪行为。

我们假设年出栏数低于 50 头的养殖场户数代表农户小规模散养，年出栏数高于 50000 头代表用工业化的方法来养猪。

总体上看，如图 19 所示，在过去 20 多年的时间里，散养的数量在持续下降，而集中养殖在持续上升，但是散养的急剧下降发生在 2015 年前后。

如图 20 所示，在 2008 年之前，规模养殖和散养的生产成本基本一致。随后开始快速下降，2014 年后，规模养殖的生猪的生产成本稳定在散养的 85% 左右。这种显著的成本差异，促使散养户卖掉存货和养殖场，所获得的资金，就进入了储蓄存款。

这些证据一般地显示，在经济通过刘易斯第二拐点之后，城乡居民的经济行为模式逐步趋同，存货持有和调整不再成为农户配置资产的主要方式，从而解释了 2012 年之后工业品价格与食品价格之间联系的断裂。

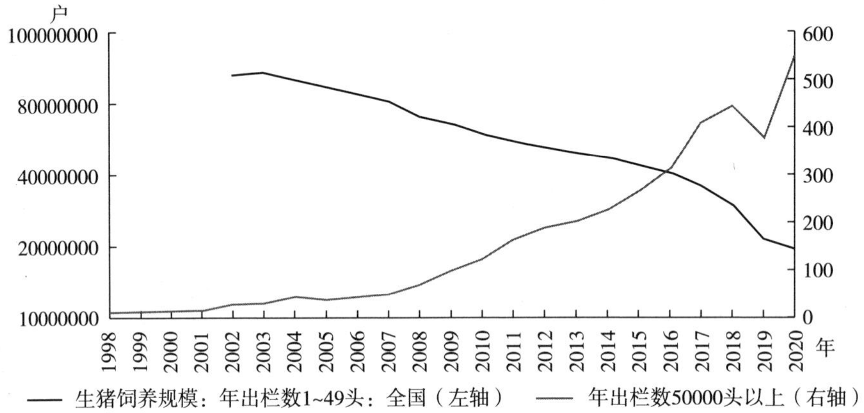

注：左轴为对数坐标。

图 19　不同规模生猪饲养户数

（数据来源：Wind，安信证券）

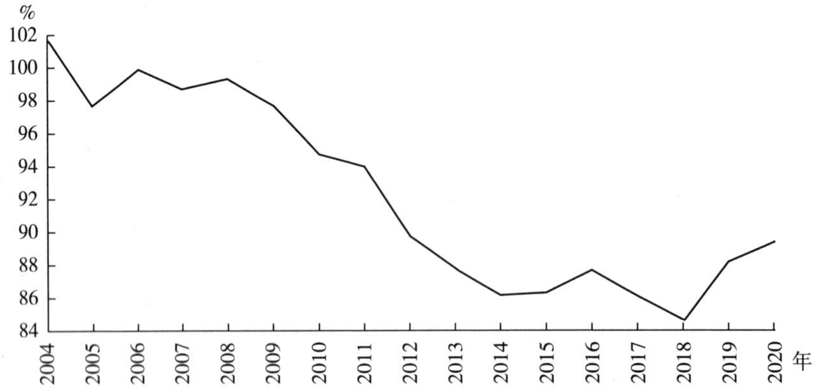

图 20　生猪生产成本：规模养殖/散养

（数据来源：Wind，安信证券）

附录

对于产出缺口的计算，我们采用移动平均方法计算出当年的潜在增速。使用前两年和后两年 GDP 增速均值（共计 4 年）作为当年潜在增速。在估计 2018 年和 2019 年潜在增速的时候考虑到 2020 年和 2021 年的异常，假设在无疫情的情况下，2020 年和 2021 年 GDP 增速分别为 5.75% 和 5.5%。

此外，考虑到供给侧结构性改革对部分行业产生了显著抑制，是政策压制了经济增长，导致 2016—2018 年工业增加值内部出现异常的裂口，将其调回。

限产组和对照组工业增加值同比如附录图 1 所示。

附录图 1　限产组和对照组工业增加值同比

（数据来源：Wind，安信证券）

调整前后 2016—2018 年 GDP 增速如附录表 1 所示。

附录表 1　调整前后 2016—2018 年 GDP 增速

时间	GDP：同比	去产能修正后 GDP
2016 年	6.85	7.21
2017 年	6.95	7.67
2018 年	6.75	6.99

调整后产出缺口、潜在增速如附录图 2 所示。

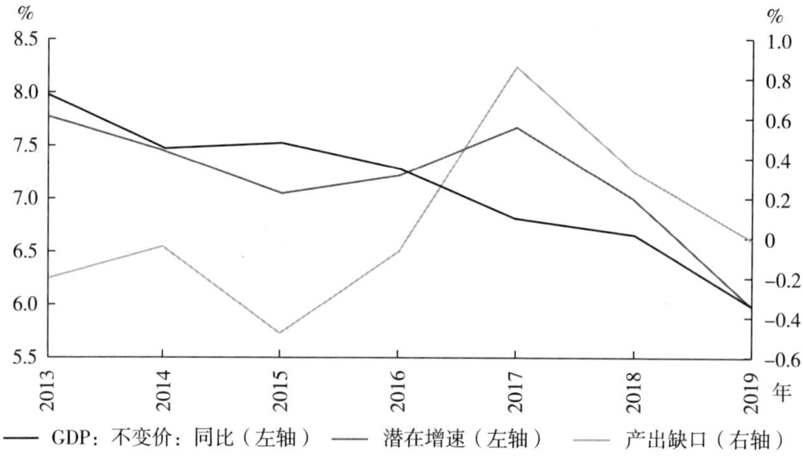

附录图 2　潜在增速与产出缺口

（数据来源：Wind，安信证券）

（本文根据作者 2022 年 10 月 13 日在北京大学汇丰商学院“北大汇丰金融前沿讲堂”的演讲整理，经作者审阅。）

中国经济治理框架的转变和对市场的启示

摩根士丹利中国首席经济学家

邢自强

当前，我们正站在全球与中国经济金融运行的重要转折点上。在这一大变局中，有国际经济金融治理格局的重构，有不同经济体之间的竞争、摩擦与合作的模式重组，有经济增长方式的转型与经济增长动力的培育，同时全球也共同面临着大流行病冲击、收入差距分化、绿色可持续发展等诸多经济挑战。以今天中国的经济规模以及与全球经济的密切联系，如果脱离全球经济趋势，很难看清楚中国的经济状况；同样，如果不考虑中国经济的走势，也难以清晰完整地把握全球经济。

一、 新冠疫情后全球通货膨胀与产业链分析

短期内，美国供应端遇到许多挑战且未完全恢复，但需求端受刺激过热，短期通货膨胀压力上升。在更深层次，美国长线通货膨胀将会回升。因为过去30年抑制全球通货膨胀的“3Ts”因素，即全球化（Trade）、科技主导（Tech）、收入分配偏向巨头（Titan），都会在疫情后发生逆转，未来通货膨胀可能会居高不下。

第一，全球化逆转在疫情前体现为美国国内逐渐兴起的贸易保护主义，其根源来自贫富差距问题。面对日渐加剧的贫富差距，拜登政府试图对之

前的政策进行纠偏，调节收入分配。相比于拜登政府，特朗普政府的政策更偏向于短期，可以称为“竞争性冲突”，一方面保持了关税壁垒和非关税壁垒，另一方面更重视把自己的事情做好，即“以我为主”。比如，他通过美国国内的一些产业政策组织对绿色能源等重点行业进行补贴。拜登政府则倾向于“建设性竞争”，使得中美双方能找到一些合作的余地，但在涉及科技领域或国家战略领域时，竞争是没有可能的，比如5G、半导体、医疗设备、新能源等行业，美国越来越倾向于产业链回流，核心产业（半导体、电池等）力求本地化生产，全球化趋势在慢慢被逆转。

第二，拜登政府希望对科技巨头从反垄断、数字税、数据使用的隐私监管等方面着手，增强监管。过去20年，全球大力鼓励包括平台企业、互联网企业等在内的新科技巨头的发展。传统观念下，这些企业巨头的研发创新提高了生产率。然而近些年来，中美都出现了赢家通吃的局面，科技巨头们垄断了从新经济到传统经济的各行各业，极大地助推了贫富差距的扩大。因此各国都开始反思过度纵容平台经济的发展所带来的潜在风险，以及是否应该对平台科技企业采取新的更严格的监管。自从中国率先采取了抑制资本无序扩张的反垄断政策之后，美国从2021年6月起也开始配置平台经济的反垄断机构与人员。

第三，面对新冠疫情，不管是短期刺激方案，还是拜登政府下一步要做的长期基建方案，都明确提出要调节收入分配。自20世纪80年代开始，西方国家普遍流行偏自由化的供给侧改革，体现为小政府监管、低税率拥抱全球化等。这对当时经济生产率的提高有所帮助，但副作用是贫富差距的不断扩大，资本家和企业分到的蛋糕比例越来越大。拜登政府的政策就代表了对这种小政府角色的纠偏，通过做大政府、给资本利加税、加强对中低收入群体的转移支付，甚至提高联邦最低工资等措施，去调节收入分配。

虽然当下全球的通货膨胀呈现出的趋势是持续向下的，但是疫情后美国的通货膨胀反弹并非同方向，而是长期可持续地居于高位。新框架下，美联储可以容忍核心通货膨胀较高，但一定时间内持续高于2%甚至更多的话，就不排除最后需要被迫加息和缩表。这便是我对疫情之后全球通货膨胀卷土重来的判断。

二、“3Ts”因素逆转对中国的影响

在“3Ts”因素逆转的过程中，一些战略行业会发生投资回流，但总体不会对中国产生太大影响。过去20年，中国已成长为全球生产链中不可或缺的一环，在生产领域取得了相当的优势。具体来说，战略信息敏感领域会发生产业回流，最终中美将各自建立一套独立的产业体系，相关中国企业可能会遭遇损失。但对支付、娱乐、互联网等行业的企业来说，未来充满机遇，这些企业很可能会在亚洲占据更多市场份额。

实体经济之外，本轮全球经济格局变化也推动了人民币国际化的进程。为应对新冠疫情带来的影响，西方发达经济体全部采取了史无前例的刺激政策，债务率进一步上升，这引发了投资者忧虑，包括美元在内的货币将来是否面临长线通货膨胀和贬值压力等。而中国在疫情当中所采取的货币政策一直是克制、自律和温和的，这促使全球投资者对于人民币的稳健性有更强认识，在资产配置、投资活动中越来越多地考虑中国市场。

2019年以来，中国大量吸引外资投入，国债数量不断增加，一年涌入近1000亿美元购买中国国债，占年发行量近30%。此外，由于中国A股市场体现了新结构性改革的特点，大批新经济公司上市，流动性较为宽裕，也吸引了近1000亿美元的外资。

目前来看，人民币资产在全球范围内得到了更高的认可，我们预判，只要中国继续坚持自律的货币政策，A股和债券市场依旧提供更多开放的机会，那么未来10年内，国债涌入量可能会高达2000亿~3000亿美元。

到2030年，人民币资产占全球外汇储备资产的比例有望上升至5%～10%。

这样的资金流入，更可以弥补中国人口老龄化带来的债务压力。当社会的人口老龄化程度逐渐加深后，储蓄率会下降，如果为了维持运营的经济增长和社会的支出，中国便需要举债，而人民币国际化恰恰能够弥补将来储蓄率下降带来的后果。

三、 中国经济治理框架转变的脉络

在历经40年的高速增长之后，2020年底左右，中国取得了全面建成小康社会的成就，人均GDP比2010年翻了一番。但是，当前的中国还面临着三大挑战，即企业巨头化带来的收入分配问题、全球化黄金时代结束和人口老龄化。为解决这些挑战，中国开始进行经济治理框架的转变，从纯粹的增长模式转向平衡、增长和安全的新模式，其中安全的含义丰富，包括了社会安全、数据安全、产业链安全、环境安全、金融安全等多方面的要求。

第一个转变是更加注重效率与公平的平衡。中国在继续做大经济“蛋糕”的过程中，需要更加重视对于“蛋糕”的分配，可能会将资源更多地向中小商户和普通劳动者倾斜。长期来看，纯粹的资本回报率和企业的利润在“蛋糕”分配中的比例会有所下降，也可能会对经济的潜在增速和企业的投资回报有一定影响，但这一定是长期的趋势。

第二个转变是加强监管与容忍创新并行。过去十几年，很多被认为是爆发性增长的黄金赛道，实际上产生了很强的负外部性，因为这些赛道缺乏监管，野蛮生长，一定程度上加剧了社会焦虑和贫富差距，比如，一些行业会与“碳中和”目标或数据安全相抵触；另一些行业基于不断扩张和加杠杆的商业模式，与金融稳定相违背。新阶段发展的核心是高质量增长，对于有发展前景的行业，国家既要监管也要容忍创新。中国监管层近期的多个动作，包括教育、房地产、互联网公司等，看似疾风骤雨，实则暗含着“稳发展”的逻辑，旨在最快速度补上“漏洞”。

第三个转变是投资逻辑和理念的转变。过去很多海外企业和投资者会简单照搬美国的投资方式，比如在中国投资一些商业模式创新的平台企业，让这些平台企业能够服务海外，特别是去纽约上市，对标纳斯达克同类美国企业的估值和商业故事。然而这种投资方式方法与中国经济下一阶段的发展方向不完全匹配。比如，摩根标普500指数中有接近50%的中国公司是互联网公司，这个比例显然是畸形的，而中国本身的高端制造业、新能源产业链、半导体等加起来的占比不足15%。因此，把握在中国的投资机会，越来越需要把握主动可控的产业链，并对数据安全、环保减碳、金融稳定等相关行业进行投资重置。对于房地产行业，因其在国民经济中的重要地位，决策层会避免硬着陆。未来，政府一方面会通过出台政策对冲房市下行风险，另一方面也会增加部分基础设施投资，尽量降低房地产对经济的负面影响。

事实上，中国经济治理框架的转变脉络清晰、有迹可循。早在2012年，中国的决策层就已经强调，2012—2020年的目标是全面实现小康社会，对增长的诉求比较高，要让收入最低群体都脱离贫困。2020年底，中央经济工作会议正式宣布已全面脱贫和实现小康社会。但与此同时，中国也面临着贸易争端、人口老龄化、贫富差距，以及其他社会问题。当前，收入最高的20%的人群与最低20%之间的差距，已达到了6.2倍。因此，共同富裕阶段下，平衡增长和社会公平是应有之义。

共同富裕中最重要的是一个目标、三个抓手。一个目标是壮大中等收入群体的规模，其实这就是再平衡经济“蛋糕”的分配比例。三个抓手中，第一是财政的转移支付，第二是社会安全保障稳定制度，第三是企业的社会义务和其他的再分配条件。在这个过程中，既有初次分配，也有再次分配，将来在调节收入分配领域，房产税、遗产税和对高收入群体的资本利得税可能都会逐步出台。

有人会担心，共同富裕的过程中是否会让企业捐助。毫无疑问，企业需要承担一定的社会义务，比如，保护劳动者福利，增加对灵活用工人士的社保、养老保险、医保的覆盖，以及部分企业在政府的税收鼓励下回馈社会，但这显然不是实现共同富裕的主要手段，只是一个次要的辅助。共同富裕的核心理念是追求高质量的增长和发展，而不只是进行再分配，所以要继续容忍收入和财富水平的差异，保护企业的积极性。

我们也要承认，在政策转变的初期，市场往往是不太适应的。但是最终在监管新政策落实的过程中，如果政府与市场进行良性的、积极的互动，并给予市场1~2年的适应时间，逐步学习和适应新的监管框架，理解政策意图，规范商业模式，结果就会比较顺利。

从最近中央政府到监管层的各方面表态和实施策略，我们都已经看到了这方面的特点。比如，对于数字经济，中央既加强监管，也继续允许创新，高度认可数字经济对中国生产效率和国际竞争力起到的积极作用；对于“碳达峰”目标，起初，许多高耗能行业被迅速减产，导致“用电荒”，政策便及时做出了调整，同步推进绿色投资、绿色金融与碳交易市场；在房地产市场面临融资压力迅速涌现的当下，政府会慢慢采取一些有过渡期的、渐进的措施，帮助房地产市场恢复正常的融资，降低系统性风险。

四、 对于中国长期经济增长的预期

中国经济在未来十五年的平均增速会稍有回落，但仍比较可观。随着新的监管体系、治理框架落成，中国将更加关注社会公平、环境治理、降低不合理杠杆率等发展中产生的问题，不可避免地会增加社会运营成本，过去那种爆发式的增长阶段已经离我们远去，企业投资层面也会随之略有放缓。

尽管增速略有下降，但中国的全要素生产率依然会持续改进，全要素生产率的增速在GDP中的贡献会维持在较高水平，并帮助中国跨过“中等收入陷阱”。实现这一发展目标，还是要靠改革，中国已经完成城市化1.0阶段，下一步要继续改革，进入城市化2.0阶段。这些改革包括户籍政策、社保制度的改进；加大新型基础设施投资建设，如通勤高铁、可再生能源等。在这个过程中，我们可能会看到五大重点城市群的新增人口逐渐占到中国城市新增人口的近50%，GDP增长占整个中国新增GDP的70%以上，呈现出龙头效应。

在迈向城市化下一阶段过程中，对于各个行业来说，挑战与机遇并存。第一类行业处在起飞阶段，包括医疗服务、物业管理、养老服务、健康保险、旅游、免税购物等；第二类是新兴行业，这些行业随着科技和服务结合才会面世，现在尚未存在，但在未来5~8年有望出现大幅逆转；第三类则是有可能遭遇危机的转型行业，如今正红火的游戏、零食等行业，随着未来年轻人口的大幅萎缩，可能会面对市场急剧缩小的窘境。

放眼国际，中国在未来的科技竞争中前途光明。从基本面的角度分析，以中国在全球生产链中的地位，海外无法做到彻底与中国脱钩。在5G和6G、量子通信、物联网、区块链、自动驾驶、新材料等领域，中国科研能力的积累深厚，储备了较多的人才和专利。只要继续尊重企业家精神，发挥社会经济的活力，继续城市化改革，中国企业的研发活力也会继续保持。受益于中国独特的体制与企业的研发活力，可能会出现“一个世界、两套科技标准”局面，中国经济将依旧保持活力和竞争力。未来，中国的经济可能会增速放缓，不过会更加稳健，有望实现跨越中等收入陷阱，进入高收入国家群体的行列。

（本文根据作者2021年11月25日在北京大学汇丰商学院“北大汇丰金融前沿讲堂”的演讲整理，经作者审阅。）

2020年全球能源大宗商品市场回顾

bp中国区首席经济学家

陈巧玲

2020年，全球经济下行3.5%，这是自第二次世界大战以来最大的年度降幅，全球能源的消费也随之降低。2020年，全球一次能源消费下降4.5%，也是第二次世界大战后的最大年度降幅，其中，石油消费下降是最主要的原因。疫情期间，因出行受限，交通领域石油消费的减少是石油消费显著下降的直接原因。

全球碳排放在2020年下降了6.3%，这在一定程度上意味着，如果按照这样的年度降幅，到2050年，全球的碳排放量会比今天下降85%左右，接近碳中和的目标。这一数据从侧面告诉我们，如果既要维持经济增长与稳定的就业环境，又要实现“碳中和”目标，我们需要付出很多额外的努力。

所谓碳排放强度，指的是每单位国内生产总值所产生的二氧化碳排放量。根据这个定义，2020年，全球碳排放强度下降了1.8%。《2030年前碳达峰行动方案》提出，到2025年，我国非化石能源消费在全国一次能源消费中的比重达到20%左右，单位国内生产总值能源消耗比2020年下降13.5%，单位国内生产总值二氧化碳排放比2020年下降18%。要达到下降18%的这一目标，平均每年需要下降近4%。这说明，我们面临的挑战依然巨大！

一、 全球一次能源供需分析

2020 年，全球石油消费下降约 9.7%，对应的消费量下降约为每日 9.3 百万桶。前面提到，世界一次能源消费的下降，根本原因是石油的消费下降，而石油消费下降的根本原因则是新冠疫情。如图 1 所示，新冠疫情期间，大量国内和国际航班被取消，全球航油消费同比下降约 40%，同时，汽车出行的减少使得汽油消费下降了 13%。但新冠疫情并没有给化工领域的石油消费带来显著冲击，原因在于，新冠疫情期间医疗产品的生产都需要原油作为基础投入。

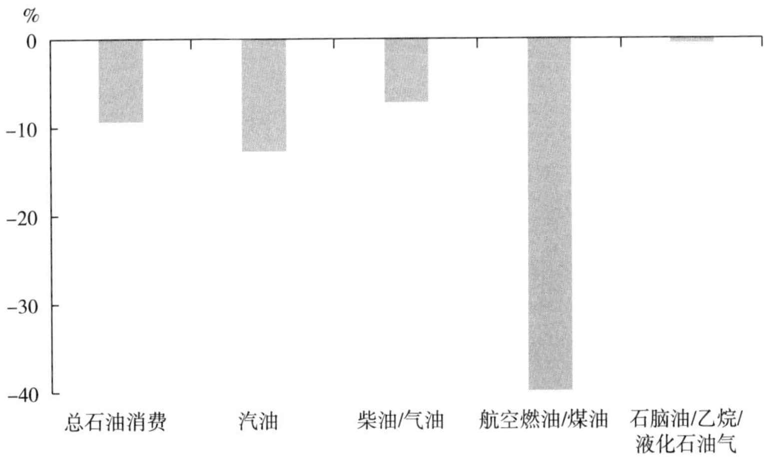

图 1 2020 年石油消费年变化率（按产品划分）

从这个观察我们大致可以看出，只要新冠疫情能够得到控制，那么石油消费的下降就不是持久性的，这也意味着，全球能源消费的下降很可能只是暂时的。

在世界能源市场中，中国是一个非典型的子市场。在全世界范围内石油、天然气和煤炭消费下降的大趋势下，2020 年中国的各种能源消费均保持正增长态势。虽然全球碳排放下降了 6.3%，中国的碳排放却大约增加了 1%，是全世界为数不多的碳排放正增长的经济体（见图 2）。

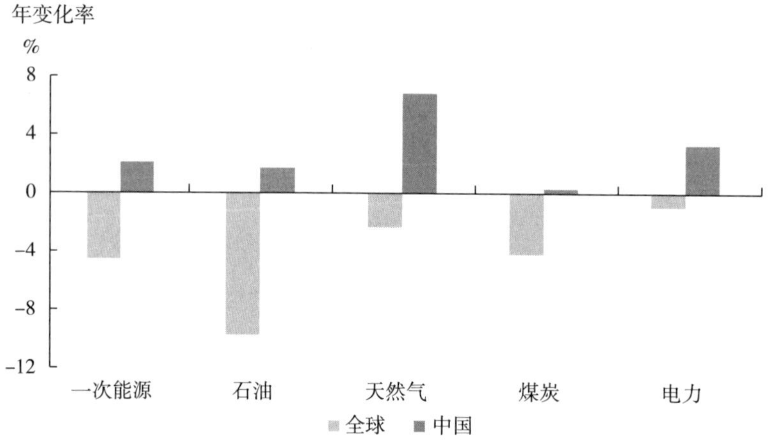

图 2　2020 年中国的能源消费增长

煤炭方面，2020 年，我国煤炭消费小幅增长，这主要还是与复工复产有关。在中国，煤炭有两个主要的用途，分别是发电和工业生产（比如水泥、钢铁等）。所以，经济恢复导致用电和工业品需求上升，从而使得煤炭需求保持正向增长。

天然气方面，国际天然气价格下跌后，我国天然气消费以约 8% 的速度增长。而欧洲则因美国下半年对 LNG 的大幅减供，以及俄罗斯与乌克兰的政治摩擦，其进口气（来自美国的 LNG 与俄罗斯的管道气）在 2020 年出现短暂的供应不足。需求方面，2021 年，全球重现拉尼娜现象的概率上升，各国预测“冷冬”出现的可能性较大，因此对天然气发电取暖的需求较大。同时，随着欧洲国家经济的逐渐复苏，欧洲天然气市场的需求短期冲高，很可能预示着欧洲市场将出现供应紧张。

要追踪世界电力结构变化，我们常用的一个指标是煤电在发电结构中的占比。这个占比越低，可再生能源在电力结构里的占比越高，用电的清洁化程度就越高。在全球可再生能源增长方面，2010 年至 2020 年的全球电力生产份额变化中，世界可再生能源发电比重由 4% 上升至 12%，煤炭由 40% 下降至 35%，可再生能源继续成功地挤出了一部分石油和煤炭的市场份额。

世界发电结构向低碳转型，与风电和太阳能发电装机量的大幅上升是分不开的，而我国在世界风电和太阳能发电装机量均占据异常大的份额，特别是太阳能发电。2020 年，全世界风电装机量增加了 110 个吉瓦，其中 70% 的增量来自中国。光伏发电装机量增加了 123 个吉瓦，其中 40% 的增量来自中国。我国煤炭在电力结构里的占比，从 10 年前的 77% 下降到 2020 年的 63%，可再生能源的占比，从 10 年前的 2% ~3% 上升到 2020 年的 11%。这些都说明，中国正在成为全球能源结构低碳转型的领袖。

二、 全球净零承诺与能源消费趋势

如图 3 所示，截至 2021 年第一季度，净零承诺涵盖的全球碳排放份额显著提升。截至 2021 年 6 月，做出净零承诺公司的数量已超过 3000 家。

展望未来，世界能源类大宗商品的需求有四个大趋势。第一个大趋势是化石燃料在一次能源中的占比会不断下降。化石燃料主要包括石油、天然气和煤炭，其占比将会从现在的 85% 迅速下降至 2050 年的 20% 以下。第二个大趋势是可再生能源在一次能源中的占比会不断上升。我们估计，30 年后，可再生能源在一次能源结构里的占比将超过 60%。第三个大趋势是电力在终端能源消费的占比不断上升，预计会从现在的 25% 上升到 30 年后

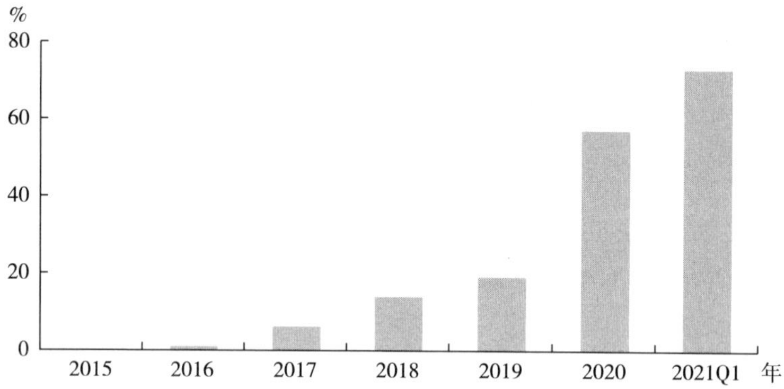

图 3　净零承诺涵盖的全球碳排放份额

（数据来源：国际能源署）

的 55% 甚至更高。第四个大趋势是全球能源系统结构也将更加多元化。一方面，随着化石燃料在一次能源中占比减小，电力在终端消费总量中占比上升，可再生能源正在变成实现全球能源结构转变的主角。另一方面，随着 CCUS 技术的推进，未来 30 年将可能出现以可再生能源为主，天然气、石油和其他非化石燃料分担相似剩余份额的新的全球能源系统结构。这意味着能源生产商之间的竞争将更激烈，消费者的偏好对于企业获取更大市场份额的影响力将比今天大很多。

（本文根据作者 2021 年 11 月 4 日在北京大学汇丰商学院“北大汇丰金融前沿讲堂”的演讲整理，经作者审阅。）

货币作为交易媒介在无现金经济里的作用

伦敦政治经济学院助理教授

张圣醒

一、 没有 “货币” 的货币经济学

货币作为交易媒介对货币经济学还重要吗？这是一个看似简单实则有待深究的问题。

首先，在当代经济里，特别是在中国，大部分的交易是通过支付宝、微信或信用卡来进行。所以，大部分市场依赖的交易媒介并不是人民币现金。如果大部分的交易不依赖于货币来进行，货币政策为什么还会对实体经济带来实际性的影响？其次，在大部分交易不依赖于现金的经济里，货币政策到底是怎样传导的？是否还是通过货币发行量等货币政策指标向实体经济传导？是否会依赖于金融中介，比如商业银行或者其他形式的金融中介的市场垄断地位？最后，中央银行发行数字货币到底会对实体经济产生怎样的影响？如何看待数字货币与现有支付体系的竞争呢？

目前的普遍观点是：在当代经济中，货币流通速度很高，市场中的交易大多通过信用卡或者其他支付方式进行。在这样的经济里，货币作为交易媒介对货币政策的传导并不重要。这奠定了新凯恩斯主义货币政策分析

的基础：只强调货币作为计价单位的作用，强调名义价格黏性。该观点基于两个结果：一是货币经济的均衡在市场不使用货币交易时的极限等于没有货币的经济中的均衡（均衡在这个极限处是连续的）；二是在货币高速流通的经济里，货币作为交易媒介的作用可以忽略不计。

更直观地理解这一观点，可以想象存在这样一个经济体，交易依赖于两种支付媒介——货币和信用支付（如支付宝、微信支付）。经济体中存在消费者和商家两类人，消费者在购买商品时既可以货币支付也可以信用支付，但只有一部分商家既接受货币支付也接受信用支付，其占比为 α。$1-\alpha$比例的商家只接受货币支付，可以把这部分商家理解为老年人开的小商铺，他们因为不知道怎么使用智能手机而不接受信用支付。货币政策对于实体经济的影响，主要通过这 $1-\alpha$ 的商家。对于占比为 α 的这部分商家来说，由于他们的交易不依赖于人民币，我们假设货币政策也不会影响支付宝的手续费、总交易量等，因此不会受到货币政策影响。在这种情况下，如果 α 趋近于 1，货币作为交易媒介的作用就可以忽略不计。

新凯恩斯主义在解释为什么可以忽略货币作为交易媒介的作用时，假定了采用信用支付的商家不会受到货币政策的影响。事实上，由于支付系统具有规模效应，大型支付中介很容易形成自然垄断（如支付宝和微信），从而导致一些资源分配的扭曲。如果货币作为交易媒介能够约束支付中介的市场垄断力，那么即使货币不被积极使用，也会对实体经济产生影响。换言之，货币经济的均衡在市场不使用货币交易的极限处，一般不会趋于没有货币的经济中的均衡。新凯恩斯主义“均衡是连续的”这一结论，在大型支付系统有一定垄断力量的情况下是不成立的。

二、“均衡不连续”的直观理解

在无货币交易（无现金交易）的极限处，货币政策对于消费和福利的影响不能忽略不计，货币政策通过改变名义利率对于实体经济的影响可以用一个充分统计量来概括：

$$(1-\theta)\epsilon$$

θ 是商家的议价能力，$1-\theta$ 是中介（即支付系统）的垄断力量。以支付宝为例，垄断力量体现为商家在淘宝平台上卖了货之后，并不会马上把现金提出来，而是会把现金存在支付宝里一段时间，并得到一个储蓄利率 ρ^d，这一利率低于银行间存款利率 ρ。此时的支付宝就像一个银行，赚取了 $\rho-\rho^d$ 的利差，$\frac{\rho-\rho^d}{\rho}$ 就是支付系统的垄断力量 $1-\theta$。中介的垄断力量越大，货币经济对于实体经济的影响就会越大。

ϵ 是消费者的价格弹性，反映了消费者对利率变化的敏感程度。消费者对于价格越敏感，消费者的价格弹性 ϵ 就越高，在这种情况下经济垄断导致的扭曲对经济福利影响就越大。

在货币经济中，商家可以选择接受货币支付，货币的回报率会影响其他支付方式的交易成本，进而约束其他支付方式的中介/平台的市场垄断力。

仍以支付宝为例。在货币经济里，像淘宝卖家这样的商家一般不会要求消费者用货币进行交易，因为成本过高。但在支付宝支付给他们的储蓄利率 ρ^d 过低的情况下，商家有权选择接受现金支付。尽管这一权利并不见得会被积极使用，但这一选择权可以约束支付宝给出过低的利率，因为支付宝知道如果利率太低的话，消费者会切换回现金支付方式。

而且，通过这一渠道，货币的回报率也会影响支付宝支付给我们的利率。例如通货膨胀率较低、持有货币的成本较低时，支付宝就不敢征收太低的利率，否则人们就会切换到其他的交易媒介。所以即使是在均衡路径之外，货币需求在市场均衡里并不直接显现出来，仍然存在潜在的货币需求，这意味着货币交易成本仍会影响其他所有支付方式的交易成本，这是我们理论机制的直观解释。

三、 模型设定

为进一步论证这一机制，我们考虑了一个无限期模型。模型中有三类人：消费者、商家和支付系统的中介。我们将模型的每一期分割成两个阶段 $i \in \{1,2\}$，阶段 i 生产并消费商品 i。阶段 2 生产的商品本身并不会产生任何社会福利，因为生产的成本就等于消费这一商品的效用，商品的净价值为 0。比较重要的是阶段 1 生产的商品 1，我们可以把它想象为网购的商品。假设这些商品的边际生产成本 k 恒定，如果消费者消费 c 单位的商品，他们得到的效用由边际效用递减的效用函数 $u(c)$ 决定。给定这一效用函数 u 和商品 1 相对商品 2 的价格 φ，我们就可以得到消费者对于商品的需求 c。$u'(c) = \varphi$。已知生产成本和效用函数，整个社会的最优消费水平 c^* 可以通过消费者的边际效用等于生产者的边际生产成本得到：

$$u'(c^*) = k$$

而实现最优消费水平需要的前提假设是市场完全竞争（$\varphi = k$），即卖家没有任何垄断力量，而消费者也有足够的钱购买产品。但在我们讨论的经济里，一般无法满足这样的前提假设，因为使用货币或其他交易方式进行交易，存在一定的交易成本，从而导致边际成本和边际效用在均衡的消费水平上并不完全一致。影响这种不一致的原因包括市场结构、是否使用货币进行交易、金融中介的垄断力量等。

在模型中，我们假定存在两种交易媒介（资产），一种是货币，另一种是债券。这里的债券可以通过支付宝支付的例子进行解释。消费者在使用支付宝进行交易时，其性质类似于发行债券，即在阶段 1 发行债券，但在阶段 2 需要偿还一单位的商品 2。接下来，定义商品 1 用债券计价的名义价格为 φ，即购买一单位的商品 1，需要支付 φ 单位的债券，也即需要在第二期支付 φ 单位的商品 2。

在阶段 1，假设有两个市场：一个是消费者可以购买商品 1 的商品市场；另一个是债券市场，消费者可以在债券市场通过发行债券获得货币收入，并用于购买商品 1。此外，假设市场中有两种商家，其中比例为 $1-\alpha$ 的商家由于各种原因只能接受货币支付，而比例为 α 的商家既可以接受货币支付也可以接受信用支付。当商家在接受信用支付时，这一行为类似于将售卖商品 1 得到的收入用于购买债券，而债券的利息由支付宝这些中介机构决定。通常来说，商家得到的利息与银行间的存贷款利率之间存在一定的利差，这一利差取决于中介与商家的议价能力 $1-\theta$，也即中介的市场垄断力量。最后，市场中的消费者既可以选择货币也可以选择信用支付，消费者无须支付利差，也没有借款约束。通过这样的假设，我们可以专注于讨论由金融中介造成的市场扭曲。

考虑一个静态的第 t 期，在第一阶段我们假设商家必须先生产，商品生产完成之后商家才开始与金融中介进行议价，决定利差。这一时间差异导致商家与金融中介议价的时候，商家会面临经典的套牢问题（hold - up problem）：商家生产商品的成本在与中介议价时已经成为沉没成本，这给了中介更多剥削商家利益的机会，进而降低商家的生产意愿。在第二阶段，消费者需要偿还他们在第一阶段发行的债券，因此也可以称作清算期。这一阶段也是实现货币注入的阶段，具体而言，消费者用生产的商品 2 交换货币，从而实现了新的货币注入。

我们的完整模型是一个动态的无限期模型。之所以需要一个动态的模型，是因为货币本身没有内在价值。从这个意义上来讲，在货币经济学里，正是用货币去交换其他商品的权利，给货币带来了价值。如果经济是有限期的，那么最后一期的货币将会失去价值，因为在最后一期交易完之后，货币就不能再被使用。所以在一个有限期的模型里，货币作为一个交易媒介是不可能有价值的，这也是为什么我们需要一个无限期的模型。但是除此之外，我们的结果大部分都可以用一个静态的第 t 期的模型来解释，并且主要关注第一阶段的一家活动，分析这些议价活动怎样影响商家的生产和决定。

四、无货币经济和货币经济的“均衡”问题

我们首先考虑无货币的经济。在这样的经济里，货币只是一张纸，没有任何实际价值。那么对于只能接受货币的商家来说，他们在没有货币的经济里将不再进行交易，因为他们获得的货币收入没有任何价值。而对于接受信用支付的商家，他们将通过金融中介进行交易，同时中介会对他们收取中介费。在没有货币的经济中，中介费非常高，因为商家没有其他的支付选择，金融中介具有很强的垄断力量。由于套牢问题，对于接受信用支付的商家，其销售每单位商品的实际收入是实际销售价格 φ^n 的一部分 $\theta\varphi^n$，而生产每单位商品的边际成本是 k；对于只接受货币支付的商家，他们销售商品的收益是0。因此，在没有货币的经济中每单位商品的预期利润等于预期边际收益减边际成本，即 $\alpha\theta\varphi^n - k$（由于支付系统的不完全竞争导致收入损失比例 $1-\theta$ 以及支付中的摩擦 α，商家必须在商品市场征收溢价）。

在无货币经济的均衡中，市场必须出清，均衡的预期利润为0。根据预期利润公式和均衡条件，可以求得均衡时商品1用债券计价的名义价格 φ^n。这一均衡价格进一步决定均衡时的消费者需求：$u'(c^n) = \varphi^n$。

比较社会最优消费水平与无货币均衡中的消费水平，因为边际效用递

减，我们可以得出无货币均衡时的消费水平低于社会最优消费水平的结论。

$$u'(c^n) = \frac{k}{\alpha\theta}$$

在无货币经济中，对于接受债券支付的商家，利率水平由中介和商家议价决定。我们假设议价的过程是纳什议价，商家的议价能力是 θ，中介议价能力是 $1-\theta$。在纳什议价里决定交易成本另一个重要因素是商家的机会成本，即如果商家不通过金融中介销售该商品，他们的外部选项带来的收益是多少。而在无货币经济中，这一外部选项实际上并不存在，因此商家存款的机会成本为 0。对于每单位债券，商家得到的收益 R 由纳什议价决定。商家在议价里得到的额外收益为 $R-0$，其中 0 代表商家的机会成本，支付中介得到的净收益是 $1-R$。求解纳什议价过程的解，可以得到商家购买每一单位债券的收益 $R=\theta$。

货币经济与无货币经济最大的区别在于外部收益。在货币经济中，货币具有价值，从而影响商家收益。对于接受货币支付的商家，其销售每单位商品的货币收入的实际价值为φ^m；对于接受信用支付的商家，在φ^m的收入基础上，他们还会得到额外的净利息。如果债券市场的净利率是 ρ，金融中介收取的利差是 $1-\theta$，那么实际利差就等于（$1-\theta$）ρ，实际存款利率等于 $\theta\rho$。货币经济里的均衡消费水平同样可以通过每单位的预期利润为 0 求出：

$$\varphi^m = \frac{k}{1+\alpha\theta\rho}$$

在货币经济中，假设消费者愿意使用信用支付，即消费者需要发行债券。而债券在银行间市场的净利率是 ρ，所以在消费者发行债券后，购买一单位商品 1 的成本，应该是商品的货币价值乘以债券净利率，这就是货币需求。给定货币需求函数，又已知货币价值，我们就可以解出货币需求。

$$u'(c) = \frac{1+\rho}{1+\alpha\theta\rho}k$$

只要债券市场净利率 ρ 大于0，同时 $\alpha\theta$ 小于1，边际效用仍然会大于边际成本，一般而言仍不能达到最优的消费水平。但是，相比无货币经济而言，货币经济里的边际效用与边际成本的差距缩小了很多。

货币经济中，对于接受债券支付的商家，利率水平依然由中介和商家议价决定，但与无货币经济的纳什议价过程相比，最主要的区别是商家外部的收益不再是0了。我们假设商品1的货币价值为1，这也是商家与金融中介议价时的外部收益。这一单位的外部收益在债券市场可以获得净利率 ρ，因此商家的净收益是 $1+\rho-R$。求纳什议价过程的解，可以得到商家购买每一单位债券的收益 R 等于 $1+\theta\rho$。因此 θ 越高，商家在债券市场获得的利率越接近于银行间的利率，而 θ 越低说明支付中介的垄断力量越强，商家得到的实际存款利率就会比较低。

那么在货币经济里，货币到底是如何改进消费水平的呢？实际上，货币在经济中有两个作用：一个是直接使只能接受货币支付的商家得到一定收益，另一个是，对于接受信用支付的商家而言，即使他们在均衡时使用债券进行支付，但仍然存在潜在的货币需求。这一潜在需求虽然不直接显现在均衡中，但仍会约束金融中介索要的利差。如果接受货币支付外部收益比较高，金融机构所能够榨取的利差就会比较低。

这一机制也体现在商家的预期利润中。在无货币经济里，对于接受信用支付的商家，每单位产品的外部收益为0，并且使用信用支付时的收益也被金融中介榨取了 $1-\theta$ 的比例。而在货币经济里，使用信用支付的收益应当高于用货币进行交易的收益。因为使用货币进行交易得到的是外部收益，而使用债券支付可以得到额外的利息。只是利息的多少会受金融中介的市场垄断力量影响。如果金融中介的垄断力量 $1-\theta$ 越高，额外的净利息就会越低。

从利率的例子可以看到，货币的潜在需求可以对商家的收益起到非常大的作用。举一个极端的例子，假设金融中介的垄断力量是1，那么在无货币经济里，商家得到的收益为0，所有经济活动将会停止。之所以我们在现实中没有看到这种情景，是因为我们仍然有货币作为交易媒介的外部选项。因此，我们至少可以得到货币具有价值的结论，即使金融中介有完全的垄断力量（$\theta=0$），但是生产活动在货币经济中仍可以照常进行。

五、 无现金极限

在货币市场的均衡下，我们发现债券市场的利率会恰好等于货币通货膨胀的水平。这是因为在货币均衡中，消费者必须要同时持有货币，通货膨胀 ι 代表了持有货币的成本，而利率 ρ 代表的是用债券进行支付的成本。在均衡时，消费者愿意同时使用货币和债券，这两个成本就应该相等。

在货币均衡中，我们已知商品的货币价值、商品的实际价值依赖于通货膨胀率 ι，消费水平也会依赖于通胀水平。货币的实际价值等于货币量除以商品的名义价格 φ，这一实际价值依赖于整个经济的消费水平 c，以及有多大比例的消费是通过货币进行交易的。所以在 α 比较高、大多数商家可以接受信用支付的时候，实际的货币价值就会变小。而货币流通的速度等于市场的总交易量除以利用货币进行交易的量，这个流通速度就等于$\frac{1}{1-\alpha}$。

我们现在关心在货币均衡的极限处会发生什么情况。我们之所以讨论货币是否有价值，是因为我们想象经济处于接近无现金极限的情况下，也就是 α 接近1时，货币看起来似乎没有价值。那么在这一极限处，货币政策是否还会通过货币作为交易媒介发挥作用呢？通过实际消费水平我们可以看到，即使是在无现金的极限处，消费水平 c 仍然依赖于通货膨胀率，也依赖于商家的议价能力 θ。如果厂商议价能力非常好（$\theta=1$），那么通货膨胀率将不会影响消费水平，均衡的消费水平可以达到最优。但这一均衡的前提是金融中介没有任何议价能力，否则在无现金的极限处，货币还是会发挥作用。而在非货币均衡下，均衡消费水平则会低很多。

为什么在无现金的极限处，货币作为交易媒介仍然可以影响整个经济的消费水平呢？这是因为即使处于无现金极限处，货币的潜在需求依然能够约束金融中介的市场垄断力量。但这种约束机制在非货币均衡中消失了，所以均衡在极限处是不连续的。所谓不连续是指当 α 接近 1 时，货币均衡不等于非货币均衡，并且货币均衡下的消费水平通常高于非货币均衡的消费水平。

既然在无现金极限处，货币实际价值接近于 0，商品名义价格趋向于无限，为什么潜在的货币需求对经济影响没有消失呢？答案还是取决于我们的机制。首先，在无现金极限处，仍然有一小部分的商家需要接受货币，所以在均衡里依然存在货币需求，即使需求接近于 0。其次，因为利率等于通胀率，所以消费者依然愿意持有货币。同时存在需求和供给的情况下，货币仍然能够发挥潜在需求的功能。最后，一旦货币还有价值，对于那些能够接受信用支付的商家而言，在无现金极限处，他们就保有了模仿只能接受货币的商家的能力，从而约束像支付宝这样的金融中介的垄断力量。这也是为什么在无现金极限处，货币均衡下的消费水平依然高于非货币均衡下的消费水平的原因。

另外，这一不连续性在数值上对于货币政策传导的影响也比较大。如果我们使用 0 通货膨胀下的消费水平与 ι 通货膨胀水平下的消费水平的比值衡量通货膨胀率 ι 所导致的消费损失。我们可以证明在这个经济里，通货膨胀对于消费水平带来的扭曲依赖于两个因素，一个是金融中介的市场垄断

力量 $1-\theta$，另一个是消费者对于价格的敏感程度 ϵ。如果消费者对价格的敏感程度非常高，并且金融中介的垄断力量比较大，那么通货膨胀对于实体经济的影响，即使在无现金的极限处也比较大。

主流的货币经济学，例如新凯恩斯主义货币经济学，其研究存在局限性。新凯恩斯主义的货币政策分析中，常常假设货币直接进入效用函数。在这样的模型里面，他们的假设是货币对于经济的价值由效用函数来代表。这种情况下，经济中的消费水平并不依赖于货币需求。这一假设听上去似乎比较合理，因为现实经济中大部分交易确实不依赖于货币。但实际的问题在于，大部分的消费依赖于金融中介的支付系统进行交易，而这些交易仍会受到货币政策的影响。所以，从新凯恩斯主义的货币效用函数分析方法中，并不能得到货币作为交易媒介，实际上对于实体经济所产生的影响。换言之，他们的模型在卢卡斯批判（Lucas Critique）下是不能成立的。卢卡斯在其诺贝尔奖演讲里提到，传统的凯恩斯主义对于货币政策开的药方是以通货膨胀刺激经济的增长。而卢卡斯批判指的是，如果一直使用通货膨胀措施去刺激经济增长，人们就会对长期通货膨胀水平有所预期。而一旦人们预期到长期通胀的存在，那么通货膨胀通过价格黏性对经济产生的影响就有可能消失。

旧凯恩斯主义对于货币政策的药方，是假设人们对于通货膨胀的预期是一个不变的模型参数，因此中央银行改变通货膨胀会对实体经济有影响。新凯恩斯主义假设人们对于通货膨胀的预期是理性的，从而解决了旧凯恩斯主义存在的问题。然而新凯恩斯主义假设货币效用函数、货币价值参数 A 和劳动成本参数 B 不因货币政策变动而变动。但实际上，在无现金极限处，货币效用函数模型中的参数会受到货币政策的影响，因此卢卡斯批判对此也同样适用，这也是货币效用函数的局限性所在。

总结而言，虽然这是一篇理论的文章，但这一理论结果对于货币经济学非常重要，因为大多数主流货币经济学的研究忽略了货币作为交易媒介对于实体经济的影响。我们发现当提供信用支付体系的金融中介存在一定市场垄断力量时，即使货币在经济中不被积极使用，它依然会影响货币政策的传导效果。同时，社会福利对于通货膨胀的反应，从数量上而言也比较大。

因此，即使我们生活在一个低现金的社会里，大部分交易利用信用卡或者数字支付系统进行，我们依然不能忽略货币作为交易媒介对于货币政策传导的作用。私营支付系统和中介的市场垄断力量会给市场带来一定程度的扭曲，而货币作为政府提供的公共产品，可以在一定程度上约束他们的垄断力量。另外，我们的结论并不是货币支付一定优于信用支付。事实上，像支付宝等数字支付系统，实际上提升了效率，只不过由于存在市场垄断力量，从而又对市场造成一定程度的扭曲。在这种情况下，由政府提供的数字货币，或许可以作为更优的解决方案，因为他们不仅提升了效率，同时能够约束私有支付系统和中介的垄断力量。

（本文根据作者 2021 年 6 月 30 日在北京大学汇丰商学院“北大汇丰金融前沿讲堂”的演讲整理，经作者审阅。）

金融科技之变

通过数据信托界定人权和产权的关系

上海交通大学文科资深教授
上海交通大学中国法与社会研究院院长
季卫东

一、 数字化转型的时代背景

（一）大数据和人工智能引起法律与社会的深刻变化

最近 30 年整个世界发生了大转型，数字信息技术发展和普及正在引起社会和法律制度推陈出新。我们在这里可以举出以下三个方面的主要变化。

第一，我们日常生活的各个方面都被数字覆盖了。比如中国的网购、外卖、移动支付非常流行，形成了庞大的平台数据库；再如新冠疫情防控使信息技术得到普及，健康码、行程码等形成了全民行踪数据库。这就使现实生活世界出现了完整的数字化复印。

第二，在这样的背景下，数字化的信息具有越来越显著的价值。于是经济活动的重点对象就从资源转移到数据。对大数据的分析以及预测极大地提高了经营合理化程度。数据对生产方式、营销方式以及社会关系等都产生了深刻的影响。因此在 2011 年 2 月的达沃斯论坛上人们提出了“数据已经成为 21 世纪的石油”的命题，随后成为各国的共识。中国在数据的收集、分析以及应用上确实具有独特的优势，主要因为中国人的隐私观念较弱、政府拥有强大的执行力、大多数优质数据由国家统一掌握等。但是数据的所有权不明确，在数据的交易和应用过程中容易引发伦理上和法律上的问题。从理论上讲，数据是不宜赋予所有权的，因为信息很难进行排他性保护。有价值的数据其本质在于信息，而信息应该具有流动性和交换性。如果对数据库赋予所有权进行排他性保护，就有可能妨碍数据实现其信息价值。比如1996年《欧盟数据库指令》对数据采取了特殊权利保护模式，结果失败了，导致欧盟国家无法产生强大的互联网公司以及数据产业。

第三，市场交易的形态从物品转向服务。现代法律体系的基础是物权，但在数字经济时代各种类型的服务成为主要交易形态，个人对物品的占有欲望逐渐减弱。在服务本位的社会，消费者的满意度和评价具有重要的法律意义。近30年来“消费者主权”的观念逐渐加强。

（二）物联网正在改变生活环境和增大社会风险

在“互联网+”政策的影响下出现了万物互联互通的特点。近些年物联网的规模发展非常迅速：2015年通过互联网连接在一起的装置全球共有154亿个，到2020年增加到了304亿个，并且还在进一步增长。这里所说的装置不仅指计算机和智能手机，还包括汽车、家用电器、产业设备等不具有通信功能的机器。那么在物联网的世界，物品借助感应器自动收集的信息也可以通过互联网加以利用，加上人工智能系统在2012年之后通过对大数据的机器学习和深度学习加强了自主性和互动，这意味着“智能物联网（AIoT）”将有可能不通过人类而直接影响现实环境，即可能存在算法失控的风险。

虚拟与现实交错在一起形成了“信息物理系统（CPS）”以及新的社会生态。随着感应器密度的增加，可以在网络空间中模拟现实世界并建构虚拟世界。在网络空间中可以高速度、低成本地验证假说和模型，可以对现实世界进行数字建模和仿真，进而发展数字孪生技术，反作用于现实世界。

在这种条件下勃兴的数字经济，也会带来这样或那样的社会风险。所以，从 2016 年起，各国开始重视人工智能治理和数据治理的问题，制定了大量网络空间规则。

（三）2016 年后关于数据伦理和数据权利的基本共识

从 2016 年开始，各国针对数据伦理和数据权利问题制定了各种各样的规范，规范之间又互相影响。各国之间达成共识，第一，要合作形成国际通用的指针和标准等。第二，强调技术的中立性和透明性，需要实现人工智能系统输入和输出的检验可能性，有关厂商对演算结果要履行说明义务。第三，要实现技术的可控性。人工智能要形成自我监督的学习机制，由其他人工智能系统进行监视和警告，实现技术与技术之间分立和制衡的结构，所有这一切都涉及结构的价值。第四，考虑到信息收集和分析过程中可能导致个人信息安全和隐私受到威胁，因此在数据收集和计算过程中要切实维护隐私权，在算法设计阶段要充分考虑私生活的平稳、个人信息保密、通信保密等原则。第五，在推理和计算过程中要贯彻以人为本的精神，人工智能的研发必须始终慎重对待生命伦理，不得毁损人性的价值。这一切都涉及实质的价值。

2021 年 9 月，国家新一代人工智能治理专业委员会发布了《新一代人工智能伦理规范》，提出了六项基本伦理要求和十八项具体伦理要求。在六项基本伦理要求中，关于公平公正、隐私安全、可信可控等方面在过去也有所提及，而对责任和伦理素养的强调则比过去要多一些。十八项具体伦理要求分为管理规范、研发规范、供应规范和使用规范，其中应该特别关注研发规范中的避免偏见歧视，以及供应规范中的尊重市场规则（旨在进一步推动数字经济发展，强调数据的交易性和流动性，即认可数据交易市场的存在）。从政策的字里行间我们能够分析出要注重高质量的数据交易市场培育的政策导向，要在信息自由权与数据财产权之间保持适当的平衡，并在此基础上进行敏捷治理（“敏捷治理”是非常有中国特色的内容）。

（四）关于数据风险的实例讨论

关于数据风险，大家都知道的例子是在2019年发生的新闻热点，引起了社会的广泛关注。在我国，2019年以前，人们对脸部数据收集相对来说采取的是一种合作的态度，比如住酒店、进银行办理手续时刷脸，大家没有什么戒备和抵触，对美颜和变脸的游戏软件也趋之若鹜。但2019年的“逢脸造戏”的ZAO软件，陌陌科技公司对脸部数据的使用设定了“霸王条款”，要求数据主体把照片使用权无条件、永久性、免费转让给公司，这样过分苛刻的索取引起人们的反感和警惕，开始意识到个人数据安全和隐私问题的严重性。另外，杭州野生动物世界突然要求指纹双人年卡持有者在入园之际要进行人脸识别才能准入，原定的指纹识别改为人脸识别，浙江理工大学法学院一位副教授对此违约行为提起了诉讼。遗憾的是，一审判决虽然要求被告赔偿原告的合同利益损失，但并没有触及数据使用技术等比较敏感的问题。原告不服而提起上诉，二审直接探讨了个人信息敏感性和人格利益保护的问题，在原判决的基础上增加了要求原告删除指纹识别信息的内容。总之，2019年以来中国人越来越清楚地意识到个人数据安全以及隐私的风险性。随着数据的采集、分析、应用以及交易越来越频繁，个人信息安全和隐私风险变得越来越重要，维护个人信息安全的相关法律和政策也逐步推出。因此，在一定意义上我们可以将2019年称为“中国数字人权元年”。

金融领域中的个人信息安全问题更加突出。根据日本总务省在2020年公布的《关于数据流通环境等的消费者意识调查研究》的统计，日本、中国、美国、德国四国公民感到不安的第一因素都是银行账号和信用卡号的泄密。另外，随着网上银行、移动支付越来越发达，在线金融犯罪的风险也在不断增加。总之，互联网是一片自由的新天地，但在网络空间进行交易也特别容易产生相互之间的不信任。在这种情况下就不得不寻找一个可靠的中介，由中介来承担相关的保证责任。中介者可以是政府机关，也可以是大企业、中介平台等。

（五）第一部分内容小结

当今世界、尤其是中国已经实现了数字全覆盖，各种装置的感应器无所不在。在这样的背景下，大数据确实能产生经济价值、甚至成为企业和社会的驱动力量。数据的本质是信息，信息的属性当然各有不同，但非识别化、具有经济价值的信息具有流动性和可交换性的特征。在这个意义上可以说，数据交易是具有必然性的。但是这个过程又会存在比较多的风险和问题，因此需要加强制度层面的规范，界定权利义务关系，防止个人信息的过度收集。

二、 数字信息时代下个人信息安全保护的相关举措

（一）作为个人信息安全对策的区块链革命及其反思动向

为了维护网络空间的自由，人们也试图寻找一种“去中介化”的数据交易方式。即不需要中介的保证作用，而是由交易双方自主在网络空间建立互相信任。这就是所谓“区块链革命”的目标和内容。在 2007 年次贷危机爆发的背景下，署名中本聪的论文“*Bitcoin: A Peer - to - Peer Electronic Currency System*”中首次提到了起源于比特币的“区块链”概念。人们都认为这个构想特别有创新意义，但各国政府基本都持观望和等待的态度，一方面认为这可能是一场金融革命，另一方面又认为其风险性比较高。自

2015年起，随着区块链相关机制的设计和研究不断深入，以及相关试验也取得了一些成效，各国金融界开始认真对待数字货币和区块链，几十家国际大银行开始借助区块链技术推动金融范式创新。区块链的应用场景是十分广泛的，但无论如何，区块链协议的本质在于隐私的黑箱化以及自主管理。区块链形成的网络是去中心化的，不需要可信赖的中介，不需要强大的权力中枢，只是通过挖矿方式为达成网络共识提供诱因，通过具体的智能合约来明确当事人之间的权利义务。

区块链这样一种看起来很理想的金融范式其实也遇到过一些困难，其中最有公共效应的是2016年6月17日黑客劫持德国区块链公司Slock. it发起的众筹项目The Dao的事件。但由于区块链技术在法律上尚未达成共识，而是以协议的方式形成的，因此该事件在法律上要予以解决是非常困难的，只能寻求法外的技术性解决。2017年7月25日，美国证券交易委员会（SEC）发表正式判定，认为德国Slock. it公司参与的自主分散行组织The Dao在2016年4月到5月期间贩卖的数字化验证令牌相当于证券法规定的证券，在不满足除外条款的情况下，其募集和交易都需经过SEC的登记。因此，应用区块链技术进行的自动化融资不能妨碍证券法以及投资合同判断的Howey标准的适用。中国则采取了一种更慎重的态度。2017年9月4日，中国人民银行等中国金融当局发表了“禁止发行和贩卖在区块链上记录的数字化验证令牌以及进行融资的ICO（Initial Coin Offering）”的公告。

（二）作为个人权利保障的数据宪法GDPR及其反思动向

由此可见，通过政府规制和法律来对网络空间的风险进行防范仍然是一种通用的做法。最典型的法律规范就是欧盟通过的通用数据保护条例（GDPR）。GDPR是从2018年5月开始实施的，强调以个人尊严和基本权利保障为宗旨，即从宪法的角度理解个人信息安全。欧盟通用数据保护条例是十分强有力的，不仅直接约束各加盟国的立法，而且对数据向其他国家的转移业务也生效，具有根本规范的特征。该条例中有一些规定，比如第20条承认个人享有自我数据便携式获取权，其本质即个人有权知晓自己有哪些信息被收集，并可以选择使用数据的方式。第21条承认数据主体的异议权，如果数据主体有异议且管理者不能出示正当性根据，则必须中止电脑化处理。通过这一保护条例我们可以发现，GDPR把个人数据保护视为基本人权，为信息安全和隐私保护构建起坚固的宪法堡垒。为了发展数字经济，欧盟在2017年提出《非个人数据自由流动条例》法案，但其中进一步明确了严格抑制个人数据交易的方针。这种过强的保护势必带来一些问题。一方面是抑制数字经济的发展，另一方面宪法性规范主要针对个人与政府之间的冲突，很难在个人与个人之间的冲突中适用。鉴于这个困境，欧盟开始进行反思和调整。例如欧盟在2020年11月25日提出了数据治理条例建议稿，又在2020年12月15日提出了数字市场法草案和数字服务法草案，更重视数据权利的多样化保护。相关动机在美国和日本的立法动向中也有所体现。比如日本于2021年5月19日提出的《数字社会法制改革法案》中明确强调要在保护个人数据权利、个人信息安全以及隐私与数据经济发展者二者之间达成适当的平衡。

欧盟GDPR所面临的两难困境，其实源于数据驱动社会与现代宪法秩序基本原理之间存在的张力。如果进行一般性分析，可以发现不少紧张关系。例如，物联网产生大数据，我们可以借助人工智能技术对这些数据进行收集、分析和应用。在这里，数据的规模越大、质量越高，人工智能的性能就越强、预测精度就越高。因而在数据与人工智能之间存在密切的、正比例的关系。一旦我们通过人工智能技术对大数据进行分析以提高预测精度，就势必要对数据主体进行分类，企业也很需要对客户进行分类以便量身定制、精准推送。但是，这种群体化的分类和贴标签会与现代宪法关于人格尊严、人格平等的原则性规定产生十分尖锐的矛盾。例如在人工智能的机器学习进步之后，算法就容易黑箱化，这与宪法对决策透明性的要求也会产生矛盾，还会影响问责机制的落实。另外还有的实例是通过个人的遗传信息和生理信息可以精准预测罹病的概率，有可能造成就业歧视、入保困难以及医疗的价格歧视，使现代宪法否定的血统、身份等因素以变种的形态复活。

（三）与个人数据权利保护相关的中国立法

中国的情况与欧盟不同，不是从宪法视角，而是从民法视角来把握个人数据权利的保护。去年公布的民法典设置了人格权编，将与数据时代发展相关的一些权利都反映了进来，比如健康信息、行踪信息、虚拟身份、数字肖像等一系列新条款。关于处理个人信息必须遵循的原则、条件以及义务，个人信息主体的权利构成、网络侵权的责任等，也都在《民法典》中作了明文规定。在《民法典》制定过程中，由于中国已经强调了要发展数据交易市场，于是大家都希望民法典将数据的权属关系界定清楚。但民法典制定者在这里采取审慎的态度。虽然《民法典》第一百二十七条谈到了“数据和虚拟财产受法律保护”的原则，但并没有就数据财产权做出具体规定。

中国在与网络、数据、人工智能相关的方面也有一些其他立法。比如《网络安全法》规定了个人信息的删除权、订正权；《个人信息安全规范》特别强调了对网络平台进行规制的问题；《电子商务法》明确了网络平台经营者的监管责任；《网络信息内容生态治理规定》强调了整顿个人信息交易、调整算法推荐逻辑；2021 年 6 月 10 日通过的《数据安全法》和 2021 年 8 月 20 日通过的《个人信息保护法》强调了数据主权与风险监测、数据人权与知情同意。《网络安全法》《数据安全法》和《个人信息保护法》三者对于数据权利保护具有非常重要的意义。

对前面所讲到的法律制度进行一般分析，我们能够发现中国是从民法视角和行政举措视角强调对个人数据权利的保护。具体分析，可以分为物权式救济和债权式救济，其中债权式救济主要强调赔偿等方面的内容。这其中涉及的问题是十分广泛的，尤其是在当今数字经济发展、数据交易不断进行的情况下，加之企业之间的竞争加剧，由之产生的企业的策略诉讼与政府的司法外交等都会涉及相关的法律问题。

（四）比较中国与欧盟在个人数据权利保护方面的法制特征

总的来看，中国与欧盟的个人数据权利保护方式形成鲜明的对照和互补。中国侧重于从民法、行政视角对个人信息安全、隐私及人格利益进行综合保护，这些规范完全可以在私人之间执行，但却很难在个人与政府之间执行。反观欧盟，侧重于宪法视角和基本人权的司法保障，这些规范可以有效防止政府对个人权利的侵害，但却无法在私人主体之间有效执行，并且严格禁止了个人数据的流通，不利于数字经济的发展。在对比过程中也能看到个人数据保护方式在中国和欧盟也存在变化的征兆。欧盟方面已经开始反思其对个人数据权利过度保护的立场，以期促进数字经济发展；而中国方面，在2021年8月20日通过的《中华人民共和国个人信息保护法》中，也开始强调宪法基础，禁止对个人数据的过度收集，禁止APP强制推送个性化广告，以及禁止“大数据杀熟”现象。由此可以看出，中国和欧盟在个人数据保护上虽然处于两端，但却朝着互相趋近的方向发展，存在互补关系。在这样的背景下，中国和欧盟之间应该也有可能就个人数据权利保护与数字经济发展进行广泛的对话交流。围绕数据伦理和数据合规开展中欧对话之际，数据信托可以成为互相理解和合作的一个重要抓手。

三、 数据信托的基本概念和相应的机制设计

当前数据交易主要分为两种模式。第一种是美国模式。在具体实践中，既有在区块链上进行的数据交易，也有以数据交易经纪人作为中介完成的数据交易，但这种模式容易导致违法违纪问题出现。基于对以上做法的反思，出现了强调第三方信托义务的第二种模式——英国模式。结合固有信托法传统以及学术界对“隐私税”的创见，英国提出的“数据信托”构想是通过引入独立第三方作为信托人，形成对数据进行管理的法律结构，完善数据交易中的监管，解决美国式交易中的隐私安全关切和“信任赤字”问题。一般而言，数据信托是一种自下而上的生态系统，存在多样化的方案由个人自由选择。在这里，数据信托的对象不是数据本身，而是数据的权利。因此先要确认数据权利（但可以悬置所有权问题），之后再对数据权利进行管理。对于数据信托，英国开放数据研究所给出的定义是：数据信托是一种提供独立的数据管理的法律结构。

日本则根据自身国情提出了关于数据信托功能认定的另一种机制设计，特点主要有如下三点。一是数据信托功能应该由信息银行这样的经营机构来发挥；二是把本人的参与、同意以及个人可控性充分反映到认定标准和标准格式合同里，在强调个人自主权这一点上与欧盟态度相似；三是对数据信托的内容和营商模式不宜设限，鼓励事业形态的多样性和竞争。在这里特别值得注意的是英国式法律结构在日本转化为务实的经营机构，以实现可持续发展机制。

四、 信息银行的机制设计

信息银行借用银行这个信赖度很高的机构作为隐喻，但实际上也参照了

银行的经营方式，并鼓励银行参与数据交易业务。信息银行的基本概念可以表述如下：数据主体到信息银行的服务窗口缔结个人数据存储的承诺合同，或以智能合约的方式储存数据；信息银行则可以通过多种方式向个人支付关于数据的对价；信息银行收集数据后，可以向企业提供应用数据的服务并收取回报基金，以支持信息银行继续向个人支付对价获取数据。在信息银行向企业提供数据时，要对数据进行相应的匿名化处理以切实保障隐私安全。

日本信息银行的本质是要建立一个以个人为起点的数据流通体系，由数据主体自身决定对个人数据的利用。也就是把信任建立在个人同意和个人监控上，同时也借助了社会信任度非常高的银行系统。银行本身已经掌握储蓄、交易、消费、资产状况等敏感信息，在此基础上发展数据信托业务也的确具有很强的合理性。对银行的公共监管是非常严格的。在这样的前提条件下，即使经济价值非常高的金融数据也可以作为交易业务的对象。实际上，中国的银行有一个特色业务就是销售理财产品，在这个基础上开展数据交易业务也是顺理成章的。

个人生活中产生的信息：通过智能家居收集到的健康信息，体检信息，购物消费数据，出行数据等；这些信息会被相关企业收集，并委托信息银行保存；信息银行则可以处理信息并对外提供有偿的数据服务。

在这个过程中，还必须提高数据交易的监控和合规性。在日本，企业法务部门按照经济产业省颁布的具体标准对数据交易合同逐项进行严格的审查。实际上，交易过程中的所有风险点有明确的审查要求和指标，机制相对完善，从这一点也可以看出，虽然日本的数字经济发展比起中国较为缓慢，但早就开始了相关的制度准备。同时，日本政府对信息银行的信息处理也做了规定。经济产业省对信息银行的个人信息匿名化加工方法做出了详细规定，包括假名化、特定内容的删除、匿名化、数据处理的可靠性等方面均有规定。

以上对日本在数据交易方面的做法做了简要介绍，接下来关注中国的数据交易市场及其法律依据。

五、 中国的数据交易市场及其法律依据

2015 年 9 月，国务院发布《关于印发促进大数据发展行动纲要的通知》，刺激了中国的数据产业发展和数据交易的发展。

目前，中国的数据交易主要有以下三种类型。

第一种，政府主导的大数据交易所，目前占主流地位。迄今为止已成立的政府类数据交易平台共 21 家，其中国家部门参与设立的有 3 家，省级政府批准成立的有 10 家，市区级政府批准成立或出资的有 8 家，在运营上坚持“国有控股、政府指导、企业参与、市场运营”的原则，大多采用会员制。

第二种，商业类的数据经纪机构（如数据堂、天眼查）。这类企业往往采用自采、自产、自销的模式，并实现“采产销”一体化，然后通过相关渠道变现。

第三种，联营性质的数据交易中介平台（如中关村大数据产业联盟）。这类平台属于开放的第三方数据网上商城，平台本身不存储和分析数据，仅对数据进行必要的实时脱敏、清洗、审核和安全测试，平台本身作为企业共享的交易渠道。

近年来对于数据交易的规范，政府不断制定相关政策，推进完善相关制度。2017 年 12 月 9 日，习近平总书记在中共中央政治局就实施国家大数据战略进行第二次集体学习时发表讲话，明确“要制定数据资源确权、开放、流通、交易相关制度，完善数据产权保护制度”；2020 年 4 月 9 日，《中共中央　国务院关于构建更加完善的要素市场化配置体制机制的意见》正式颁布，首次把数据与其他四大生产要素并列，明确了加快培育数据要

素市场的目标；2021 年 6 月 10 日通过的《数据安全法》明确国家要建立数据交易管理制度；2021 年 9 月 30 日至 10 月 20 日，《上海市数据条例（草案）》公开征求意见，草案特别强调了对个人信息的保护，提出了建立数据交易所以及临港国际数据交易中心的构想。值得注意的是，在这里中国的“数据交易所”与日本的“信息银行”相映成趣，都是隐喻，但同时也反映了制度设计的基本指向。

实例讨论 1：传统保险企业在大数据时代的转型——平安保险、泰康人寿

为应对大数据时代的巨大挑战，平安保险选择与百度战略合作，与阿里、腾讯等合资成立“众安保险”，以获得互联网企业的外部优质大数据资源和技术支持，结合自身 4 亿左右用户的保险大数据，推出大数据保险，创新金融服务，完成向保险大数据公司的稳步转型。

平安保险依托自身庞大体量和卓越的可信度，能够与外部企业开展深度合作。但很多其他保险企业并不具备这样的素质，也就无法仿照平安保险的路径实现转型。泰康人寿的例子则为这类保险企业提供了可行经验。

2015 年，泰康人寿申请成为贵阳大数据交易所会员，通过交易所自主开发的大数据交易系统，批量采购外部优质数据资源；同时挖掘自身内部数据，通过交易系统变现，所获收益进一步支持采购外部优质数据资源。

实例讨论 2：上海数据交易中心的多场景数据应用

中国企业画像（CEP）：目前主要面向金融行业在企业授权情况下，帮助金融机构了解企业的基础信息和经营状况；

通用数据过程服务（GDPS）：上海数据交易中心针对数据利用周期和不同应用场景，提供覆盖采集、归集、分析、流通四个阶段 16 项通用性数据服务。

在《上海市数据条例》正式颁布后，上海数据交易中心的各项业务也会根据条例规定进行相应调整。特别是，国家提出要在临港建设国际化数据金融中心的构想，如果将来国际数据交易在临港进行，将采取何种方式进行交易？目前存在多种猜测，例如临港仅作为数据交易的场所，或临港做交易场所的同时对交易各项细节做出严格规范，最终成为有系统技术支持的交易所等。此外，金融数据能否被允许交易也是被重点关注的内容之一。在推进建设国际数据交易中心的过程中，数据合规问题非常重要，在这个问题上的中国方案基本与国际做法保持一致。

六、关于企业数据合规的中国方案

治理原则包括全程追溯、安全可信和合理开发，保证数据的合理使用，保护数据安全；此外，中国还形成了多层级的治理体系，制度层面上，制定了数据交易方面的法律法规和标准指南；技术层面则包括技术细则和系统日志。通过制度和技术，双管齐下实现对数据合规的治理。

七、总结

人工智能技术和数字经济的发展离不开大数据的运用，而这种运用又要以数据的交易和流通为前提，在流通交易过程中，常常涉及个人隐私和数据安全问题，存在道德和法律风险，容易产生各方之间的“信任赤字”。中国的数据交易目前主要有三种类型，存在数据流通中确权难、定价难等问题，解决问题的关键在于通过数据信托重新界定人权和产权的关系。

通过数字信托，个人能够参与分享数字经济发展的成果，参与分配大数据交易产生的经济价值，所以说，数字信托是推动第三次收入分配、实现共同富裕的巧妙抓手。

数据信托作为兼顾数据交易和隐私安全的新型治理方案，有着专业治理、多方合作、个人收益的优点，目前英国、美国、日本等均进行了相关试验，但在具体技术层面上还没有达成共识。面对这种情况，中国也应该积极尝试，推进社会试验，对已有的交易方案进行比较，对实践经验进行总结，抓紧完善数据交易的模式，以期在国际相关议题上有更大的话语权，提出关于数据信托和数据交易的中国方案。

而《上海市数据条例（草案）》的发布是一个很好的契机，为相关的讨论提供了机会。目前来看，数据交易所是一种符合中国国情的很好的交易模式，为其成为数据交易的最终形态提供了可能性。

（本文根据作者 2021 年 10 月 27 日在北京大学汇丰商学院“北大汇丰金融前沿讲堂”的演讲整理，经作者审阅。）

数据安全问题及其抗争：一种新产业的演化

零壹智库 CEO
柏　亮

什么是数据？通常人们理解的数据意思差别很大，可能指各种表格的数据，也可能指一些统计数据的原始文本。随着数字时代的到来，关于数据的定义也逐渐变得清晰。

《中华人民共和国数据安全法》明确指出，数据是指任何以电子或者其他方式对信息的记录，数据处理就包括数据的收集、存储、使用、加工、传输、提供、公开等。根据国家标准《信息安全技术数据安全能力成熟度模型》（GB/T 37988—2019），数据的生命周期分为采集、传输、存储、处理、交换和销毁六个阶段。

所谓数据安全，大致可以分成以下四个主体，国家的数据安全、政府的数据安全、机构的数据安全和个人的数据安全。本文主要聚焦商业机构的数据安全和个人的数据安全问题，着重探讨了三个问题：第一，数据安全问题的演变历程，它将如何威胁我们？第二，数据安全和隐私保护作为一种“抗争”，产生了哪些技术创新和经济新模式？第三，在当前数据安全和隐私保护的政策下，正在催生哪些新商业？

一、 数据安全的威胁来源

威胁数据安全的来源大致分成以下两种，一种来自民间，如商业机构和黑色产业，另一种来自以政府为代表的权力机构。

（一）来自民间的威胁

数据对于商业的价值，决定了人们在商业的环境下如何去打败对手，又如何去保证安全。

基于《大数据》一书作者涂子沛的梳理，数据的价值发现，有一个不长不短的过程：

1946 年，第一台电子计算机问世。

1947 年，赫伯特·西蒙在《行政组织的决策过程》一书中指出，如果能利用存储在计算机里的信息来辅助决策，人类理性的范围将会扩大，决策的质量就能提高。他预测，在后工业时代，人类社会面临的中心问题将从如何提高生产率转变为如何更好地利用信息来辅助决策。

1969 年，互联网诞生。

1970 年，IBM 研究员埃德加·科德发明了关系型数据库，解决了当时数据少且零的问题。

1983 年，大数据公司 Teradata 利用并行处理技术为美国富国银行建立了第一个决策支持系统。

1988 年，IBM 两名研究员提出“数据仓库”概念。1992 年，比尔·恩门出版《数据仓库之构建》，给出实战法则，成为“数据仓库之父”。数据仓库与数据库的主要差别在于，数据仓库基于问题导向去建立数据库。

1989 年，数据挖掘元年。美国计算机协会（ACM）的知识发现和挖掘小组举办了第一届数据挖掘学术年会。

1989 年，Gartner 提出商务智能定义：一系列以事实为支持、辅助商业决策的技术和方法。

1993 年，埃德加·科德提出联机分析“黄金十二定律”。

发展到 1993 年，大数据挖掘在商业上的应用技术已基本完成，此后创新多是在不断完善。随着技术的不断创新和数据量的大幅增长（尤其是 1993 年万维网投入商用之后），所谓的大数据就诞生了。

大数据有三个特点，即总量大（Volume）、种类丰富（Variety）和速度快（Velocity）。这给商业世界提供了非常大的想象空间，尤其是经由摩尔定律和马太效应，这使互联网商业呈现出了颠覆过去商业世界竞争格局的全新力量，进一步助推了大数据的发展。

但这一过程中，数据治理严重落后于大数据本身发展。基于对大数据决策效率的渴求，大数据应用乱象丛生，最为典型的就是“无边的采集”和“无界的使用”。“无边的采集”，即只要有办法采集到的便都去采集，甚至现在不知道未来是否有用的数据，也都将其采集进来。“无界的使用”，即只要拿到了数据，就可以不受限制地使用。

“无边的采集”和“无界的使用”在带来巨大的商业机会的同时（如快速崛起的平台型公司），也逐渐形成了新的问题，其中最为突出的就是数据垄断。

2019 年 2 月 6 日 FCO（德国联邦卡特尔局，德国的反垄断监管机构）对 Facebook 涉嫌滥用市场支配地位行为做出处罚。在这起案件中，德国联邦卡特尔局认为 Facebook 通过用户协议条款，迫使 Facebook 用户同意公司收集和使用用户在其他平台（包括 WhatsApp、Instagram 平台以及嵌入 Facebook 插件的第三方网络平台或手机 App）的数据，构成垄断行为。

数据垄断之后，基于数据优势进行“二选一”“大数据杀熟”等侵犯消费者权益的行为便层出不穷。2019 年 3 月 27 日，随着北京市消费者协会召开“大数据杀熟”问题调查结果新闻发布会，关于“大数据杀熟”的问题终于白纸黑字被正式搬上权威台面。

为预防和制止平台经济领域垄断行为，2021 年 2 月 7 日，国务院反垄断委员会制定发布《国务院反垄断委员会关于平台经济领域的反垄断指南》，强调反垄断法及配套法规规章适用于所有行业，对“二选一”“大数据杀熟”等数据垄断问题也做了相关界定。

数据垄断之外，随着数据量的增大，数据泄露的量也在增大，数据增长定律是摩尔定律，而数据泄露定律的速度要远超摩尔定律。

据罗汉堂报告，2017 年全球数据外泄和窃取的记录达到 16 亿起。2021 年 7 月 14 日，在第二十届中国互联网大会数据安全论坛上，中国信息通信研究院安全所信息安全部主任魏薇表示，有研究机构统计，2020 年全球数据泄露的数量超过过去 15 年的总和。

2020 年 3 月 19 日，有用户发现 5.38 亿条微博用户信息在暗网出售，其中，1.72 亿条有账户基本信息。涉及的账号信息包括用户 ID、账号发布的微博数、粉丝数、关注数、性别、地理位置等。

2020 年 4 月 27 日，联邦法院正式批准美国联邦贸易委员会（FTC）和 Facebook 之间的用户个人隐私问题和解协议，Facebook 认罚 50 亿美元。2019 年 7 月，FTC 在对 Facebook 和剑桥分析公司滥用用户数据事件进行长期调查后，就相关问题达成了和解协议。此次事件主要是因为 Facebook 的监管失误，使得内嵌于 Facebook 的剑桥研究员某个 App 大量收集用户以及他们朋友的数据信息，最后利用这些数据信息，用于不法商业途径和政治途径。

雪莉·大卫杜夫在《数据大泄露》一书中提到了“暗泄露”概念，即我们现在讨论的泄露都是被记录在案的，但事实上有大量的信息一直在泄露，这些信息可能已经泄露，但从未向任何记者、政府机构或研究院披露。它可能从未被检测到，就像暗物质一样。根据美国国防信息系统局的分析，绝大多数的安全泄露（96%）没有被报告，因此他们根本就没有被检测到。所以数据泄露的问题比我们想象的要严重得多。

数据泄露有主观泄露和客观泄露之分，更严重的就是主观的数据窃取，数据窃取的目标性非常明确。

2018 年 8 月，浙江绍兴侦破一起特大流量劫持案，涉案的新三板挂牌公司北京瑞智华胜科技股份有限公司，涉嫌非法窃取用户个人信息 30 亿条，涉及百度、腾讯、阿里巴巴、京东等全国 96 家互联网公司产品。仅投放广告该公司每个月至少获利 100 万元。

2019 年 3 月，北京警方侦破巧达科技非法获取计算机信息系统数据案，这家企业通过非法爬取用户简历并用于在网络上售卖。巧达前员工曾表示，巧达在多个网站上，建立了上千个企业账户，每天模拟人工操作访问智联招聘、猎聘等网站百万次。据悉，巧达科技非法获取的简历超过 2 亿条，而爬取的违法数据为巧达科技带来了过亿元的收入。公司法人等 36 人被检察机关依法批准逮捕。

2021 年 6 月，河南商丘公开了一份判决书，显示商丘市某本科生自 2019 年 11 月起，就对淘宝实施了长达 8 个月的数据爬取并盗走大量用户数据。在阿里巴巴注意到这一问题前，已经有超过 11.8 亿条用户信息遭到窃取。

有数据垄断、泄露、窃取，就有数据贩卖。数据贩卖也存在一个很大的地下市场。

公安部在北京召开新闻发布会，发布会透露 2020 年全国公安机关破获窃取、贩卖人脸数据案件 22 起。此外，据 2021 年“3·15”晚会曝光，多地商家装有具有人脸识别的摄像头，在客户毫无知觉的情况下，偷偷收集海量顾客人脸信息，涉及万店掌、悠络客、雅量科技、瑞为等公司；智联招聘、前程无忧、猎聘网等多个招聘平台业存在泄露求职者简历并被贩卖的现象，进而形成“黑色产业链”。

2017 年 3 月，京东与腾讯的安全团队联手协助公安部破获的一起特大窃取贩卖公民个人信息案，其主要犯罪嫌疑人乃京东内部员工，盗取个人信息 50 亿条，通过各种方式在网络黑市贩卖。

2020 年 5 月，江苏破获了一起特大贩卖公民个人信息案，涉案金额 2100 多万元，涉及公民个人信息 5 万多条。其中，某建行员工在这条数据贩卖黑色链条中发挥重要作用。每查询一条银行卡相关信息，即可获得 80 元至 100 元不等的报酬。

（二）来自权力机构的威胁——以“9 · 11”事件之后的美国为例

权力机构对数据安全威胁的最典型的例子就是“9 · 11”事件之后的美国。

“9 · 11”事件之前，美国政府对个人信息数据的保护相对较好。罗斯福新政期间，罗斯福为建立社会保障系统，提出为每一个有工作的人建立一个社会安全账号（类似于今天的统一身份证号）。建立时遭到强烈反对，最终该号码被限制仅能用于社会保险领域，不能用于身份标识领域。

美国政府一直尝试去推动统一身份证，最接近成功的一次便是 1945 年珍珠港事件时。珍珠港事件发生时，民调显示有 69% 的人支持统一身份证号，但仅两个月之后开展第二次民调，仅录得 25% 的支持率。1974 年美国出台《隐私法》，提出“要控制社会安全号对个人隐私造成的威胁”，这进一步否决了统一身份证设想。1994 年克林顿政府尝试以医疗服务号的名义来推进统一身份证，但依然因隐私保护问题被否决。

“9 · 11”事件之后，美国政府迎来了新的机会，因为民众出于对恐怖袭击的担心，愿意牺牲个人隐私来换取安全感。因此，“9 · 11”事件之后，民调机构发现有 70% 的人支持发放统一身份证，但几个月之后再做第二次民调，仅有 41% 的人同意。

此外，20 世纪六七十年代，美国政府尝试建立中央数据银行，尝试由国家建立一个巨大的数据库来收集各类信息，这一设想也一直未能通过。

2001 年 9 月，美国通过了《爱国者法案》，允许国家安全局收集任何人而不只是外国人的“任何有形的东西”。2002 年公布了《2002 年国土安全法》，承接爱国者法案，代表联邦政府行政权力的迅速扩张和政府透明度的大幅下降。2008 年修订《外国情报监视法案》，追索授权国家安全局的收集活动，国家安全局监控本国的互联网中枢连接，采集本国和外国公民的信息。

“9 · 11”事件之后，基于反恐借口，美国政府逐步建立了世界上迄今为止最具有侵入性和最强大的数据收集系统。以斯诺登事件中曝光的棱镜计划和上游收集计划最为典型。

棱镜计划可以定期让微软、雅虎、谷歌、脸书、Paltalk、YouTube、Skype、AOL、苹果等收集资料，包括电子邮件、照片、视频聊天、网络浏览记录、搜索记录，以及所有存储在它们云端的其他数据。上游收集计划更具侵入性。它可以固定从民营的网络基础设施上，比如全球网络流量的转换器和路由器，经由太空卫星和高容量海底光纤电缆，直接抓取资料。国家安全局打造秘密监听设备，植入全球网络服务供应商的企业设施内部。这两个计划加起来，确保全球信息都可受到监视，包括存储的与传输的信息。

二、 数据安全和隐私保护的修补与完善

在民间和权力机构对数据安全的威胁背景下，人们又不可避免地进入数字经济。对此，如何应对？

（一）立法

目前，包括欧盟、美国、中国等在内的主要经济体关于数据保护方面的立法已比较丰富。

2018 年 5 月 25 日，欧盟《一般数据保护条例》（*General Data Protection Regulation*，GDPR）生效。GDPR 被称为人类史上最严格的数据隐私法律，它赋予了数据主体同意权、访问权、更正权、被遗忘权、限制处理权、拒绝权及自动化自决权等广泛的数据权利和自由，同时明确了数据控制者和处理者应尽到采取合法、公平和透明的技术和组织措施保护数据权益的法定义务，以及履行对监管部门及数据保护认证组织的法定义务。此外，GDPR 设定了高额罚款，其罚款范围是 1000 万欧元到 2000 万欧元，或企业全球年营业额的 2% 到 4%，并且以较大数额为准。

美国的代表性法律是 2020 年 1 月 1 日生效的《加利福尼亚州消费者隐私法案》（CCPA）。CCPA 与 GDPR 最重要的区别在于，它在保护隐私的同时，也强调“数据的自由流动”和“数字经济的发展”。

从 2017 年的《网络安全法》到 2021 年的《数据安全法》和《个人信息保护法》，中国的数据保护立法工作也在稳步推进。其中，《数据安全法》和《个人信息保护法》可以视为关于数字经济的两部基本法。《个人信息保护法》对违法行为的行政处罚较为严格，情节严重的，最高可处 5000 万元或上一年度营业额 5% 的罚款，超过欧盟 GDPR 规定的 4%。

立法之外，中国人民银行、国家发改委、工信部等各部门也出台了相关政策，“十四五”规划和 2035 年远景目标中更是明确了数据作为核心生产要素的重要性。

数据已然成为生产要素，围绕其将形成一个相对完善的市场体系和法律体系。而法律法规既定，也会产生新的市场需求：一是如何符合法律法规要求，二是如何在新的规则下去获得市场竞争力。

华为在《数据安全白皮书》中将数据的生命周期分成了采集、传输、存储、处理、交换、销毁、管理等多个环节，每一个环节的安全都有技术诉求，这些就形成了一个庞大的技术需求体系。关键技术领域则包括设备系统安全、密码学及隐私保护算法、认证和访问控制、数据安全管理。据美国咨询公司 Gartner 预测，到 2024 年，全球每年由隐私驱动的数据保护和合规技术支出将超过 150 亿美元。

在中国，市场上最受关注的技术就是隐私计算。零壹智库统计了 2021 年全球隐私计算专利申请量（截至 2021 年 10 月 1 日公开的专利数量），发现中国专利申请的数量已经超过了美国。申请量第一大公司是来自中国的蚂蚁集团（1857 件），远远高于第二名英特尔（780 件）。此外，榜单前 20 名里面有大量的中国公司，如华为、阿里巴巴、微众银行、腾讯、平安集团、国家电网、OPPO 以及百度等。

企查查数据显示，截至 2021 年 7 月 5 日，我国现存“网络安全”相关企业共计 62. 4 万家。从注册量变化来看，2020 年新增 17. 9 万家，同比增长 135. 7%，是过去 10 年注册量的巅峰。2021 年上半年新增 15. 4 万家，同比增长 2. 1 倍。数据安全在政府、金融、电信等基础设施方面有着较为广泛的应用，业务占比近 50%，且有着向医疗、制造等领域逐渐深入的趋势。安全市场已经成为一个巨大的市场。

中国数据安全产业已初具规模，需求主体包含政府、军工、医疗制造、能源、电信及金融等，数据安全服务供应商有综合性数据安全服务商和垂直类数据安全服务商，数据安全设备资源供应商有软件设备和硬件设备等。

以隐私计算产业生态为例，目前整个产业生态包含甲乙丙三方，甲方是数据使用方（如金融机构、医疗机构、政务机构、零售机构等），乙方是数据源（如金融数据、医疗数据、政务数据等），丙方就是不拥有数据的服务机构（如隐私计算厂商、云服务商、大数据服务商等）。整个市场已形成了一个层次丰富、种类丰富的公司集群。资本市场的投入也在加大，截至2021年9月底，隐私计算初创公司累计获得63笔股权融资，公开披露的融资总额达到56.1亿元（12笔未透露金额）。

此外，雪莉·大卫杜夫在《数据大泄露》一书中还提到了网络空间保险。截至2017年底，保险公司每年为网络空间保险承保的全球保费约为45.2亿美元。事实上，在未来的数字经济里面，基于安全的需求所产生的市场空间还有很多，这些都将在我们既有的产业体系里重新制定规则，不断修补与完善产业链。

（二）另辟蹊径

除立法之外，数据安全与隐私保护还有另外一条应对办法，就是在既有规则之外另辟蹊径，如加密市场的出现与壮大。

1989年，在欧洲粒子物理研究所工作的蒂姆·伯纳斯·李出于高能物理研究的需要发明了万维网。1993年，美国网景公司推出了万维网产品。万维网的诞生给全球信息的交流和传播带来了革命性的变化，打开了人们获取信息的方便之门。

巧合的是，1993年，Bruce Schneier出版了《应用密码学》，并在全球范围内发行。当时美国规定，密码学代码只能放在磁盘上或者以电子形式存在，不允许出口。而这本《应用密码学》的出版使美国之外很多国家的密码研究者和爱好者第一次真正接触到商业军用级别的密码学代码，极大地促进了密码学的传播。

同一年（1993年），密码朋克群体诞生，密码朋克宣扬人们要用密码学来保护自己的隐私。《数字货币极简读本》一书中写道：

这些人坚信，应该用强密码技术保障个人自由和隐私，让其免受资本和政治等外在力量的攻击。为了摆脱中心化机构控制，保护个人隐私，密码极客致力于构建一个网络世界中的乌托邦：不受任何权力机构制约，每个人都可以通过加密技术隐藏身份，言论自由、财富自由的世界。为了实现这样的设想，密码朋克们开始疯狂讨论匿名数字货币，以及密码学技术在个人隐私保护领域的使用与改善。这个过程中，不断有人设计出各种数字货币系统，并开发出新的技术。

这群密码朋克，就有维基解密创始人阿桑奇、Facebook 创始人之一肖恩·帕克、BT 下载创始人布拉姆·科恩，以及后来创造了比特币的中本聪。

数字货币的诞生与密码朋克的发展密不可分。事实上，比特币并非中本聪在“突发灵感”独自创造，而是在密码朋克们的构想基础上一步一步开拓出来：

1993 年，大卫·查姆（David Chaum）创造了 eCash 数字货币体系，提出包括盲签名等密码学核心技术创新。

1996 年，道格拉斯·杰克逊创造了第一代的数字黄金货币：E - Gold。E - Gold 通过与黄金挂钩，实现价值稳定。

1998 年，戴维发布 B - Money 白皮书，去中心化的结算架构、匿名交易、点对点网络，在 B - money 中已经基本全部显现。“数字加密货币”的概念由此诞生。B - Money 白皮书中的很多设想及设计，都被后来比特币和其他加密货币系统所采用和借鉴。在以太坊中，ETH 最小计量单位被命名为“Wei”，以此向戴维致敬。

2005 年，尼克·萨博提出了一种全新的具有革命性的数字货币——Bit-Gold（比特金）。他在白皮书中写道，“因为我们使用的钱的价值依赖于可信第三方，正像 20 世纪的通货膨胀和恶性通货膨胀所证明的，这并不是一个合理的事态。同样，私人银行发行的纸币，虽然有林林总总的优势和劣势，但同样依赖于一个可信第三方。”比特金系统提案吸取了很多前人的经验，其中最为重要的就是2004年哈尔·芬尼提出的可重复使用的工作量证明（Proof of Work）。尼克·萨博早在1994年就提出了智能合约概念，写出了被誉为智能合约开山之作的论文*Smart Contracts*。

比特币的出现还离不开挖矿机制和P2P协议的发展。

1997年，亚当·拜克发明了哈希现金（Hashcash）算法机制。如今无数的电力耗费在比特币挖矿上，就要拜他所赐。但他的本意，是为了实现电子邮件的可信，让用户发送电子邮件之前，运算一个数学题。这样可以使用户发送大量垃圾邮件就会成本巨大。这种思想，之后被哈尔·芬尼借鉴用来做可重复的工作量证明机制，随后，工作量证明机制又被中本聪用到比特币系统中。

1999年肖恩·范宁与肖恩·帕克创建P2P协议，点对点网络传输技术。P2P协议是一种革命性的发明，它使信息传输能在一定程度上摆脱中心化机构，帮助用户在网络上更加容易、直接的交互和共享。

基于这种技术，他们创建的Napster几乎颠覆了美国的音乐市场。中国的快播、迅雷以及所有的种子资源，都采用了P2P技术。虽然后来因为司法问题Napster一蹶不振，但P2P协议的出现意义不言而喻。从某种程度上可以说，没有P2P协议，可能就不会有后来的比特币。

所有的这些条件具备以后，2008年11月1日中本聪发布一篇9页长的论文——《比特币：一种点对点的电子现金系统》；2009年1月3日中本聪发布第一版比特币客户端，并通过CPU创建了比特币世界的创世区块（Genesis Block），获得了第一笔50枚比特币的奖励。世界上的第一枚比特币就此诞生。

比特币仅是基于区块链技术的一种典型数字货币。区块链是一种由多方维护，使用密码学保证传输和访问安全，能够实现数据一致存储、难以篡改、防止抵赖、信息透明、可追溯的分布式记账技术，也常被称为“分布式账本技术”。

在区块链身上，人们寄托了大量的关于数据安全和隐私保护的期待，区块链的技术和加密货币市场进一步的发展。区块链 1.0 阶段的主要应用是比特币及其衍生的山寨币等数字货币；随后的 2.0 阶段，由于以太坊的诞生使智能合约备受关注，区块链开始在以金融领域为主的多个场景中广泛应用，联盟链在这一阶段也开始兴起；2019 年至今，DeFi、NFT 等链上去中心化应用及生态开始繁荣，包括中国在内各国政府开始愈加重视区块链技术，区块链已经进入了 3.0 阶段。截至 2021 年第三季度，全球区块链私募股权融资数量达到 3337 笔，规模累计超过 3000 亿元（3000.3 亿元）。

今天，基于加密货币和区块链形成的区块链技术不断演化，形成了更加多样的技术体系，并逐渐应用到各行各业，形成新的产业，一个新的巨大市场蔚然成形。

（本文根据作者 2021 年 10 月 14 日在北京大学汇丰商学院“北大汇丰金融茶座”的演讲整理，经作者审阅。）

技术革命浪潮下金融企业的创新战略

牛津大学技术与管理发展研究中心创始主任
傅晓岚

今天讲座的主要目的是和大家分享一些思路和分析问题的方法，为金融企业和其他企业创新战略的制定提供参考和工具。今天的讲座内容主要分为以下四个方面：一、技术革命为金融业的发展带来的机遇和挑战；二、技术革命背景下金融创新的特点；三、金融企业的创新战略；四、“能力—制度—激励”三维创新驱动措施组合。

一、 技术革命为金融业的发展带来的机遇和挑战

本轮技术革命在人工智能和机器人等许多领域均取得技术上和经济上的突破和进步，并且不仅限于制造业，还涉及服务业。数据成为生产要素和优势资源，这一变化为金融业带来巨大冲击。同时，大数据也在金融业广泛应用，特别是借贷、授信方面。此外，区块链可以影响金融体系的去中心化以及透明度、可信度等，它作为底层技术的应用还在探索阶段，但是很有可能带来革命性的变化。

（一）金融创新

目前，在虚拟货币当中，比特币与区块链直接相关，此外还有走在世界前沿的中央银行的数字货币，这也是科技创新在金融业的运用。在中国

可以拿着手机走遍全国，这是移动互联网带来的巨大便利和金融创新。此外，这些科技创新还具体表现在支付技术、资金转移/汇款技术、个人金融/资产管理、授信报告和分析、借贷等领域，以及众筹和资本筹集、机构和资本市场的资金流动、保险、监管科技、区块链和虚拟货币等领域。

（二）金融业产业形态变化

北京大学汇丰金融研究院执行院长巴曙松说道，“金融一直是人工智能投资规模最大的细分行业之一，金融行业在过去积累下来的大量数据能够应用于机器学习，使得‘人工智能 + 金融’具有很大的发展空间，各种人工智能核心技术可以应用到金融行业，来促进金融行业的产品创新、流程再造、服务升级”。

在证券行业，人工智能广泛应用于前台和中台，这是技术进步推动金融业进行的全方位金融创新。这个创新不仅是产品、过程或者服务提供的创新，它可能使整个金融产业的形态发生变化，比如将来的银行还在吗？它还是今天的形态吗？未来的银行业是什么样子？未来的金融业是什么样子？

（三）整个经济、社会活动转型

另外，它对金融业的影响还不仅是金融业本身充分利用科技创新进行自身创新，它服务的对象也在变化和创新。金融业服务的生产部门、制造部门、服务部门，以及每一个用户，我们参与的经济活动越来越数字化，越来越受到技术革命的影响，还有物联网、互联网以及消费互联网的联系。由于客户以及供应商的变化，特别是金融业服务对象的经济活动的变化，促使金融业必须要创新，才能够跟得上时代。

金融业往往是跟随性的，例如外商投资到哪个国家，服务业和金融业就会紧随其后。因此，客户需求的拉动对创新的影响远远大于供给侧的影响，因为这是最有效的、客户最需要的东西。

（四）价值创造模式变化

同时，技术革命还带来了价值创造模式的变化。以前必须要有生产资料、资本，经过工厂生产才能创造价值。但今天很多都是基于内容的价值创造，例如抖音、快手、今日头条，另外还有基于数字加工的价值创造，例如 Google、Facebook，这些属于数字贸易。因为拥有大量的其他行业不容易得到的数据，未来金融业的价值创造模式会产生什么样的变化呢?

（五）数字贸易、无形资产贸易

科技创新会对金融在整个社会当中的作用产生巨大的影响。随着技术革命，数字和无形资产的贸易也迅速的发展。动产、固定资产、有形资产以外的技术、设计、知识、品牌、数据等都是无形资产。无形资产现在已经是经济活动当中最重要的价值创造之一，互联网领域中，起决定作用的价值创造就是无形资产。

根据世界贸易组织 2018 年公布的数字贸易报告，ICT（通信技术支撑）的服务业贸易在 2005—2016 年迅速增加。数字贸易和数字技术的发展使金融远程服务越来越可行，从事跨境服务金融业从业人员将来也是国际贸易当中的主要角色。2007—2016 年，英国金融服务业的贸易迅速发展，同时迅猛发展的还有会计、审计、法律、咨询等各种商业服务。中国一直是商业服务的进口大国，随着软实力的增强和技术的进步，将来中国肯定也要在这方面发展的。

知识、技术、专利、品牌、营销渠道、管理秘密、技术秘密以及数据等无形资产也会由于数字技术的发展大量进行跨境贸易，而金融业一直就是无形资产相当密集的行业，数据、金融知识、管理知识、品牌等基于无形资产的贸易也会迅速的发展。

（六）填补鸿沟、缝隙、下沉市场

另外，因为数字技术赋能了金融业，使得金融业能填补很多数字鸿沟、金融鸿沟，让金融业能够更多地接触到下沉的市场、农村的市场、边远的市场，让很多原来没有银行账户的人开设银行账户，进而能够享受到金融服务，这会助力中国构建和谐社会、包容社会。

（七）市场结构变化

同时，这一轮技术革命还会带来市场结构的变化。因为收入不平衡、收入不平等，技术创造的价值大部分归集于技术和无形资产的拥有者或创造者，参与不到的就分不到一点羹，收入分配会越来越不平衡、不平等，银行和金融业客户群体的结构就会产生变化，这可能会进一步加剧财富的聚集，以及创造出新的阶层。

（八）全球经济格局变化

当原来市场结构中的某一个阶层慢慢沦落，市场结构的变化、收入的不平衡以及数字技术带来的各个国家的比较优势的变化，使整个全球经济格局发生变化。亚当·斯密的“比较优势”原来指的是劳动力、资本、土地，现在还有数据、技术，因此各个国家的比较优势应该重新计算，整个世界经济的格局也会产生变化。

（九）金融风险、系统风险、监管风险

与此同时，技术革命还带来了一系列风险。首先是金融风险，金融体系本身运行当中的金融风险、借贷等活动的风险，以及系统性风险，系统性风险中还包括 IT 的风险，因为数字化越强，越容易受到病毒和断电的干

扰，整个金融体系可能就会在某一时点瘫痪。

此外，随着人工智能不断渗入金融业，借贷或金融投资的决定背后都是算法。算法的最上层是逻辑结构，什么样情况贷或不贷，决定做或不做？这不是一个简单的判断，背后有深厚的价值观、伦理。但AI算法只有程序员会编写，一般人根本不会也无法了解，所以AI算法中逻辑架构的设计也是一个系统性风险。

当所有这些东西变得越来越复杂、越来越不透明，有可能就会增加监管的风险。同时，由于技术的发展比监管快，科技探索的速度也比监管人员对科技的了解速度快，监管的滞后会导致信息的不对称、知识的不对称，由此产生了监管风险。

（十）道德风险

此外，还有道德风险。一是数字的私密性，数字是谁的私有产权，以及数据的保密性。二是对就业的冲击。科技总是要向善的，科技发展总是应该为人类服务的，但这一轮技术创新中，人工智能和机器人的运用对就业有直接的冲击。虽然金融业是一个知识密集型的产业，但未来仍有43%的金融工作可能被人工智能和机器人替代，特别是在数据收集、数据分析等方面。所以，机器人和人工智能代替的是可预见的、简单重复的、不需要人类复杂的沟通技能、情感技能和创造性分析技能的工作，只要一项工作可以被程序化，那就可以被替代，这同时也是一个道德的风险。

企业有权向不同领域发展，但科技发展还是需要遵守“科技向善”的原则，要考虑到人的价值，要考虑到它对低收入人群或者工作可被替代人群的就业冲击。此外，还有收入不平等的问题，以及公平竞争的问题，比如中小企业和大型公司的公平竞争和反垄断问题。因此，机遇与挑战并存，技术进步能带来很多经济性和社会性的好处，但同时也会产生一系列风险。

二、 技术革命背景下金融创新的特点

（一）金融创新的特点

这次新冠疫情加深了技术革命和贸易摩擦，以及对整个世界格局的推动影响。新冠疫情无疑加深了、加快了各行各业数字化转型的进程，金融业也不例外，这样发展的结果是各方作用力互相加强加深，而不是从不同方向填平、拉平。

在这个背景下，金融创新的特点是越来越数字化、平台化、生态化和具有更强的远程化可贸易性。

一是金融服务业的产品、过程、商业模式以及服务贸易的方式都会产生变化。有的是创新意识比较强的企业自身推动的创新，有的是整个产业被潮流拉动的创新，还有就是客户拉动的创新。

二是平台化，由大的平台提供金融服务。例如一旦有平台提供免费或便宜的证券服务，所有证券公司都很难生存，所以平台化减少中间环节带来的冲击值得考虑。同时，某一个专业领域有可能碎片化。有些企业针对某一个细分市场做高度专业化的服务，这就会形成碎片化的发展趋势。

三是金融体系及其生态化之间的互动会越来越频繁，即客户群体、供应商等。因此，金融服务业将来可能不仅和客户、供应商、同业合作，还可能和非传统的领域合作。例如将来在无人驾驶的汽车中，可能引入教育进行学习，也可能引入理财进行投资，这就是跨边界的变化。

四是远程化和可贸易性。新冠疫情使远程办公越来越可行。疫情隔离期间，英国金融业的销售业绩根本没有下降，还有很多跟技术相关的公司在硅谷的销售业绩甚至还在上升。所以远程办公未来可能是金融业的一个趋势，办公室的成本可以省掉，越来越多的网点被关掉，由此可能带来就业影响。

金融行业的创新与一般行业有三个不同：专有性、监管与合作。通常情况下，传统的金融创新的专有性保持的时间是不长的，很容易被扩散和模仿，比如一个银行推出一款新的金融服务产品，另一个银行很容易能模仿。另外，它受监管的影响。监管既是金融创新的源泉、动力，也是制约。某种程度上因为加强了监管，也让创新的速度变慢很多，甚至有些是不允许上市的。再者，在金融业创新当中，合作是非常普遍的。别的行业可以关起门来自己做，或者某个企业自己做，但是金融行业的创新合作的比例远高于其他行业。

（二）与2008年国际金融危机前金融创新的比较

2008年的金融危机最后导致全球经济危机，在此之前也是金融创新非常红火的一个时代。但是那个时候的金融创新是基于金融工程的产品创新，而这一次是基于数字技术的产品、过程、商业模式、金融服务和贸易提供方式的全面创新，这是第一个不同。

第二个不同，2008年之前的那一波金融创新，大部分是金融企业驱动的，金融企业聘请金融工程和金融数学专家开发出金融工程产品的创新，像美国著名的不良房贷转为金融产品、证券化，以及一些不良金融资产的证券化等。而这一次创新，有金融企业自身的创新，有整个金融行业推动的创新，还有很多是客户的数字化转型、产业模式转型，价值创造模式的变化共同推动金融业的创新，所以是供求双边都在驱动的创新。

第三个不同，现在这一波金融业的创新涉及的面更广。金融科技让金融业触及原来传统金融业触及不到的领域。原来的金融工程主要投资产品或者接触到金融产品的客户，但是这一轮的金融创新让原来不在金融体系中的社会群体也能接触到金融服务，它的影响更广了。

第四个不同，和2008年相比，2008年以后整个金融监管得到显著加强，特别是对金融产品创新的监管，所以这一轮的技术创新更多的是过程创新、商业模式创新以及服务提供方式的创新。

第五个不同，这一轮创新是科技公司在跨界，科技公司基于科技优势和数据优势跨界到金融业。另外，这一轮创新会直接影响到就业，比如投行领域的有些部门，几百人的岗位全部被机器人替代，所以它对就业的影响是非常大的。这个影响就整个社会来说是缓慢的过程，但就单个企业来说可以一夜之间发生，这是它的特点。

2008 年之前，我们基于英国的全国创新性做过一次调查，分析金融行业六七百家企业的数据。2008 年以前，英国的金融业创新比例也相当高，近 30% 的企业有产品创新。金融业的创新远远高于一般的服务业，它的研发投入也多。

当时创新的一大主力是监管。另外，对于金融业非常敏感的因素是创新带来的风险，但当时英国的金融业觉得创新带来的风险阻碍了企业发展，只有将近 11%，比零售业和制造业更低，所以当时金融业的风险意识是相当低的，反映出当时的思想状态是比较狂热的在创新。

2008 年以前，英国金融业创新一个重要的动因是满足监管的需求。而现在的金融创新，满足监管的要求只是原因之一，其他原因还有扩展市场、增加客户、降低成本、提高运营效率等，这些诉求仅仅为了满足监管的要求，这是创新的效果。

在当时传统的金融创新当中，受保护最高的方式是保密协定，通过保密协定来保证金融创新的领先度和秘密性。还有一种方式是秘密，就像知识秘密一样，不对外宣布。此外，通过时间优势的方式，比别人早推出。这一轮金融创新除了采用时间优势以外，很多还会采用专利，因为这一轮金融创新很多是科技创新，涉及软件、算法的专利和版权，这在当时是没有的，也是这一轮金融创新的特点。

三、 金融企业的创新战略

在这种情况下，金融企业要如何创新？

首先，金融企业要坚持自主创新，在这个创新浪潮下提升自己的能力。同时要积极开放合作，合作一直是金融创新的特点，在这个技术革命浪潮下更需要合作，完全靠企业自身的力量很难保持领先。其次，要主动拓展金融业的边界和形态，即金融业要主动去创新、去探索、去寻求合作，而不是等科技公司来拓展业务、占领地盘、占领疆土。在这个合作当中，金融业应该处于“领头羊”（协调人）的位置，领头羊决定了发展的方向和合作的模式，以及创新的具体内容和游戏规则等。最后，因为最近监管的加强，金融业需要审慎。审慎是对的，但是不创新不行，因为创新是历史潮流，不创新就会落后，将来总有一天别人要占有你的领域。所以，金融业要主动拓展边界和形态，引领经济的发展。

（一）自主创新

现在讲到技术创新，一方面它可以帮助企业打破极限，另一方面让原来不可能的事情变成可能。因为人工智能、大数据、云技术、5G 使得很多原来接触不到的金融群体、处理不了的大数据，或者原来不可能同时、同步透明的信息共享，现在得以实现，打破了极限，原来觉得不可能的现在可能了，产业的边界也可能推动，同时推动商业模式的创新。

（二）探索和合作

在这个创新当中，一方面需要自己的探索，即自主创新，另一方面需要合作。通过探索跟合作来打开理论的边界，打开学科的边界，打开产业的边界，打开思维的边界，就是要跳出原来的那个模式去思考，这一方面需要思维的开放，另一方面需要合作。当学科边界、产业边界和国别边界跨得越远的时候，和思维方式完全不同的人一起碰撞的时候，打破边界的可能性是最高的。诺贝尔奖的获得者很多都打破了边界。打破边界有一个很重要的方法就是合作，很多时候是更强、更远的跨界合作。

（三）跨界和创新案例剖析

以华为为例，很多人以为华为是自主创新的典型，但华为同时也是开放创新的典范，他们从 2009 年、2010 年以来已经有 7000 ~ 8000 个合作项目，其中很多是跨出边界的合作。我和同事基于华为科技公司的创新制作了一个模型，研究他们跨界合作的多样性指数和创造专利的原创性，结果发现呈指数级的增长。

此外，我们还研究了华为的核心技术和非核心技术的比重和分布。华为在 2009 年、2011 年、2013 年、2016 年的合作，有的是在核心领域与别人合作，有的是在非核心领域与别人合作。2009 年，华为只有一个领域是非核心领域，其他基本上是在核心领域合作。但是 2011 年，非核心领域的合作迅速增加，而且持续近 10 年来一直在非核心领域都有大量的投入，这需要勇气、决心、努力，也需要实实在在的投入。这使华为从原来的加工贸易企业，慢慢成为世界领先的企业。

从英国的合作来看，即使在 2008 年以前，英国的金融企业合作也是非常广泛的，与之相关的供应部门、客户、同业合作者、咨询公司，以及集团内部都有广泛的合作，同时他们跟大学和政府也有一些有限的合作。因为那个时候是基于金融工程的创新，金融企业招聘一些做金融工程、金融数学的人自己在内部做创新。但是这一轮科技创新就不一样了，需要联合大学、供应商、客户等外部合作者。

所以，在一个开放的生态体系里，需要广泛开展全体系的、全过程的、开放的、创新的合作。

四、“能力—制度—激励”三维创新驱动措施组合

（一）“能力—制度—激励”框架

怎样提升金融企业的创新能力是一个非常实在的问题。一个企业或一个国家的创新绩效是由三个要素决定的：能力、制度、激励。

首先是能力。企业的研发投入、创新投入是否充足，和同行相比是否有差距，是否引进了合适的人才，这些都是企业能力的体现。

其次是制度。企业的治理结构和制度框架，例如所有制结构、创新制度、知识产权保护制度、企业文化，以及以创新或市场开拓为主的企业导向，都会影响企业的资本投入和人才引进。

最后是激励。激励机制是否到位很重要，可能单位有很多能人，但是由于激励不够导致他们没有积极性。就像博尔特百米跑步一样，他本来可以一次就打破世界纪录，但在每一届世界锦标赛的最后冲刺阶段他都慢慢地跑，就是因为破一次世界纪录只能拿一次奖金，但他每次只要比上次跑快一点就可以接连打破好几次世界纪录，拿好几次奖金，这就是激励机制对能力发挥的影响。

这三个方面共同的合力和互动，会影响一家企业的创新。在全球化时代还要考虑“开放创新”。开放创新的第一种情况是企业的创新资本不足。这种情况可以采取合作的解决方式，比如和银行或者资本雄厚的企业合作。开放创新的第二种情况是人才缺失，一方面可以挖人，另一方面可以跟有能力的人合作，即通过对外的信息搜寻来增强自身的能力。

另外，激励也会受到开放的影响。新产品开发是企业研发部门的事情，

如果研发部门做不出来，可以聘请外部的研发团队来做，但做出的新产品就与企业的研发部门无关。这个时候研发部门就有压力了，这就是一个博弈的过程，只有竞争的压力才会让他们充分地使出浑身解数来创新、创造。

“能力—制度—激励”这个框架适用于企业层面、行业层面、地区层面以及国家层面的创新能力分析，经济合作与发展组织将此框架的原型用于国家层面的经济绩效分析。这些都是非常有用的分析框架，它解决了怎样让创新主体来创新的问题，怎样让他们和外部合作。

（二）措施着力点

因此，“能力—制度—激励”三维创新驱动框架的着力点在于能力的提升、激励机制的提供、制度环境的协调，这三个支撑点必须要互动和协调，以及高创新开放度。同时，随着21世纪创新进程的推进，要考虑环境的可持续、包容的可持续，这样才不至于在将来国家宏观政策改变的时候被淘汰。

五、 结论

总的来说，数字技术革命为金融业发展提供了机遇。一方面赋能金融业，让金融业起到更大的作用，同时提升金融效率，促进经济增长。另一方面也让金融业能够服务到更广泛的社会各阶层，同时还能产生更大的国际影响。比方说现在的“沪伦通”，深圳和其他金融市场的联系，以及金融业的跨境服务，让华尔街的一些精英可以通过远程为中国的金融业提供服务，而因为新冠疫情影响的很多硅谷人才虽然回到了自己的国家，但其实每天还是远程在硅谷上班。传统的金融业可能对本国经济具有重要的作用，将来的金融业通过远程的方式可能对国际经济产生更大的影响。

同时，将来会怎么样？机器会不会完全替代人？我认为不会，未来更可期的是人机协同的世界，金融企业在将来设计金融产品的时候，都要考虑人机协同。其实这是一个技术路径的问题，举个例子，中国的电动车走的是全电动路径，其中有决策的原因和产业政策的指引，当然这需要解决电池问题、需能问题、充电问题等。日本走的是另外一条路，即混合动力。欧洲很多公司在走氢能动力，这是不同的技术路径。金融企业在进步的过程中，也需要考虑技术路径、人机协同。人机协同目前主要被西方国家用于机器人的领域，特别是美国，这是他们的技术路径。

另外，人类其实是个很复杂的动物，他能完成很多计算机或者机器无法完成的事情。比如人类可以在短时间内完成一个复杂的计算和分析。在一个机器人的国际技术展览上，我看到仓库的机器人搬木箱子，那个木箱子在缓慢地动，一分钟才完成这个动作，如果是人的话一下就放上去了。在搬运过程中，人的眼、脑、手的协同很迅速，一秒钟就完成了，但是机器人的协同过程就非常缓慢。所以人工智能还有很长的路要走。更何况在金融领域，除了数据分析，还要跟人打交道。营销推广、理财建议和各种售后服务包含了很多人类情感、语言沟通技能以及很复杂的决策过程，这个过程以目前的人工智能还无法代替。不管机器有多先进，人的情感、人和人的沟通是机器代替不了的。此外，还要考虑不同国家的国情，符合国情才会适当，适当才会真正有效，有效才能可持续地生存和发展。

从宏观来讲，国家要建立开放的国家创新体系。企业创新战略也需要谈宏观，因为企业是在一个宏观经济体系当中运作的，宏观经济环境不改，企业也无能为力，所以一个开放的国家创新体系需要多驱动、多主体，除了市场驱动还有政府驱动。中国过去 40 年实现这么快的发展，是市场和政府两个驱动体系，在不同领域、不同时间段、不同地区驱动着整个经济的发展。

欧洲国家是一个市场一个驱动。有些人可能会说，美国也是一个市场一个驱动，它也发展得很快。其实美国的体系和英国、澳大利亚是不同的，在美国的创新体系和市场体系中，政府起到了非常重要的作用，只是它的政府没有那么明显的作用，不像中国还是处于比较初级的阶段，政府很明显的“手”在起作用。我在牛津的同事就说，你要说美国没有政府的作用，我一点都不同意，美国政府的作用从来没有缺位过，只是看你怎么定义产业政策。

此外，大学、公共服务部门都是创新主体，只有在一个开放的体系中，企业才有有利的环境来进行创新，这也是我在 2015 年从宏观层面提到的，开放的国家和产业创新体系有多驱动、多角色、多主体的全球资源、人才和市场，并将其综合利用。

从企业来讲，探索“能力—制度—激励”三维创新驱动。刚才从能力的角度、从激励的角度、从制度的保障和设置角度，以及这三个角度的三维互动，驱动企业、行业创新，增强自身创新能力，同时又通过开放创新打破边界，因为金融是非常重要的、对监管要求非常高的行业，因此希望金融业主动拓展未来边界和形态，而不要被动等待其他行业在金融业里拓展领域。

同时，在拓展边界当中，产业研究院是一个非常重要的推手。中国从 1985 年开始实行科技体制改革，到现在因为改革的原因，有一个部门慢慢退出了，其实现在回想起来就是“产业研究院”，即某一个产业的研究院。大部分机构的研究院改革以后就不复存在了，他们流向了中科院。中科院在各个地区的研究院和一些大学和企业主要做的是基础研究。产业研究院在之前的改革过程当中慢慢退出了，而现在的产业研究院有助于知识的转化，可以在帮助企业跨界方面起到非常重要的作用。例如北京大学汇丰金融研究院联合证券业做的《AI + 证券行业研究报告》，其实就是一个金融业主动跨界的例子。

最后，这一轮科技创新对监管和风险控制提出了挑战，在审慎的同时也要有活力和动态的监管过程和框架。这是目前国外和国内一些学者提出的观点，也是将来需要进一步研究的一个重要课题。

（本文根据作者 2020 年 12 月 16 日在北京大学汇丰商学院“北大汇丰金融前沿讲堂”的演讲整理，经作者审阅。）

金融科技的“车路协同”

重庆市小额贷款公司协会会长
朱白帆

近年来，我国汽车行业主流自动驾驶仍以单车智能为主。单车自动驾驶，仅依赖自车本身的传感器、计算设备，通过自身算法感知外部环境，再进行决策规划，解决我在哪儿、周围有什么、接下来发生什么、该怎么办四个问题。

但在复杂场景下，单车智能并不具备车路协同的感知决策优势。“车路协同”能够通过路侧智能提供的全方位感知能力，与自动驾驶汽车进行交互协同，实现真正意义上的自动驾驶。

“车路协同”具备协同感知、协同决策、协同控制功能，一些重点功能包括：超视距感知，就是在行车过程中要能感知到视距之外的潜在危险，判断是否有行人或小动物；高精度识别，精准识别全部交通参与者的位置，判断其行动路径；毫秒级计算，实时收集反馈所感知的全部信息并快速作出决策；全域级控制，全面铺设的智慧基础设施，高效链入全部交通参与者。

“车路协同”带来功能升级，也带来了金融科技相关的思考。“车路协同”映射到金融科技领域，“车”代表的便是金融服务体系中的有金融服务需求的用户，而“路”指的是金融服务的承载实体，是对接用户金融需求的服务提供方。“车路协同”的金融科技可以给金融行业带来很多优势，例如需求与供给的高效匹配，金融普适性提升；协同产生化学效应，助推行业变革升级。

一、金融科技走向“车路协同”

金融科技在中国市场掀起热度以2016年为分水岭，此前市场更多的是讨论互联网金融，2016年春节前后，市场上涌现出了大量关于金融科技的讨论。其背后的原因正是2016年之前，大量平台型互联网公司通过补贴等手段大规模获客，完成了原始的用户积累（即账户积累）。用户规模既成，互联网公司开始挖掘用户价值，逐渐尝试让用户为其服务付费。

付费，便是这一转换的关键，金融科技正式应运而生。

金融科技的本质是通过科技手段提升用户体验，进而让用户能够愿意为之付费的过程。提升客户体验需要大量技术的介入，例如通过技术助力，减少客户消费时的等待时长，简化客户消费时的操作，提供一站式消费场景，等等。

总的来看，金融科技发展经历了电子化、移动化、智能化三个阶段：电子化以计算机技术的发展为基础，金融服务流程更加便捷；移动化以互联网技术的发展为基础，金融服务场景逐渐线上迁移；智能化以人工智能技术为基础，金融消费者的用户体验极致化，实现随时随地随需。

今天金融科技的应用范畴不断扩大，大致包括支付、保险、规划、借贷/众筹、区块链、交易与投资、数据与分析、安全八类，其中支付是各类金融消费场景中开启数据闭环的核心工具。

而人工智能成为本轮金融科技的核心驱动力，广泛地嵌入金融业务的活体识别、用户画像、风险监控等各个模块。例如，在银行业的“金融大脑”“无人银行”“开放银行”，证券业的“智慧营业部”“智能投研”“智能投顾”，保险业的“智慧保顾”“智能定损”“智能理赔”等。

金融科技“车路协同”带来的最大的好处便是需求与供给逐步匹配，金融普惠性不断提升。目前来看，一方面，弱势群体的金融服务获得仍相对滞后；另一方面，年轻的互联网用户理财自主性强、但需求也更加多样化，目前除 A 股、存款、基金等需求外，大部分需求却没有对应的产品去满足。

金融科技“车路协同”带来的另一个好处便是协同产生化学效应，助推行业变革升级。例如美国智能投顾的发展正是经由新兴公司拓荒到传统巨头加入这一过程。2008 年，全球最早的智能投顾公司 Betterment、Wealthfront 在硅谷成立，推出以优化长期资产配置为目标的产品。而传统金融机构依靠多年累积的资金、客户、产品、销售渠道等优势，后来者居上，规模遥遥领先。黑石在 2015 年收购了 FutureAdvisor，高盛在 2016 年收购线上退休账户理财平台 Honest Dollar，德意志银行推出了机器人投顾 Anlage Finder。

开放银行是金融科技“车路协同”推动行业变革升级的又一典型例子。所谓开放银行，即大银行作为主要推动方，通过自有平台实践，对接千业万态的上层商业生态。2016 年西班牙对外银行（BBVA）宣布上线开放 API 平台，为金融科技公司提供 API 接口，成为全球首家以商业化模式运作开放 API 的银行。2016 年 11 月美国花旗银行在全球范围内推出 API 开发者中心，围绕账户、授权、银行卡、转账、积分支付等，将账户管理、账户授权、银行卡业务的 API 开放给外部开发者使用，成为开放银行道路上的里程碑。在全球各金融机构的推动下，开放银行相关的技术、政策和模式快速发展，并正在逐渐引领金融科技的发展方向。

二、金融科技“车路协同”实践探索

如何实现金融科技的“车路协同”？仍以交通出行为例，出行者的诉求通常包括通行效率、舒适度、安全性、通行成本等。对此，“车路协同”解决方案包括：道路感知，包括车辆识别、目的地识别、路线决策、公共交通规划等；车路交互，包括交互通信、车联网、信息安全等；安全预警，包括极端天气路况、道路安全、车辆碰撞、停泊车等。

同样，金融科技的“车路协同”解决方案也包括以下四个部分：用户感知，主要涵盖用户识别、需求理解、匹配推荐等；体验升级，主要涵盖智能语音、无感操作、区块链等；风险管理，主要涵盖宏观风险、信用风险、事中事后风险、欺诈风险、信息安全等；成本优化，主要涵盖用户时间和选择成本、人力成本和操作成本、风险成本等。

（一）用户感知

首先是用户精准识别。传统的金融服务依赖于人工对某一类人群进行深入分析，但是在一个高精度的互联网背景下，利用人工智能和大数据对用户识别，就会在用户本人身份证明基础上，进一步叠加了他的一些互联网行为画像，从而对用户做出更为精准的识别。

其次是智能响应，千人千面。例如，金融机构在开展短信营销时，建立响应模型，不断对每一次发出去的短信的人的特征进行归类，明确哪些人对这个产品感兴趣，哪些人对那个产品感兴趣，不停地通过人工智能的强化学习和深度学习去捕获用户的真实需求。随着用户金融消费画像信息的不断积累，响应模型的有效性就会不断提高。

基于对用户画像和用户需求的识别，就可逐步实现个性化产品的匹配。例如，基于用户声明信息和后端挖掘信息（征信、工商信息等）进行比对，就可以精准识别小微企业主身份，进而为其提供高效的普惠金融服务。

最后，智能投顾也是一个非常重要的发展方向，基于生活习惯、职业特征、人口属性、风险偏好、投资实力等用户画像，匹配资产平台、管理人、投资目的、资产类别、风险评级等资产风险标签，智能投顾便能将原本零散、低效、无序的原始资产配置变为结构化、风险分散的财富管理。

（二）体验升级

首先是智能语音。语言是人类社会最重要的交互手段之一，也是未来数字化社会里人机交互最便捷的手段之一。智能语音就包括听（语音识别）、理解（意图理解）、说（语音合成）三个环节。场景下的自然语言理解应用最为典型的就是智能机器人，其服务能力离不开场景高频语料人工分词库学习，海量客户意图样本训练，以及基于深度学习的自然语言理解模型的持续更新迭代。事实上，目前场景下机器人服务能力已接近人工水平，凭借越发成熟的服务能力和更低的管理成本，在线上客服领域，智能机器人甚至独立承担了超过90%的客户咨询流量。

其次是无感操作。无感操作最典型的例子便是人脸支付、人脸打卡、人脸登录等。以生物识别技术为例，生物识别技术用于支付，只需要面对支付屏幕上的摄像头，系统会自动将消费者面部信息与个人账户相关联，直接完成交易。值得注意的是，金融领域的生物识别往往还包括个人身份信息识别。例如人脸支付时，除采集面部信息外，还需将所采集的信息与公安部门的身份信息进行联网匹配，这一过程往往快速而隐秘。

最后，还可应用区块链技术建立起智能金融与标准化市场的高速传导机制。以区块链ABS为例。通常，一笔信贷业务的底层资产非常复杂，每一笔借贷关系可能会非常小额和分散，穿透底层资产往往需要耗费大量的时间和精力。但将区块链技术应用于尽职调查、产品设计、发行购买、存续期管理等的各个环节，既能高效锁定每一笔资产、每一笔操作背后的真实性和有效性，也能打通企业、金融机构、监管机构之间的交互协同，将风险控制贯穿始终。在数据安全与合规要求下，区块链实现了数据孤岛的技术突破，这对于一个高效的、规范的标准化市场的建设意义重大。

（三）风险管理

风险管理贯穿于金融行业全链条，而智能服务的体系化输出可以成为风险管理的“红绿灯”。例如运用大数据进行宏观风险预警，运用区块链等技术将信用风险管理贯穿于业务全流程，运用 RPA（机器人流程自动化）深入流程重要环节控制操作风险等。具体来看：

首先是宏观风险。受宏观因素影响，进出口贸易、化工业、电子通信、仪器仪表、电气设备等行业客群的信用及多头水平呈现相同表现，此即行业风险。此外，部分区域也会呈现共性特征，如区域客群整体信用和多头状况出现共同下滑趋势，此即区域风险。这就涉及共债管理预警：根据申请用户的大数据画像以及机器学习算法进行建模计算输出，为获得用户有效授权的机构提供其用户的多头风险量化情况；为获得用户有效授权的机构提供其用户的脱敏共债情况，进而更针对性地制定相关风控策略。

其次是信用风险。一是用大数据技术强化信用区分。大数据具有“高维（样本复杂）”和“稀疏（样本分散）”两个特征，通过人工智能的持续集成学习和深度学习，最终可以帮助把这些大数据特征进行有效的模型化。二是评估信用风险，将企业通用数据与行业专业数据相结合，运用 LBS（学习行为系统）对行业数据进行关联分析，并进一步挖掘更多评估指标，有效识别有还款能力和还款意愿的优质客户。

再次是事中事后风险。例如金融机构对于一笔信贷业务，贷中要求实时监测客户状态变化、及时调整风险敞口，贷后要求能基于风险预测进行差异化贷后管理。这涉及全周期风险管理，包括违约风险预测、流失预测、交叉销售响应预测等，其背后都有一个感知引擎，去主动分析这些情况，然后给予相应的调额提示或增值服务。

最后是信息安全。基于数据安全和隐私保护的要求，金融科技同样能够通过数据去标识化、隐私计算等手段提供数据合规解决方案。

（四）成本优化

一方面是降低金融服务成本。例如通过智能语音、智能风控、无感操作、匹配推荐等手段，降低金融服务过程中的沟通成本、时间成本、交易成本等。另一方面是提升盈利的稳定性。金融科技在反欺诈、反黑产、控制信用风险、控制区域风险方面具有显著优势，这对于营利性的提升有非常大的保障。因为风险成本的控制，通常也会带来展业效率的提升。

三、构筑金融的“智慧城市”

“智慧城市”是金融科技“车路协同”的终极目标。

金融科技的“车路协同”，就是智慧机构与用户的协同。在这一过程中，金融科技是一个传感器，而金融机构“以人为本”智慧的表达，最终建立出金融的“智慧城市”，使智能经济时代快速到来。值得注意的是，这里的“以人为本”已被重新定义，即数字空间更为立体生动的刻画个人，让群体化的人又成为鲜活个体。

在金融的“智慧城市”里，技术把人和人、机构和机构连接起来，变成一个智慧体。通过大数据等金融科技，机构和用户之间实现高效匹配和精准服务，机构与技术双向赋能，最终给用户带来更多的优质金融服务，让用户在不同时间、不同地点享受千样服务。

（本文根据作者2020年6月28日在北京大学汇丰商学院“北大汇丰金融茶座”的演讲整理，经作者审阅。）

金融可持续之变

从绿色金融到转型金融

数秦科技总裁
唐　斌

非常高兴有机会再次回到校园，跟各位老师、同学分享兴业银行的绿色金融故事、投资故事。

一、 开篇引子

我是1982月2月毕业于厦门大学，专业是统计专业，也就是今天所讲的AI、大数据等专业的基础。

我的工作大致为三个阶段。第一个阶段，1996年以前，我在福建省体改委负责推动股份制改革、研究资本市场，之后调至兴业银行任办公室总经理、董事会办公室总经理、董事会秘书、执行董事，中间还穿插筹建了南京分行和杭州分行，这些让我深刻认识到，商业银行的健康持续发展，一定要充分借助合规的资本工具，所以我始终致力于银行资本管理与资本工具创新的研究和推动。第二个阶段，从2000年至2015年，十五年间我所做的重要工作就是为银行做大“分子”，包括增资扩股、发行上市、引进战略投资者、推动创设并发行次级债、混合资本债，参与优先股首发试点等。刚好已近法定退休年龄，我又觉得自己的研究探索好像刚刚开始，做了这么多“分子”，但是“分母”还做得不多不够，所以决定转向“分母”领域，研究推动资产流转。第三个阶段，2015年底我应邀出任前海金融资产交易所总经理，我把银行不良资产跨境转让作为前交所的主要业务。记得当时我向国家外汇管理局领导介绍：第一，中国的对外开放不会改变；第二，银行不良资产需要化解，以减轻银行资金压力；第三，前海是我国金融创新的前沿阵地，所以我希望在前海做些事情。此后，国家外汇管理局批准深圳前海金融资产交易所作为银行不良资产跨境转让交易平台。

当时的外汇管理局副局长，现任广东省副省长张新，问我说，“唐斌，你为什么要坚持把银行的不良资产通过前海的平台给转让出去?”我说：第一，这是我们国家改革开放的标志，是国策赋予了我们不动摇不改变的决心。第二，银行的核心功能是什么。大家这阵子都通过硅谷银行，了解到银行最关键的要素是资本充足，没有资本银行就寸步难行。过去 20 年我都搞资本补充，创设了一些资本工具。现在，资本工具做完了，应该从加速资本的损失吸收能力来发力了，也就是不良资产处置。第三，杜绝腐败。为什么？在此之前都是一对一地进行买卖，通过交易所那是多对一，既可以维护银行的投资价值，又可以使外资在一个透明的制度里来购买资产。所以我来这里就是要把不良资产跨境转让这件事情做好。这样一晃就是 4 年。

在离职回家的路上我去了趟浙江。我曾经在那里筹建了兴业银行杭州分行，正是那里数字经济的发展和创业热情让我留下来了，去到了现在的公司，一家专注于大数据和区块链的科技企业——数秦科技。

二、 商业银行在绿色金融中的实践——以兴业银行为例

（一）绿色金融拓宽了可持续发展的道路

兴业银行是中国第一家赤道银行。我记得一个很资深的绿金专家曾经问过我这句话，“唐总，什么是赤道银行？为什么是兴业银行？兴业银行成了赤道银行以后又做了哪些事情?”我是这么回答的，“是不是所有人都认

为兴业银行有个高人指点，在17年前就开始做绿色金融，就开始可持续发展的实践?”2007年11月14日，时任世界银行行长佐利克先生来到中国后也提出了这个疑惑。

因为要参与治理珠江，佐利克先生来到广东，可是他指名要见的是兴业银行的领导，并在广州与兴业召开绿色金融峰会。我和当时兴业的董事长高建平从福州飞到广州跟他现场讨论。佐利克先生是投行出身，现场他就问我们，“你们回答我，为什么兴业银行要做赤道原则，做绿色金融?如果这个事情是一件好事，为什么别人不做?如果是不好的事，那么为什么兴业银行去做?”

其实那天座谈会我们是带了好几个企业代表，主要是兴业绿金扶持的企业，包括如做垃圾填埋、清洁能源的深圳相控公司，搞相关设备生产的山东东胜公司等。现场，我们就告诉他，“因为我们认识到了对于商业银行来说，它的风险不仅是所谓的市场风险、经营风险、利率风险、操作风险，更大的是环境风险。”佐利克先生没想到中国的银行家对环境问题认识得这么深透，接着问道，“为什么其他银行不来?”我告诉他，“对于环境问题的认识是需要有个过程，所以兴业银行只不过先走了一步。”

那么为什么兴业银行能够先走一步?因为，兴业银行置身于福建。1998年，福建永安洪田村24户首开分山农林到户改革，习近平总书记在福建工作期间亲自主导推动此次改制并要求“机制活、产业优、生态美、百姓富”；2002年，又提出要“山定权、树定根、人定心”让老百姓真正受益。2005年8月，时任浙江省委书记的习近平首次提出“绿水青山就是金山银山”的重要论述，在生态环境保护建设上，推动形成绿色发展方式和生活方式。实际上“两山”理论就是在福建酝酿，在浙江成型的，“两山”理论是绿色金融的源头，正因如此，兴业银行才有可能最直接践行“两山”理论并始终秉承发展“寓义于利”核心价值。

（二）能效融资，兴业银行绿色金融的最初实践

之所以讲了这么多，是为了铺垫能源效率融资项目这件事情。

2003 年我们引进了恒生银行、国际金融公司（IFC）和新加坡政府直接投资公司，其中国际金融公司入股比例 4%，虽然低于其他两家投资者，但是它是作为很重要的战略投资者角色，因为 IFC 承诺传输先进理念和先进经验，其中最主要的是中小企业贷款和环境保护贷款模式。

谈判期间还有几个插曲。

插曲一　关于协议条款的博弈

IFC 告诉我，“我们是世界银行下的旗舰”，言下之意，你仅仅是一个福建兴业银行，我跟你谈话占绝对主导权。

我说，“是的，我们很清楚，但是谈判桌的两端是平等的伙伴，请你清楚这一点，如果你觉得 OK 我们谈下去。”

他说，“好吧。”

大致谈了一年，比如说他提出，“协议里面要规定，若干年后，当 IFC 认为不需要在兴业银行持有股份的时候，兴业银行要按约定的价格把股票赎回去，也就是要符合售股期权原则。”

后来我就笑了，“我想请教一下，你们现在买的是股票吗？”

他说，“是。”

我说，“是股票就不存在着约定时间按约定的价格赎回，这样的话是债券。”

他说，“那不行，我们在全球都是这么投的。”

我说，“你们在全球都这么投，实际上你在全球就侵犯了其他股东

的利益。你不是口口声声说自己是专门来帮助发展中国家做公司治理吗?”

他说,“对不起,我们表达错误,我们改成不要这个条款了,这个条款所有人都可以享用。”

我说,“那这么一来有一个情况,那就是你到底是买我的股份,还是买我的债权呢?”

他说,“那么我买股票。”

我说,“那行,那这条你拿掉。”

谈判谈到了2003年12月。我们签约的时间是12月23日,到了12月中旬,眼看谈判各方就协议达成了一致,但这时候还有一个问题没有解决。这个协议是用什么法律、什么语言来支持?由此就有了第二个插曲。

插曲二　关于协议语言的博弈

IFC都认为要用普通法及英文来支持,用他们的话来讲这是惯例。

我说,“对不起,所谓的惯例,那是以因为人们的习惯而成为一种秩序安排。现在你在中国投资,与中国谈判,须中国政府批准,那么这个惯例就应该适用我们的特例,用中文撰写且应适用中国的公司法。”

争论了很久之后,IFC说,“那你能不能不要写中文优先?”

我说,“可以,但是如果语言有差异怎么办?”

他说,“语言不会有差异的。”

于是我脱口而出,“矫枉过正,用英文如何翻译?按下葫芦起了瓢,用英文如何翻译?”

这两个例子他都翻译不出来。

> 所以他终于承认了中英文是有差异的，“但希望不要写上‘中文优先’，因为这在 IFC 的历史上从来没有出现过。”
>
> 我说，“那我们再来讲一讲法律是什么？法律是对一个大家有共识的秩序的文字描述。那这个共识是什么？共识就是，我在这里谈判了一年，你们都是根据我讲的中文翻译过去的，这是不是事实？所以写上本协议有中英文两种语言，英文根据中文翻译。”

这是有史以来中国与美国国际组织谈判中第一次有这样突破性的记载。所以在 2004 年，世行执行董事，后来财政部副部长朱光耀先生，回到国内跟我谈起这些故事的时候说，“唐斌，你太长中国人志气了，你应该好好地去华盛顿给他们讲讲，公司治理不是你们的专利，我们也有自己的成功案例。”

时间来到 2005 年，IFC 筹集到一笔 2500 万美元基金，打算帮助兴业银行做三件事，一是公司治理，二是绿色金融，三是技术援助。基于前期的沟通和 IFC 官员对我体改委工作经历的了解，他们同意暂且搁置公司治理，主要谈一下绿色金融方面的合作。于是，该资金就作为环境保护公益捐赠给湖南的新奥燃气公司，他们觉得为了给兴业银行脸上“贴金”，就提出通过兴业银行实施此次捐赠。在此过程中，我跟 IFC 的代表进行了一番对话。我对他们讲，“我理解你们的目的是推动节能减排、支持可持续发展，但是如果把这笔基金直接捐赠给新奥燃气，会让人怀疑是不是 IFC 在进行利益输送，何况新奥燃气目前也是你们入股投资的对象。”IFC 当即表示没有利益输送，仅仅是考虑到新奥燃气的业务属于清洁能源。我进一步说，“那好，除了新奥燃气，还有其他经营清洁能源的企业，你们要不要支持？”IFC 回答钱不够。另外，IFC 在谈判过程中还要求用英文撰写合同条款，双方也在此事陷入僵持。我这时候说，“所有国际合作都是重大事项，请提交董事会审议。”实际上我是想告诉他由我来帮助解决此事。董事会上，我首先听了正反两方意见。兴业银行公司部的领导认为，IFC 不能将资金全部给新奥燃气；IFC 认为限于资金规模，只能给到新奥燃气，同时由于其出资方的身份，因为必须用英文来撰写合同条款以保证其权益。

听完两方陈述，我这时候就提出，“我们有钱，我们可不可以通过商业银行贷款来解决?”在此之前，商业银行在发放节能减排贷款的时候，多数情况下要么客户企业规模小，要么缺乏足够的现金还款来源，只能凭借未来的预期经营收益，另外这些节能减排设备都属于动产，缺乏足够的传统不动产抵押物，根据传统信贷业务规则来衡量的话，这些节能减排贷款对银行的风险很大。为此，我建议设立损失分担机制，把 IFC 的 2500 万美元基金作为劣后，由兴业银行加杠杆后负责发放贷款。未来如果出现损失，就按照约定比例由这笔基金予以补偿。最后双方在 2006 年正式推出国内首创的能效融资项目，非常成功，第一期一共放款 12 亿元，且没有损失。

协议适用语言一直是双语协议必争的条款，对于中外双方来说，都可能存在双方理解歧义的风险。IFC 坚持协议必须以英文版签署，且以英文版为准。兴业银行提出，由于面对的中国广大企业，我们倾向于文本以中文签署，尤其是一旦发生语言冲突，兴业银行将承担最大的贷款损失风险。经过艰苦谈判，兴业银行认识到，国际金融公司的请求与其说是对其利益的保护和风险的锁定，不如说是对信贷人权利保护的尝试和努力，因此同意适用较为完备的美国纽约州法律。至于司法管辖权的问题，经过友好协商，尽管 IFC 可能承担豁免权无效的重大不确定性风险，但作为对项目合作的诚意，IFC 愿意合同争议寻求仲裁解决，并以独立第三方（新加坡）作为仲裁地。

兴业银行与国际金融公司的谈判，从合作建议书到协议签署，整整经历了十个月的历程，不仅建立了双赢互利的商务安排，也从协议条款上设定了较为完善的风险防范和信贷操作流程。2006 年 5 月 17 日，双方完成全部谈判工作，正式签署了《损失分担协议》，宣布双方合作的节能减排贷款项目正式启动。正因为有了这个突破，双方于2008年、2013年又继续合作开展了二期、三期项目，项目支持范围更加扩大。

（三）“寓义于利”银行社会责任观的形成

凭借能效融资这个项目，兴业银行获得英国《金融时报》和IFC联合颁发的2007年度可持续金融银奖，我应邀前往领奖，代表兴业银行上台发表了一分钟的获奖感言，中心思想是：“我们理解银行的社会责任，就是要通过其提供的产品和服务来推动环境保护，推动可持续发展，并努力确保这种模式可以复制、可以推广。”在那之后，我们进一步把它提炼为“寓义于利”，升华为公司治理的基本理念，也就是通过提供产品和服务来履行企业社会责任。这个理念与IFC所倡导的经济社会伦理高度一致。在听完我的领奖致辞，当时的IFC总裁特内尔对我说，一是为兴业银行获奖感到骄傲，二是还特别提到在当天会场内上百个银行家中，只有我们来自中国的银行，而且是唯一一家非赤道银行，所以这份荣誉更加珍贵。

所以我通过这个例子简要回顾兴业银行核心社会责任观的形成过程。兴业银行虽然是商业银行，但是特殊的环境使得它比较早地关注了环保问题。

《金融时报》可持续发展银行颁奖答谢辞

兴业银行董事会秘书　唐　斌

2007－06－07

女士们、先生们，晚上好！

很高兴能代表兴业银行接受这份荣誉，我由衷感谢主办方——《金融时报》、国际金融公司和各位评委对兴业银行能效融资项目的肯定和鼓励，以及对中国环保事业和可持续金融的关注与重视。同时，我还要感谢我的同事和IFC团队，他们为此付出了巨大的努力、作出了富有创意的贡献。

兴业银行是一家年轻的银行，在过去的十九年间，取得了快速的成长，成为中国最具成长性的上市银行。2003年，IFC入股兴业银行后，我们双方在公司治理、风险管理和环境保护等方面开展了深入交流并取得广泛共识。2006年以来，我们与IFC共同开发了能效融资项目，建立了贷款损失分担机制，以推动节能减排。经过一年多的运营，在贷款和减排规模等方面都取得了超过预期的效果。实践证明，银行可以通过提供专业产品、服务来推动环保、减少排放、增加社区福利、履行社会责任。通过能效融资，我们完善了风险管理、优化了信贷流程，快速进入了中小企业融资市场，从而使这项探索更具商业性、持续性和可复制性。

我相信，这只是一个良好的开端，我们致力于以专业服务履行社会责任，实现可持续发展。我们将继续为此不懈努力！谢谢！

（四）推动赤道原则实施，提升可持续金融实效

如果说赤道原则是世界优秀银行家的俱乐部，为什么我们不是其中一员？如果把赤道原则看成商业银行的崇高职责，那么我们更应该是其中一员。

带着这个问题，从2007年开始，我们进行了一整年的研究，最终决定在2008年10月正式承诺采纳赤道原则。记得2008年6月30日董事会批准加入赤道原则后，7月13日我就此事专门向中国银监会报告。银监会领导很关心，但不敢轻易表态，总结起来大致包括两句话：一是我们还是发展中国家，人均GDP才2000美元，而采纳赤道原则的国家普遍都达到9900

美元以上，言下之意我们还有很长的发展道路要走，现在加入赤道原则为时太早；二是既然赤道原则是自愿加入的原则，虽然兴业银行是自愿加入，但肯定会给其他银行带来压力。换句话说，如果人家也采纳了，但眼下又达不到那么多要求，如果人家不采纳，你兴业银行又把旗子已经举了起来。

确实在那之后很长时间，很多家银行的领导都说："加入赤道原则是好事情，但既然兴业银行已经成为首家赤道银行，我总不能当'次家赤道银行'"。好在当时国家发展与改革委、财政部、环保部都非常支持，在这张承诺采纳赤道原则新闻发布会的现场合影中，就有这些政府部门的代表。2009 年，中美举行第五次战略对话，把工行等四家国有银行改制上市和兴业银行加入赤道原则，作为我国加入 WTO 后金融领域改革开放的两大重要成果，这也是国家层面给予的正式肯定。所以说，加入赤道银行的重要意义在于，意味着今天我们可以运用国际规范的语言、国际先进的理念来开展金融服务，对我国银行业的影响尤其深远。在 G20 杭州峰会上，也把全球绿色金融发展作为重要主题，进一步说明我们朝着正确方向走了一大步。

那么赤道原则是什么？它的由来是什么？对于采纳赤道原则对银行和社会公众又有什么影响？这是长达一年兴业研究试图回答的问题。为了寻求各金融机构在环境保护方面的共识，2002 年 10 月，由国际金融公司和荷兰银行发起，汇丰、花旗和德意志等九家国际知名银行参与、在伦敦近郊的格林威治召开会议，讨论项目融资中的环境和社会问题，会后，经过各与会者的多轮次磋商，形成一份有关环境与社会风险的项目融资指南，即赤道原则。它要求金融机构对于项目融资中的环境和社会问题尽到审慎性审核调查义务，只有在项目发起人能够证明该项目在执行中会对社会和环境负责的前提下，金融机构才能对项目提供融资。

赤道原则第一次确立了国际项目融资的环境与社会的最低行业标准，并将其成功应用于国际融资实践中，在国际金融发展史上具有里程碑的意义。赤道原则（Equator Principles，EPs）是一套用以确定、评估和管理项目环境和社会风险的金融行业基准和自愿性金融行业准则。符合相关采纳要求和同意满足赤道原则持续报告要求的金融机构在完成规定的采纳流程后均可自愿采纳赤道原则。截至 2018 年 12 月，遍布全球 37 个国家的 94 家金融机构采纳了赤道原则，这些金融机构大概占据了新兴市场 70% 以上的项目融资份额。目前中国兴业银行和江苏银行承诺采纳了“赤道原则”，中国台湾地区有国泰世华银行于 2015 年宣布采纳赤道原则。

从 2003 年赤道原则问世以来，共进行了三次修订，目前正在开展赤道原则第四版更新，第四版关注了目标更新的问题。赤道原则适用于全球各行各业，主要适用于四种金融产品：（1）项目资金总成本达到或超过 1000 万美元的项目融资咨询服务。（2）项目资金总成本达到或超过 1000 万美元的项目融资。（3）符合以下四项标准的与项目关联的公司贷款（包括出口融资中的买方信贷形式），大部分贷款与客户拥有实际经营控制权（直接或间接）的单一项目有关；贷款总额至少 1 亿美元；EPFI 的单独贷款承诺（银团贷款或分销前）至少 5000 万美元；贷款期限至少 2 年。（4）过桥贷款，贷款期限少于 2 年，计划由符合上述相关标准的项目融资或项目关联的公司贷款进行再融资。在用于项目关联的公司贷款不包括为基础项目提供资金的其他金融工具，例如用于维持公司运营的资产融资、并购融资、对冲基金、租赁、信用证、一般性公司性贷款和一般营运资金支出贷款。赤道原则的核心内容：“原则声明”是赤道原则的核心内容，包括审查与分类、环境和社会评估、适用的环境和社会标准、环境和社会管理系统和赤道原则行动计划、利益相关方参与、投诉机制、独立审查、承诺性条款、独立监测和报告、EPFI 报告和透明度共十项原则。

赤道原则所倡导的金融可持续发展的宗旨同兴业银行的发展战略“不谋而合”，采纳赤道原则将是对兴业银行可持续金融体系的进一步整合与完善，并且对于提升兴业银行社会责任实践的深度和广度具有十分重要的意义。

三、 转型金融及科技赋能

（一）广义绿色金融体系概述

前面讲的是绿色金融如何从一个产品开始做起的。更重要的是我们还要继续高举这个旗帜去把这个事情做好。大家都知道银行有一个词叫作“漂绿”或者“染绿”，因为这时候讲绿色金融跟绿色是以零碳或者低碳为准。

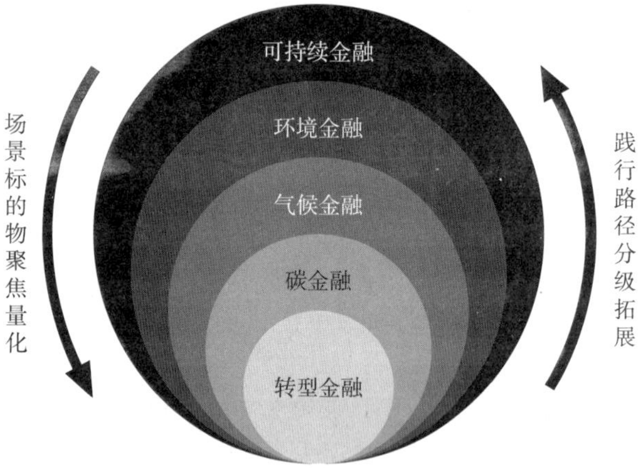

图 1　绿色金融体系

图 1 是我做梳理总结的。可持续金融其实就是绿色金融。来自可持续发展概念，帮助经济社会实现可持续发展的金融手段和体系，其概念超越了绿色金融，还涉及消除贫困、实现性别平等等活动。环境金融为可持续金融的一层具象表现，包括为支持环境改善、应对气候变化和资源节约高效利用等经济活动而进行的投融资以及环境社会风险管理。气候金融为环

境金融的一种有力实践方式。从广义上讲，气候金融为向低碳、适应气候变化发展的项目提供投融资活动，包括应对和减缓气候变化的一切投融资活动。碳金融为实现气候金融的可量化金融衍生活动。其以温室气体为标的物，并开展包括直接投融资、碳指标交易和银行贷款等一系列金融产品及服务。转型金融是指针对市场实体、经济活动和资产项目向低碳和零碳排放转型的金融支持，尤其是针对传统的碳密集和高环境影响项目、经济活动或市场主体。广义上，绿色金融包含转型金融，但是在一一对应的场合下，绿色金融是指零碳和低碳的金融，转型金融则是对应所有高碳向低碳转变、高污染向低污染转变的金融活动。

图 1 实际上是 2009 年我参加世界银行的一个论坛上投资者提出的问题所具象而来的。刚才讲的都是我原汁原味比较土的理解，当然我也对照了一下所谓学者的理解，基本上很相近。

（二）转型金融的特点及典型应用

我的问题是当兴业银行走到这步的时候，它同样面临的一个问题——现在好像不是绿色，现在是棕色的，是灰色的，如何看待这种情况？我跟兴业银行行长陶以平也探讨了这个问题。确实，由于碳的浓度太高，表现为是灰色或棕色的，所以我们才要提出转型金融，要把高碳、中碳，向低碳转移。所以这里也就提炼出了转型金融的两个特点。一是转型金融具备更广的应用范围，其支持对象既涵盖具有低碳、减碳效应的项目或活动，也包括建立了明确减碳目标和实施路径的主体。从投融资对象覆盖主体（企业）而言，转型金融可用于高碳行业，比绿色金融更灵活、范围更广。二是转型金融促进从高碳向低碳乃至脱碳转变，其具体标准需要基于行业界定，深入行业低碳转型技术应用；需要阶段性调整，进行行业、企业所处发展阶段与行业脱碳实施路径的比对，对过程的界定采取更为科学严谨的方法。转型金融与《巴黎协定》或国家碳中和目标保持一致，其支持的对象需要有明确的减排效果，与《巴黎协定》或国家碳中和目标保持一致。当然，投融资主体也可以基于自身情况，设定更有雄心的减排目标和行动计划。这就是我们对转型金融的概述，实际上就是绿色金融中所讲的如何将高碳、中碳，向低碳转移的过程。

可能大家还会问一个问题，那就是讲了这么多金融，我们从未对金融下定义。用两个词概括，一是融资活动，二是相应的组织；多几个字描述，一是市场，二是交易机制，三是主体，四是制度安排，这些构成了金融。在我们这次 G20 的会议上得以确认转型金融的必要性。目前全球不管是东西方还是中美之间，能够有共同话题的就是气候。

讲到转型金融，还要回答它都包括哪些内容？《G20 转型金融框架》为各成员发展转型金融提供了一套高级别原则（共 22 条原则），且允许各成员在制定具体政策和规范时有一定的弹性，具体包括五个支柱体系。支柱一，对转型活动和转型投资的界定标准。一类是“分类目录法”（Taxonomy - based）的界定标准，即包含具体活动清单的转型目录；另一类是“指导原则法”（Principle - based）的界定标准，即要求转型活动在原则上符合某些条件。实际上与赤道原则的分类方法是一致的。支柱二，对转型活动和转型投资的信息披露。赤道原则只是相对于项目融资而言，那么转型金融的范围就更宽了，所有从高碳、中碳向低碳转化过程中的融资行为都算转型金融的内容。因此相较于绿色金融，《G20 转型金融框架》对转型活动的融资主体（企业）在信息披露方面提出了更严格的要求。支柱三，转型金融工具。高碳、中碳向低碳转移过程中，比方说发电领域，如果就是没发电那污染了，所以大家看到了现在是大量的光能发电、核能发电；交通领域，我们现在看到电车的普及相当高，电车的技术在不断的更新，单单这个发电碳排放占 47%，下边依次是钢铁、交通、水泥等领域。在这些领域都要进行投资活动，都要进行融资活动，所以就有了转型的金融工具。显然靠商业银行贷款是远远不够的。《G20转型金融框架》提出，需要进一步丰富和完善转型金融工具箱，使之包括债务类融资工具、股权类融资工具、保险和担保等风险缓释工具以及证券化产品等其他工具。兴业银行在之前提出了“商行+投行”战略，其实就是对转型金融的一种尝试。支柱四，激励政策。《G20转型金融框架》建议各成员的决策部门设计和推动落地一批激励政策与机制，以提升转型活动的可融资性，多边金融机构也应该帮助发展中国家设计这些机制。支柱五，公正转型。《G20转型金融框架》提出，各成员的政府和金融机构应该鼓励转型金融涉及的融资主体评估转型活动可能带来的社会影响，披露这些影响，并采取措施缓解这些影响。

这里我举一个例子来说明适当的金融激励方法有助于实现转型金融。案例主体是深圳一家上市公司，是兴业银行深圳分行存量企金授信客户。公司成立于2013年，主要从事新能源电力设备研发、生产、销售及服务，专注于太阳能电力的转换、存储与管理，核心产品涵盖光伏并网逆变器、光伏储能逆变器、储能电池等。

兴业银行2021年底参与该公司Pre-IPO轮融资。在这个过程中，兴业银行先是尝试性地给了它1000万元，在这个过程中介入了企业的活动，了解了企业更多需求，也就是要技术迭代，要扩大生产，所以在1000万元之后又给了3亿元的授信，进而又推动了该公司的上市融资，在这个过程中引进了许多著名的机构投资者。今年3月31日，深圳证券交易所上市审核委员会发布公告称，该公司首次公开发行股票申请符合发行条件、上市条件和信息披露要求，是分行首个通过A股IPO的股权投资项目，估值也从当初银行投进去的1000万元变成了现在的150亿元。

在这个过程中，商业银行仅仅是通过“商行+投行”模式就获得了巨大收益。大家知道，商业银行放贷款能够放到8%就非常高了；可是作为投行，一轮两轮三轮之后的盈利在100倍以上。所以这其实就是回答了一个问题。兴业银行与招商银行相比，兴业银行零售远不如招商，但是兴业银行早年有同业之王的称号，现在有“商行+投行”联动。所以我经常跟我的同事们说，这么多年来，你们始终没有对基层做的这些探索进行很好的梳理，并用大家听得懂的话来推荐。以这个项目为例，你的利润哪怕10%，可是投行利润是500多倍。那么一个项目实际上就是多少倍的零售业务。

在转型金融中最难的，到现在为止没有解决的，其实是企业碳目标的测定。虽然转型金融讲得林林总总很多，但是碳目标测定方面，技术在不断进步，比如说电池从支持电动车跑300~600公里，到跑600~1200公里，在这个过程中，技术进步可能会快于之前设定的目标。所以只能要么用新技术取代老技术，要么就是用迭代试错的办法一步一步去摸索。

借鉴上述方法，我们认为在中国要建立科学的碳目标体系。一是情景模型选择。中国自主研发的气候变化综合评估模型虽然在全球尺度上难以覆盖所有区域，但是对国内情况具有很高的适用性。SBTi基于全球排放情景，面临诸多不确定的情况。要大力支持模型根据技术进步和市场发展进行持续的优化，以提高模型对政策的预见性和引导性。二是目标边界确定。鉴于中国目前碳数据质量整体不高，目标范围初期只覆盖CO_2，暂不包括其他种类的温室气体。排放范围暂时只涉及范围1和范围2，不包括范围3。今后可以根据碳中和碳减排的目标执行情况逐步完善相关指标。三是普适性和创新性兼备。针对小微企业，应该考虑行业和企业个体差异，利用绝对收缩法计算出线性减排速率，以此制定减排目标。对于大中型高碳企业，可以使用行业脱碳法推算出的强度值来制定目标。

（三）由“点”到“线”的升华——从“绿色金融”到“转型金融”

通过以上案例分析，我们注意到，转型金融通过支持高碳行业向低碳、零碳转型，追求长期利益和短期利益，以及长期风险与短期风险之间的平衡，而绿色金融更多着眼于长期利益和降低长期风险。所以说，从绿色金融到转型金融是由“点”到“线”的升华。

一是转型金融将可持续金融从自愿行为转向制度性行为。从“绿色金融”到“转型金融”是中国践行可持续发展中，由资源倡导转向国家制度的行为转型过程，它意味着可持续金融已经从单一的、分散的、自下而上的企业行为转向一个主体的、集中的、由国家统筹协调的转型行为。

二是转型金融可有效弥补绿色金融的制度不足。绿色金融多是在能源消费端提供资金支持，转型金融则是在工业生产端提升碳密集型行业的转型速率。

三是转型金融有助于提高企业 ESG 信息的披露率。ESG 报告中的信息有多个指标对企业的转型力度有较强的参考性，ESG 报告或将被纳入转型金融评价体系与激励机制当中。

四是转型金融将提升我国金融机构的国际品牌形象。我国当前的经济发展仍主要依靠于化石能源，各企业对转型金融有较高的需求，转型金融在当下为金融机构注入了全新的竞争力，为业务转型打下基础。

（四）科技赋能转型金融的路径思路

应对气候变化不仅需要支持新能源、电动车等“纯绿”项目，还应该支持目前还属于高碳的行业、企业和项目向低碳转型。从 2021 年开始，G20 成员逐步形成了一项共识，即需要建立一套新的投融资框架，促进高碳行业和企业设定可行与可信的减排目标及实现路径，动员和鼓励金融资本支持高碳行业和企业实施转型，从而促进实现《巴黎协定》所提出的气候目标。

这里，我们试图运用数量分析方法来从客户与产品服务、风险管理、碳排放管理、数据与系统管理，以及信息披露与报告五大维度考虑和设计这个转型的路径。

一是客户与产品服务。为服务和引导客户的绿色低碳转型，金融机构需要深入了解、识别不同产业客户在绿色低碳转型过程中面临的特色需求、针对客户画像精准匹配产品和服务，开展产品定价、风控等要素的创新。尤其是要建立符合机构业务实践的转型金融产品与服务标准与框架，基于具体绿色低碳业务场景建立客户画像、分析客户低碳转型发展的投融资需求，以及通过可持续发展挂钩业务等模式创新实现金融机构资产结构调整与客户低碳转型的一致。

二是风险管理。在气候变化与低碳转型的背景下，实体经济受到政策、科技创新、市场供求结构变化等的影响，其风险将通过金融业务传导至金融机构。因此，金融机构需要加强行业研究，识别、关注和评估重点行业的转型风险，开展情景分析与气候风险压力测试，构建基于气候环境的资产分类，建立长期、全面的气候环境风险管理体系，增强机构应对新型风险的能力。

三是碳排放管理。金融机构的碳中和包括运营和资产两大层面。其中，资产碳中和是金融机构的重点也是难点所在，需要通过持续发展转型金融分阶段实现。而践行低碳运营，既是金融机构响应国家号召、助力双碳目标的重要内容，也可以发挥金融机构的示范效应，带动和促进其所服务的广大客户的低碳转型。“没有量化就没有管理”，金融机构碳中和需要尤为重视净零目标的设定，将气候变化纳入治理和决策，明确实施路径，加强内部各部门之间以及机构与关键利益相关方的合作。

四是数据与系统管理。在转型金融的推进过程中，金融机构面临数据、系统升级和场景拓展等维度的数字化难点，需要通过数据管理和系统平台建设，助力资源高效对接、多元化渠道拓展与模式创新等。尤其是要整合内外部数据资源，提高金融机构的数据治理能力，开发或引入转型金融的相关服务平台系统，打通客户、产品、业务流程，支持机构转型金融发展在碳核算、项目认定、气候风险管理等多维度的应用。

五是信息披露与报告。金融机构转型金融信息披露不仅是为了响应监管部门的要求，也是顺应资本市场广大投资者要求的结果。良好的信息披露，不仅有助于提升金融机构低碳品牌形象，助力转型金融业务发展，在资本市场获得更多青睐，更能从气候相关财务影响分析与披露的角度，促进机构的内部治理与风险管理。在转型金融发展中，金融机构需要转变思维，加强利益相关方沟通，从战略愿景驱动的角度，积极、主动开展机构低碳投融资、产品服务创新、气候环境风险管理等多方面的信息披露，向利益相关方传达机构转型金融、低碳投融资发展的成果与效益，通过多元化的渠道，主动加强与监管部门、行业组织、投资者及客户等的交流。

在科技赋能方面，我举四个例子，可能对大家有所启发。

过去搞清洁能源、锅炉改造的事项，本质上都属于增量性质的改造，换句话说就是通过技术改造来进行节能减排。反过来还有一种革命性的改造。比如说下面一个例子，就是深圳达实股份做的工作。它用清洁能源取代了传统煤炭能源，也就是从根本上进行了可持续发展改造。这家公司自1995年成立以来，一直从事于物联网技术研发及应用推广，致力于成为全球领先的智慧空间服务商，基于自主研发的AIoT智能物联网管控平台，聚合模块化的空间场景应用，为用户提供全生命周期的智慧服务。2022年12月12日，2022碳达峰碳中和论坛上，深圳市排放权交易所为达实智能大厦正式颁发了碳中和证书，达实大厦成为深圳市第一个实现碳中和的绿色建筑。可以说，达实智能的碳中和之路分为三个进阶阶段。

一是达实大厦的碳中和阶段。达实智能大厦是达实智能自主投建的总部办公大楼，是国内首座“双标准、三认证”的超高层智慧绿色大厦。可以想到，一栋大楼想要实现碳中和，先要考虑如何节能。在大厦内，达实公司充分发挥了自身物联网技术的革新优势，创新地运用物联网技术与楼内设施设备联动方式，减少大厦能耗。其一，达实大厦采用物联网 + 围护结构节能方式，通过物联网智能设备进行智能化室温调节的辅助，能降低阳光辐射和空气对流带来的能源消耗，从而实现整个楼宇的节能减排。其二，达实大厦运用物联网 + 管理节能创新方法，在达实 AIoT 智能物联网管控平台上，集中管控大厦内部 2 万 + 设备，实现设备运行可视化、能源管理精细化。其三，为了履行社会责任，达实智能通过在深圳排放权交易所购买自愿减排量（CCER）的方式，对去年的建筑排放进行抵消，实现了大厦 2021 年度碳中和。

二是可持续碳中和阶段。一方面，达实公司在自身节能减排的同时也积极引入了新能源，并继续购买碳汇以实现未来碳中和。另一方面，达实公司积极推动技术革新，希望通过节能减排服务生产可核证的减排量。

三是助力全社会可持续碳中和阶段。大家知道，目前我国建筑能耗较高，约占全社会总能耗的 37%，其中建筑运行能耗占 23%。在夏热冬暖地区的典型公共建筑中，空调总能耗占比为 50% 左右；其中制冷能耗在空调总能耗的占比为 80% 左右。那么全面应用节能技术提升建筑能效，对“双碳”战略的贡献有多大呢？其中一个典型的数据体现，通过新型技术革新改造后，中央空调系统累计可减少 CO_2 排放 147. 15 万吨。达实公司能通过节能技术服务于全国各地。在深圳市民中心，达实智能进行中央空调节能控制及水蓄冷改造，并提供 10 年运营维护，截至 2022 年 6 月已累计节约电量 2247 万千瓦 · 时，折合节约标准煤 8988 吨，减少 CO_2 排放 22403 吨。这也是深圳首个市级公共机构合同能源管理项目，以 22 万平方米带动深圳 1400 万平方米公共机构节能改造。这些年，达实已经广泛服务到新能源园区、公共建筑、数据中心、轨道交通、银行等不同领域，帮助越来越多用户实现节能降碳。在未来，达实智能也会充分发挥自己作为智能物联网领军企业的优势，凭借深耕建筑节能领域多年的经验，让节能降碳技术创新惠及更多地方，助力我国“双碳”目标的最终实现。总的来说，达实物联网整体解决方案更关注“人的需求”，关注人、建筑、环境的和谐和互动，更好地感知环境、感知人，能为满足不同人的需要更好的自我调节、自我思考及自我决策，智慧的建筑所运用的技术是能够自我学习、不断迭代发展的。

第二个案例是兴业银行深圳分行光伏贷。兴业银行为意向购买光伏发电设备的农户提供金融支持，有效地链接农户与银行、光伏企业，形成了一个“多方共赢”的全链条服务模式。其中，兴业银行为农户提供贷款，用于支付设备款项；光伏企业销售设备、提供技术支持实现农户并网发电；农户卖电收入用于还贷并获得剩余收益，极大地激活了光伏发电设备安装需求，可谓绿了山川，又富了村民。在这一过程中，该模式一是采用全线上操作流程，无须农户跑银行网点，延伸服务半径，触达农村市场；二是门槛低，农户申请，无须担保抵押；三是期限长，贷款期限最长 15 年，确保农户还款无压力；四是收益相对较高，光伏发电收益扣除贷款还款金额后，比农户出租屋顶合作共建电站模式获得的收益高，基本上，每家农户每年可获得平均 3 万元的纯收益。这是最典型的绿色金融践行案例，也就是真正用设备发电的未来收益权用作现在商业银行贷款服务的抵质押物，从而践行清洁能源和可持续发展。

第三个案例主体发生在我现在所在公司，也就是前面提到的浙江数秦科技公司。数秦科技公司是一个只有 300 人队伍的初创准独角兽企业，它目前样板性的项目是浙江省金融综合服务平台。这个平台于 2019 年 11 月 13 日上线，当初只是为了解决新冠疫情之下的无接触金融需求，但是实际的运作效果远远好于人们的预期。那它是怎样运作的呢？

一是通过充分共享信息，破解“不敢贷”。过去因信息不对称，金融机构存在不敢服务、不愿服务现象。目前，平台已打通了 58 个政府部门的公

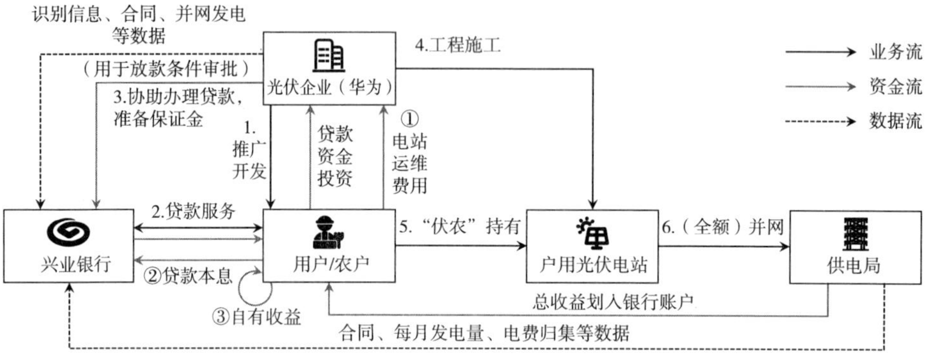

图 2　数秦公司平台动作示意

共数据，建成全国首个专供金融行业使用的“金融专题库”，并授权给浙江银保监局面向金融机构使用。银保监局经过招投标确定数秦科技作为系统的开发商、运维方。金融机构既可以无感调用数据，也可以自定义算法模型批量开展业务，金融服务精准度和覆盖面得到显著提升。上线 4 年，平台已累计支持交易超过 7 万亿元。

二是通过再造信贷流程，破解“不愿贷”。过去，金融服务大量依靠人工，费时费力。浙江银保监局协同省发改委、大数据局等 10 多个部门，打通系统壁垒，共建场景体系（已建 22 个），利用区块链解决了资产的威信问题，帮助银行根据平台数据来对企业确权放款，实现金融服务全流程线上闭环，金融服务时效性和便捷性得到显著改善。例如，协同省自然资源厅共建的不动产抵押网络化场景，支持线上异地办理，在全国率先实现省内全覆盖，办理时长从原来的 5 ~ 8 天大幅缩短到 4 小时之内。

三是通过独立运营模式，破解“不能贷”。过去，金融机构风险防控数据主要源于内部积累，存在较大局限性。现在，依托独立第三方建设和运营浙江省金融综合服务平台，推动构建综合共享的风险监测预警体系，实现企业风险智能监测和动态感知全共享模式。截至 2022 年 8 月底，累计预警20余万次，有效压降风险贷款近30亿元、挽回资金损失超过7亿元，金融风险防控有效性明显增强。

那么金综平台对于商业银行可持续发展的意义是什么呢？比如，以往银行需要到各个部门的网站上分头查询企业信息，甚至需要从商业渠道采购大量数据，且信贷员下基层需要耗费大量的人力、物力、财力。但是现在只需要在内部系统就能一键免费获取信贷业务所需70%的企业信息，大大减少了时间、人力和资金成本。金综平台实际上实现了企业从多次跑、多窗口办理到“最多跑一次”“一站式办理”。金融服务的效能得到了大大提升，并且可以持续通过平台数据化优势，提高获取“长尾客户”的能力，打通普惠金融的最后一公里。

第四个案例，我想讲一下兴业银行的“银银平台”。大家都知道前几年到处都是村镇银行。银保监会要求各商业银行都要设立一批村镇银行。这个任务也分配到兴业银行头上了，可是兴业银行一家村镇银行都没有。银保监会领导就找到了兴业银行时任董事长高建平及行长李仁杰，希望兴业银行能设立几家村镇银行，做个榜样。他们对银保监会领导说，“领导，其实我们意识到了普惠金融和村镇银行的重要性，我们也希望用自己的方法来落实这件事情。”

这就是通过银银平台，从输出技术入手，帮助银行进行制度建设，并推广银行产品及服务，最终达到在实战中培养人才的效果。现在看起来，“银银平台”是成功的，主要从以下三个方面来看。

一是业务能力整合。“银银平台”的业务领域在多年发展中，逐步拓展为涵盖财富管理、科技输出、融资服务、代理国际结算、资本及资产负债结构优化、资金运用、培训交流等多个板块，功能也在逐步增加。去年银银平台被升格为兴业银行同业与金融市场条线的统一品牌，其面向同业客户，致力于提供投融资、财富管理、资产交易、资产托管、科技输出等综合服务，旨在打造各类金融机构优势互补、开放共赢的同业生态圈。各家金融机构可以通过“银银平台”进行投资交易、联合营销、彼此服务，还能入驻开店、发布产品、组织活动、吸引客流，一站式满足各类需求。目前合作机构超过 5100 家，其中中资银行类合作机构 2989 家，外资银行 1172 家，非银类机构 960 家；主要产品服务包括支付结算（结算规模超过 9 万亿元）、机构资产管理（平台资管产品保有量超过 2500 亿元）、中小银行财富管理服务（代销理财产品超过 1300 亿元）、科技输出（合作机构 300 家）、数字人民币（合作机构 90 家）。

二是数字技术赋能。除了整合业务能力，数字技术力量的加持也是“银银平台”十八年来的重要积淀之一。以“银银平台”针对基金公司的 FOF 产品提供一系列配套服务为例，在进行产品筛选时，通过微服务灵活组装流程，为基金经理提供一站式多产品选择；在开展投资时，基金公司通过 Open API 开放接口，将投资管理系统直接对接“银银平台”，可全方位满足投资、托管、投研等各类需求，并利用 RPA 数字员工进行交易实时监测、自动发送对账单等；在产品销售时，数据中台能够生成精准的客户画像，作为基金公司制定营销策略、开展个性化产品推送的依据。

三是技术能力共享。兴业银行还将科技能力与合作银行共享，不仅提供整体的银行科技服务解决方案，如科技战略规划咨询、核心系统建设与运维服务等，也提供丰富的单品服务和基础设施服务，如 RPA 流程机器人、绿色金融系统、智能反欺诈平台、灾难备份等。自从 2006 年首家科技输出合作行上线以来，已经有 200 多家商业银行和非银机构使用兴业银行的核心系统服务及其他数字化服务，帮助中小金融机构大幅节约科技投入、提升科技治理水平、降低信息科技风险，还有效提高合作机构综合业务能力、客户服务能力、风险管理能力，实现在数字化转型的道路上跟得上、不掉队。

这也是兴业银行的投资故事。我印象中是 2019 年 8 月 31 日，也在深圳，我跟银保监会党校同志们在讲公司治理，他们说你有没有抵制过来自上方的不正确的要求？我说，“有。当他们要我们做村镇银行的时候，我们明确提出通过建立银银平台，解决普惠金融问题，并已经获得了成功。”在座的都是各地的银保监局局长以及重要部门主任领导，他们都一致评价兴业银行此举非常睿智，现在他们做这个事情就有一种在陷入泥塘的感觉，前进困难，摘出来更困难。其实“金综平台”和“银银平台”这两个案例都是用现代化的数字技术来实现纵向专业服务和横向市场服务。

四、 把握商业银行特点， 准确应用和评价 ESG

（一） 商业银行 ESG 的特点——兼具利益相关者的博弈

先来讲一下 ESG（Environment、Social and Governance）。“E”指的是环境，我们刚才从绿色金融讲到了转型金融，说的其实都是环境的事情。“S”指的是社会，原意是指社会责任、劳工就业、妇女权益等。“G”指的是公司治理。这实际上是联合国在可持续发展大目标下所提的内容，而且这几年对 ESG 越来越重视，从提倡自愿披露到渐渐成为强制披露，都是 ESG 报告内容。在做 ESG 过程中，现在林林总总大概提出 300 个指标，适用于各行各业，当然也有对银行业的要求，这也是我的领导给我提的问题，说，“唐总，你是这方面的专家，你觉得我们要如何做?”后来我跟他们说，“我认为，银行要做 ESG，但是银行不同于一般的企业，不能简单照搬照抄。”

我们来看一下商业银行的组织架构（图 3）。其中，上边是监管机构，左边是债权人，右边是中介机构，下边是存款人及客户，还有股东。他们之间是相互制约的。首先，基于对公众负责，监管部门明确要求银行股东承担持续出资义务，这对股东而言压力很大，特别是中小银行的股东本身也有经营资金压力，在投资商业银行后不仅要持续出资，还不能得到信贷便利，分红回报也有限，说起来基本上是在作贡献。这时候，我们既要引导他们站在社会公众的角度考虑自己的责任，也要通过资本结构设计帮助这些股东缓解出资压力，也就是要合理确定核心一级资本的比重，辅以适当比重的其他一级资本和二级资本（以前叫附属资本）工具作为补充，这些工具一般都体现为债。在此背景下，以前债权人主要考虑银行资本充足，现在如果要认购带有资本属性的债券，就需要追加考虑银行的主体信用评级、投资故事等，也就相应需要借助保荐人、会计师、律师、评级等中介机构，由中介机构进行债券评信、评级、审计、募集，同时对客户的信息负有保密责任。通过资本工具的合理搭配，能够帮助银行资本充足率达标，进而为存款人和客户负责。

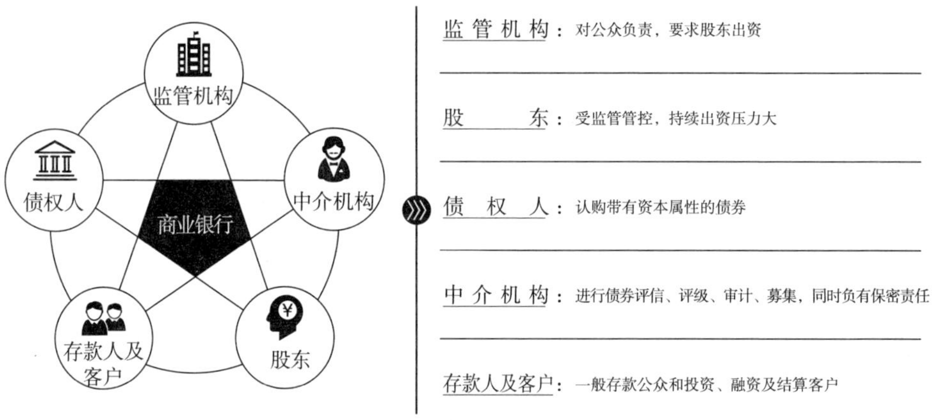

图3　商业银行组织架构

（二）理解商业银行特点，准确评价 ESG 表现

根据上面提到的，商业银行具备三种特性。一是中介性。商业银行是通过向社会公众和企业提供信用和金融服务的，客观上它具有连接面广、服务类型多样的特点，在 ESG 评价中，不仅要考虑它自身的努力和成效，

更要看它所服务的企业在ESG方面的作为和成效。二是公众性。决定商业银行必须以公众长期的利益为导向，要把金融服务和信贷重点放在有利于改进和提高整个社会ESG的水平上，放在实现碳减排碳中和目标上。三是安全性、流动性和营利性“三性”统一。商业银行要坚持安全性、流动性和营利性“三性”的和谐统一，就要求以“寓义于利”方式通过提供产品和服务来实现自己环境保护、社会责任和治理的主张。

因此大家都觉得困惑，怎么我给银行存钱的利息只有2厘、3厘，最多到4厘，可是银行放款5厘、6厘、7厘、8厘？如果是小贷，如果是消费金融应该要在15~20厘。为什么有这么大差异？原因在于风险控制。

巴塞尔协议从巴Ⅰ到巴Ⅲ的演变丰富了许多内容，但归根结底，无非一方面是强调银行资本的吸收损失和抵补风险能力，要求增大“分子”，提高“分子”的质量，还把很多以前可能列入资本的工具都剔除出去，另一方面是要求延展“分母”风险加权资产的计算范围，把原来很多不考虑的风险加权资产都涵盖进来。也就是说，现在的最低资本充足率要求虽然还是8%，但在实际内涵和标准上比过去更加严格了。所以我们需要优化资本结构，缓解单纯依靠股东出资的困境，比如通过发行资本性债券，改善资本结构，使商业银行更好地服务存款人和客户。而要实现这个目的，发债也好、上市也好，都需要评级机构、审计师、律师、投行等第三方中介机构。

银行有很多类型，比如以零售为主的，以同业为主的，以公司业务为主的，以贸易融资为主的，等等。每个类型的银行表现为它负债和资产结构都不同。在这种情况下，要做到“三性”统一，实际上需要很大的考验，一是持续的资本补充，要让股东掏钱出来；二是不断完善的风险基本分类与权重调整，不断强化银行的损失吸收能力；三是要因地制宜，总结自己的商业逻辑和投资故事。

（三）硅谷银行爆雷事件的启示

大家都知道 3 月 10 日美国的硅谷银行宣布倒闭。硅谷银行一直是 ESG 的模范生，它的倒闭已有很多分析，我不重复。但至少有一点可以强调，也就是说 ESG 评估的技术指标难以覆盖银行的全部内容。在此次暴雷实践中，相当程度上还是受到美国联邦政府监管政策和货币政策的影响所致。

我讲这个例子是就 ESG 来评价，当然有积极的方面，它是从点到线的一个补充，但是它有很大的局限性。所以我们从事金融工作时，一定要把这些辩证关系把握好。

（本文根据作者 2023 年 4 月 24 日在北京大学汇丰商学院“北大汇丰金融前沿讲堂”的演讲整理，经作者审阅。）

构建净零碳排放的主权债券投资

国际清算银行高级经济顾问

程　功

今天，气候变化已成为重要的政策要素。为避免气候变化的最严重影响，保护宜居的地球，需要将全球气温上升限制在不超过工业化前水平1.5℃的范围内。这也是2015年《巴黎协定》设定的净零碳排放的长期目标。

所谓净零碳排放，并非是把碳排放降到零，因为人类活动总会产生温室气体，而是把人类活动产生的温室气体排放量降到最小，然后通过森林再造、海洋循环等方式把多余的二氧化碳吸收掉。

要在2025年达到这一目标，这就要求新增碳排放被控制在全球碳预算以内（约为3000亿公吨二氧化碳当量）；以2022年全球碳排放总量计算，需要在2030年前减排45%，以便在2050年实现净零。总体上年化减排5%~7%，减排越晚开始，年化减排力度就越大。

为达到净零目标，不同国家，不同行业提出了各种设计。其中金融机构可以通过奖惩机制促进净零转型：一方面，投资人为转型提供必要的资金；另一方面，投资人基于净零目标对投资组合进行调整，直接影响被投资人的债券发行量和成本。

在净零资产组合调整过程中，很大部分涉及的是私营领域的资产，例如标普（S&P）、明晟（MSCI）、彭博（Bloomberg）等机构就已经推出了净零碳排放投资指数，包括格拉斯哥净零金融联盟（GFANZ）也在2021年时提出了一系列私营领域的倡议，为企业债、股票等私营领域的资产投资提出了净零解决方案。

但如何设计主权债券的净零投资方案仍需集思广益。

较之私营债券投资，对主权国家碳排放的计算以及对主权债券净零设计更为复杂，技术要求更高。与此同时，主权债券体量巨大，机构投资人以及中央银行均持有大量主权债券。在未来，市场对安全可靠并能满足“碳达标”的主权债券产品的需求一定会越来越大。

机构投资人是否可以在保持主权资产组合的投资回报率不变的情况下减少投资组合的碳排放，以达到中长期的净零目标？在工作论文《建立减少碳足迹的主权证券投资组合》（*Building portfolios of sovereign securities with decreasing carbon footprints*）中，我们研究给出了一种主权债券投资减排脱碳的策略，即“净零策略”：设定一个年度减排目标，即以每年 5% ~10% 的速度减少碳排放强度；10 年间可以减少投资组合的碳强度接近 40% ~60%，减少温室气体排放接近 50% ~90%；与此同时，净零投资组合与参考基准组合的收益基本持平；净零策略可通过调整投资组合中的国别权重来实现。

具体思考如下。

一、 设计主权债券的净零投资方案

在我们的构想中，净零主权债券投资策略将从碳（环境）和金融两个维度进行动态优化调整。

碳维度需设定一个降低碳排放强度的年度目标，这需要计算一国的碳排放强度，通常是以每单位国内生产总值计算一国生产的碳强度，或者以单位人口计算的人均消费的碳强度。

金融维度要求调整后的净零投资组合的收益尽量与基准组合持平，这需要比较两种组合之间的收益差别，文献中经常用到的方式是追踪误差最小化（尽量减小净零组合的收益率与它追踪的参考基准组合的收益率之间差异的标准差）和主动投资比率最小化（尽量减少净零组合中主权投资持仓比例与参考基准组合之间的差距）。

另外，这一策略还可以在优化程序中引入额外的约束条件，例如保持投资组合的整体信用等级不变，并通过设置上限和下限来避免国家权重的激烈变化。

为了实施这一投资策略，首先需要选取一个基准主权债券投资组合作为参考。投资机构和资产管理公司一般都提供主权债券投资指数（摩根大通，Bloomberg，MSCI，S&P）。我们使用了摩根大通政府债券指数（JPM Government Bond Index 和 JPM Emerging Markets Indices）。这一指数包括 13 个发达国家和 21 个新兴市场国家，并提供详细的投资组合中的国别权重。在 2015 年至 2022 年期间，发达国家和新兴市场国家在基准投资组合中的总权重分别为 90.6% 和 9.4%。所有经济体的主权债券均以本币计价，然后换算成美元。

其次需要利用主权国家碳排放的数据来计算主权碳排放强度。计算减排目标以及调整投资组合中的不同国家的权重，需要有翔实的碳排放国别数据。学术界仍面临重复计算，分类不细，国家范围不广等数据问题。我们选择使用 Trucost 主权环境数据库（Trucost Sovereign Environmental Database）提供的碳排放数据。

碳排放强度有两种计算方式：以单位人口计算的人均消费活动的碳强度或者以每单位国内生产总值计算一国生产活动的碳强度，我们的分析更倾向于使用基于居民消费的碳排放强度指标。这一指标不仅包括一国在生产最终消费品和服务的活动中产生的碳排放，也包括进口商品和服务中产生的碳排放。这种计算方法可以在一定程度上避免“碳逃逸”的现象，即随着一国经济的发展，高污染的企业被转移到欠发达的国家和地区，其生产出来的商品和服务再通过进口的方式进入该国的最终消费。

以生产和消费两种方式计算一国碳排放强度结果不同。考虑到发达国家的经济发展水平，它们以人均消费计算的碳强度水平远高于新兴市场国家。2015—2020 年，发达国家以人均消费计算的碳强度有显著降低，新兴市场国家的表现则参差不齐，碳排放强度的平均水平并无显著变化。若基于国内生产总值计算，新兴市场国家的平均碳强度则远高于发达国家。

为使净零组合与参考组合的收益持平，我们考虑了两种动态优化方法：主动投资比率（active share）最小化，即尽量减少净零组合中主权债券持仓比例与参考基准组合之间的差距；追踪误差（tracking error volatility）最小化，即尽量减小净零组合的收益率与它追踪的参考基准组合的收益率之间差异的标准差。

值得注意的是，我们这项研究并不专门强调主权绿色债券，而是意指所有的主权债券。主要原因是绿债占整体债券融资的份额很少，且世界上最大和第二大经济体都没有发行主权绿债。研究结果也显示，绿债本身对减排的贡献暂时难以量化，现行规范并不要求绿债发行人在发行绿债后公布环境影响报告。

二、 测算净零策略的减排效果和金融收益

我们对设计的净零主权债券投资策略进行了定量分析，判断其从碳维度上可以达到怎样的效果，从金融维度上是否值得投资人进行尝试。

首先是碳维度。图 1 显示参考基准组合和净零组合碳排放强度的变化。

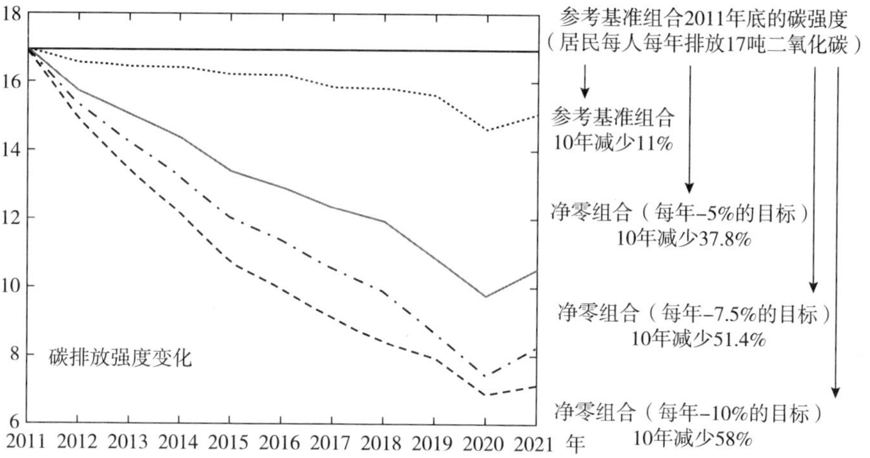

图 1　无限制条件下，净零组合与参考基准的碳排放强度变化对比

其次是金融维度。从投资回报的角度看，通过动态优化程序，2012—2022 年 10 年内净零组合的平均年化收益率（3.66% ~4.58%）略高于参考基准收益率（3.27%），但是净零组合收益率的波动性更大，年化追踪误差可达 1% 以上。净零组合的年化国别投资周转率，即投资组合中买卖一国国债的频率，也可以控制在 10% 以下。这些财务指标表明，净零组合的财务表现和参考基准的差别并不是特别大，而且减排的金融成本是可控的，成本主要反映在收益率的波动性上。

为了实现每年减少 10% 碳强度的目标，净零投资方案会导致国别权重向减排力度最大的经济体倾斜。例如，美国的权重将从基准参考组合中的 35.97% 减少到净零组合中的 6.43%，而西班牙的权重将从基准参考组合中的 3.57% 增加到净零组合中的 43.44%，北欧国家（如丹麦和挪威）的权重相应大幅增加。在新兴市场经济体中，主权债券投资将从中国政府债券转向智利、罗马尼亚和菲律宾等国的主权证券。一些国家的主权债券甚至会被剔除出投资组合。

这从操作层面来看会构成一定的挑战。一方面，可供投资的优质主权债券范围小，无法把某些债券（如美国国债）完全剔除出投资组合。减排力度大的国家是相对较小的经济体（如西班牙、秘鲁等），可能无法满足市场对其主权债的需求的迅猛增涨。另一方面，主权债务投资人（如央行和机构投资人）会特别关注债券以何种货币计价，符合净零要求的美元债券是稀缺资源。

国别权重的剧烈变化还会带来宏观层面的阻力。虽然投资人减持某些国家的主权债券，可以正向激励该国加大减排力度，但也会增加该国的融资成本，影响公共债务的可持续性。国别权重的变化也会带来不同货币间汇率的大幅波动。

基于这些考量，我们的解决方案是加设限制条件，约束国别权重的变化。这包括：控制投资组合的整体信用评级；把国别权重的变化控制在0.5～1.5倍，即在一个时间点上对一经济体主权债的减持和增持不超过50%。

我们仍从碳维度和金融维度来分析有限制条件下的净零组合表现。图2展示了有限制条件下的净零组合的碳排放强度变化。研究发现，在有额外条件约束的情况下，以每年减少5%～10%的速度可在10年内减少投资组合的碳强度近30%。这一目标低于无限制条件的净零投资方案的减排成果（10年间减少38%～58%），但仍远高于参考基准组合（11%）。较高的年度目标（7.5%～10%）可以在短期内（2～3年内）加快投资组合减排，但在有额外条件约束的情况下，很难长期保持较高的减排速度。从金融维度来看，净零组合的收益率和夏普指数仍高于基准组合，收益率的波动性比无约束条件的情况更低，减排的成本也相应减少了。

总的来看，加入限制条件之后，国别权重调整向中等减排力度的大型经济体转移。例如，德国、日本、英国都受益于这种有约束限制的优化方案，其权重均有所提升。而美国的权重也从无约束条件下的6.43%（-10%目标）提升到了18.57%（-10%目标）。

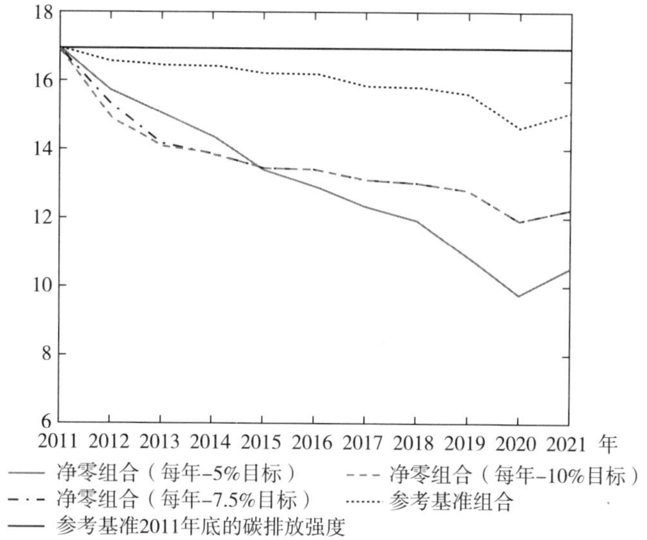

图 2 有限制条件下，净零组合与参考基准的碳排放强度变化对比

三、 净零碳排放主权债券投资的未来

综上所述，我们提出了一项战略，建立一个净零主权证券投资组合，以实现逐步减少的碳足迹。被动投资者可以将其用作符合《巴黎气候协定》的新基准，同时使投资组合的财务特征尽可能接近一切参考基准。在这一过程中，投资人可以根据自身需要设定一个年度减排目标：如果以每年降低碳排放强度 5% ~10% 的速度，10 年内净零方案可以减少投资组合的碳强度接近 40% ~60%，减少温室气体排放接近 50% ~90%。净零组合与参考基准组合的收益持平，尽管净零组合的收益波动相对更大一些。

我们的研究表明，通过选择适当的净零投资策略，机构投资人既有动力也有能力为主权债务的脱碳作出重大贡献。一方面，碳排放强度高的国家，无论其未偿债务水平如何，都面临着更大的向低碳经济过渡的转型风险，继续充分利用市场机制加快转型步伐。另一方面，投资者的投资组合调整可能会进一步激励主权发行人采取必要的行动来减少其管辖范围内的经济活动的碳排放。

我们研究的贡献在于：研究了政府层面碳披露和碳强度的计算；关注了环境风险对主权债务的影响，以及主权债务资产组合如何适应调整。而为了使主权债券投资组合进一步符合《巴黎气候协定》的减排要求，仍需进一步探讨两个技术性问题。

第一，进一步考虑投资人投资结构的变化对债务发行人的融资成本的影响：在目前的研究工作中，假设投资者是价格接受者。但事实上，如果投资人大量采用净零投资方案，可能会带来主权发行人的融资成本以及汇率的大幅度变化。

第二，进一步考虑减排力度与减排承诺之间的关系：目前的分析是基于各国在过去实现的碳减排，而忽略了各国前瞻性的减排承诺。这种选择的好处是将投资策略建立在可观察的数据上，但忽视了节能减排可能需要数年才能达到设定的目标，从而变相增加了那些正在努力减排但其效果只能在中长期内实现的主权发行人的融资成本。然而，应该强调的是，这种惩罚机制只是暂时的。雄心勃勃的国家政策有望带来切实的碳减排成果，这将转化为净零策略中更高的国家权重。

（本文根据作者2023年3月2日在北京大学汇丰商学院“北大汇丰金融前沿讲堂”的演讲整理，经作者审阅。）

助力乡村振兴：金融等关键抓手

北京大学中国农业政策研究中心主任
北京大学现代农学院博雅特聘教授
王金霞

今天，我主要围绕以下三个方面进行探讨：第一，为什么要实施乡村振兴战略？第二，什么是乡村振兴战略？第三，如何推进乡村振兴战略？哪些是关键抓手？

现在全国都在实施乡村振兴战略。接下来，我们进一步解析为什么要实施乡村振兴战略。

一、 推动实施乡村振兴战略的原因

中国人口众多，资源禀赋匮乏。尽管我们的人口在世界上占比接近20%，但是人均耕地面积、总耕地面积以及水资源占比都低于10%，耕地面积仅相当于世界平均水平的8.6%，水资源更低于7%。这意味着我们要用世界上非常少的耕地和水资源来养活非常大一部分人口的吃饭问题。所以可想而知，压力非常大。

虽然资源禀赋有限，改革开放40多年来，我们国家的农业发展成就斐然。从1978年到2020年，我们国家农业总产值、粮食以及主要农产品产量的年均增长率，均高于人口0.9%的年均增长率。尽管粮食的年均增长率较低，但也高于人口年均增长率。因此，我们国家农业发展成就斐然，举世瞩目。尤其值得称赞的是，我们国家的粮食产量稳步迈上了6.5亿吨的台阶，实现了口粮绝对安全、谷物基本保障的目标。

在过去的40多年中，我们国家的粮食产量以及粮食单产的增长形势喜人。自2004年以来，粮食产量已经实现了18年连续增长，这是非常值得骄傲的成就。也就是说，我们国家的粮食产量从1978年的3.05亿吨增加到2021年的6.8亿吨，增长了1.24倍。在此期间，粮食播种面积下降了2.5%，但是粮食单产是进步的。在保障粮食产量的过程中，单产的增长对粮食的贡献是非常显著的。

当前的增长主要与农村的集体经济制度改革，以及科技进步、投资及市场化政策等都有很大关系。我们实现了小麦、玉米、水稻等口粮的绝对安全，谷物治理率达到95%以上。在人多地少、水资源匮乏的情况下，我们实现了这么高的产量增长目标，这是非常值得称道的。

与此同时，随着粮食产量的增长，农民收入大幅提升。乡村人均可支配收入从1978年的800多元，一直增长到现在的15000多元，增长了18倍多。这也是非常重要的一个成就。

农民收入增长的主要来源是什么呢？主要得益于非农收入的增长。在过去几十年里，尽管粮食产量在增长，但在农民总收入中，农业收入所占的比例是逐年下降的。1980年，农民有80%的收入来自农业生产。但是现在，这个比例已经降低到接近20%。2008年，农业收入是主体收入的80%，到现在，将近80%来自非农收入，这也是农村改革开放一个非常重要的成绩。

自2015年以来，整个世界提出了一个非常重大的宏伟目标，就是17个可持续发展大目标的规划，其中第一个就是消除贫困。从上述的农民收入增长可以看出，中国在消除贫困方面的成就也非常巨大。与其他国家相比，我们国家是最早实现联合国2030年消除贫困目标的唯一一个国家。因为在2030年可持续发展目标的17个大目标中，第一个就是消除贫困，而我们在2020年就实现了消除绝对贫困的目标。从1978年到2018年，我国农村的贫困发生率从高于90%（即农村人基本处于贫困线以下），一直到现在都下降得非常迅速。所以到了2020年，我们已经摆脱了绝对的贫困，这是个非常了不起的成就。

以上都是关于我国改革开放以来，在人多地少水少的情况下取得的非常大的成就。这些成就是否具有可持续性？我国的未来如何？原来的发展路径是否可以持续下去？答案是否定的。因为很多原本具备的条件，可能未来就不复存在了。未来，我们的可持续发展其实面临着来自以下五个方面的非常重大的挑战。

（一）资源刚性约束、生态环境退化

尽管我们已经取得了非常大的成就，我们国家的粮食安全本身也面临着重重压力。农业综合生产能力也在下降。未来还有一个很大的问题，就是谁来种地，谁会待在乡村，以及尽管农民征收取得很大成就，但收入差距很大。

我们的粮食生产首先离不开耕地，没有耕地就没办法进行粮食生产。从整个全球来看，随着人口的增长，全球的人均耕地面积都在下降，而且分布非常不均。东亚地区在全球来说，人均耕地面积非常低，中国在东亚地区中尤其低。以下是根据我们国家国土三次调查的数据得出来的人均耕地面积。根据医药研究生1997年的调查数据，我们国家人均耕地面积仅为1.59亩。在二调的时候已经降低到1.52亩。到三调，人均耕地面积继续下降到1.36亩。相比于世界人均耕地面积，我们属于非常低的水平。

不仅是人均耕地面积减少，总的耕地面积也在净减少。当然，这是城

市化、工业化和非农化导致的很多问题。1996—2005 年，我们国家的耕地面积总量减少了 600 万亩。1996—2008 年，减少了 1000 万亩。最新的数据统计发现，从 2009 年到 2019 年，我们缩减了 1100 多万亩，也就是耕地减少的速度也在加快。国土三调的数据显示，我们 2019 年的建设用地占了 6 亿多亩，比 2009 年还增加了 1.8 亿亩，说明侵占耕地的增幅比例是非常大的。但中国的人均耕地面积持续呈减少趋势，因此，耕地数量面临非常大的压力。这就对粮食安全提出了非常大的挑战。

我国的耕地后备资源严重不足，部分耕地还需退出。根据最新的统计，我们国家有 8000 多万亩后备耕地资源。但是，其中近 60% 的耕地受水资源限制，短期内不适宜开发利用。例如很多地区的土地没有水，没办法进行农业生产。另外，现存 25 度以上的坡耕地，以及分布河道、湖区高水位线以下的耕地还有 8000 多万亩，需要逐步退出。也就是说，未来依靠开发后备资源来保障粮食安全的潜力不是很大。

不仅耕地数量非常有限，我们的耕地质量也非常低。我国的耕地分为 10 个等级，我们整个耕地的平均质量处于 4.67 等，也就是说 2/3 的耕地属于中低产田。

此外，因为受季风气候的影响，我们国家的农业生产还有一个很大的特点，就是农业生产高度依赖灌溉。我们国家 70% 多的粮食，80% 多的棉花以及 90% 多的蔬菜都来自灌溉耕地。灌溉耕地面积有多大呢？新中国成立初期，我国灌溉耕地面积比例仅占 16%。之后大兴水利设施，到改革开放初期，灌溉耕地面积比例已经接近一半，一直到现在这个比例都是基本稳定的。也就是说，我们国家一半的耕地要靠灌溉，而且这一半的耕地生产了大部分的粮食和经济作物。这就是灌溉地的重要性。因为灌溉的抗风险能力比较强，而且单产高。所以大部分粮食和经济作物都来自灌溉地。

问题是水资源的情况如何？我们国家人均水资源量是 2200 多立方米，

相当于世界平均水平的37%。水资源量是非常匮乏的，北方地区更加严重。华北地区的人均水资源量少于300立方米，仅为世界平均水平的5%。尽管我们认为南方水资源比较多，但南方人均水资源量也是低于世界平均水平的。没有足够的水资源，就无法保障粮食生产和农业发展。

还有一个问题，不可能把所有的水资源都用在农业生产部门。新中国成立初期，我们国家水资源总量的79%都用于农业生产。在有限的水资源情况下，尤其是改革开放以来，工业不断发展，城市在扩张，人们的生活水平在提高，所以越来越多的水资源需要分配到非农部分。1978年，农业用水所占的比例已经降低到88%，11%的水用在工业部门。2021年的最新数据显示，农业部门所占的水资源量已经降低到62%，工业占18%，还有15%的生活用水，其余的5%是生态用水。所以，我们的水不仅不够用，各部门间的用水竞争也非常激烈。也就意味着农业生产面临着非常大的用水压力。

我们水资源面临的更大问题是水土资源严重不匹配。

黄淮海地区的水资源量仅仅是全国的3%，但是它的耕地面积占17%，东北地区也同样存在耕地多水少的问题。但是在南方的一些地区，除去青藏比较特殊以外，华南、长江中下游、西南都是水多耕地少，也就是水土资源严重不匹配。在这种情况下，很理想的一种生产模式就是水多的地方生产的粮食相对多一些。在改革开放以前，我们国家是南粮北运的生产格局，也就是北方人吃的是南方人生产的粮食。但是随着改革开放的不断推进，我们的南粮北运已经转为了北粮南运。从改革开放初期一直到现在，水稻、小麦、玉米的集中度的变化，都是不断向北方发展。但是，北方的水资源非常缺乏，尽管它有耕地，但是水不够用。这种情况下导致水土资源的不匹配进一步加剧。尤其是随着生产力布局的转变，淮河以北的用水发展面临着非常严重的危险。改革开放初期，黄淮海地区是7种农产品的主要生产区。到了现在，已经变成了11种农产品。尽管这个地区有耕地，但是非常缺水，而我们原来的发展是不考虑水资源约束的，所以好多农产品不断向这里集中。除了黄淮海以外，东北地区也成为重要粮食产区。我们都知道，东北的土壤好，东北的大米非常好吃，所以东北的水稻使用了非常多的水资源。如果我们不考虑水资源约束的农业布局，它必然会威胁着这些地区的未来农业可持续发展。尽管我们过去 40 年取得了非常巨大的成就，但是这个成就有可能是不可持续的。如果我们的资源还是这么多，生产模式不改变，那这些地区的可持续发展绝对是一个非常大的问题，也意味着会挑战我们国家的人身安全。

对于北方来说，水资源的总量很低，又有这么多的农业生产活动。北方之所以能支撑现在 11 个主要农产品的生产，很大程度上是依赖地下水，地下水是主要的灌溉水源。1950 年，北方地区用地下水来灌溉的比例接近 1%，1960 年升至 5%。到 1970 年，因为长期使用地表水有盐碱化，还有一些很大的需求推动，所以地下水的灌溉面积已经扩展到了 30%。一直到现在，随着需求的驱动，北方的地下水灌溉面积占比已经接近 70%。但是对于水资源的重视是非常欠缺的，不管是国际上还是我们国家。

2004 年和 2016 年，我们开展了在北方 6 个省、50 多个县、400 多个村的大规模实地跟踪调查，了解了地下水资源的管理和利用情况。调查结果显示，随着地下水灌溉的大范围扩张，导致一个很重要的问题，就是地下水位的下降。地下水位下降所覆盖的村，从 1995—2004 年的 64% 上升到 2005—2015 年的 75%。也就是说在过去的二三十年，北方大部分农村都有地下水位下降的问题。更严重的问题是，地下水位的下降速度非常快。

如果根据官方的标准把地下水位下降的速度分为 3 类，每年小于 0. 25 米、0. 25 ~ 1. 5 米、大于 1. 5 米。官方定义大于 1. 5 米属于严重超采。根据我们的调查发现，从 1995 年到现在，严重超采的村（下降速率高于 1. 5 米）从 8% 上升到了 34%，也就是 1/3 的村下降速度超过了 1. 5 米。下降速率不是很严重的村的比例在降低。

大家可以想象一下，如果地下水位每年下降 1.5 米，肯定会导致很多生态环境方面的灾害。例如地下水降落漏斗、地面沉降、水资源短缺、房屋建筑塌陷、地下水质恶化等一系列非常严重的生态灾害。尽管可以用通过开采地下水来满足农业生产，但这引发的后果是非常严重的。

除了水土资源的问题，我们还面临着一个较为严峻的农业面源污染问题。根据最早的全国首次污染源普查公报，农村农业面源污染已经占到全国总污染量的44%，最新的数据估计实际已经占 70% ~80%，也就是农业的面源污染已经成为我们国家的主要污染源。农业面源污染的特点导致它的治理难度非常大。

首先，排放范围广，形成过程随机，主体分散，监测困难，影响因素也很多。其次，农业农村面源污染还会导致食品安全质量的问题隐患。随着收入的增长，食物需求从注重数量向注重质量转变。农业面源污染必然会影响食品安全的质量。

导致农业面源污染的因素有很多。一个是化肥施用量过多。自改革开放以来，我们国家单位面积的化肥施用量一直在增长。尽管近几年有所下降，但总的来看，人均单位面积化肥施用量接近世界平均水平的 4 倍，这是非常高的。另外，化肥的利用率也非常低，比如氮肥的利用率仅为30% ~50%，磷肥、钾肥的利用率也比较低。

除了化肥的过量施用外，农药也是过量使用，且利用率非常低。农药的过量使用情况和化肥非常接近。我们国家的化肥总用量来自农药用量，相当于世界用量的1/7，但单位面积远高于世界平均水平。20 世纪 90 年代以来，我们的化肥用量一直在增长，近几年有所下降。而且我们国家的农药品种多且杂，甚至一些部分被禁的农药也在使用。同样，它的利用率也很低，有的低于35%。

除了化肥、农药导致面源污染，这几年还有一个重要的农业面源污染源就是养殖业。集约化养殖导致了很多废弃物的排放，这些废弃物如果没有充分利用起来，就会产生很多的面源污染。据统计，畜禽粪便的产生量相当于工业固体废弃物的2.7倍。另外，还有白色污染的农膜残留和秸秆焚烧。

这是我们国家普查出来的土壤污染的分布情况。从这些情况来看，我们国家的土壤污染超标率达到16.1%，也就是16.1%的土壤都存在不同程度的污染问题。全国土壤污染的分布总的来看是南方大于北方，长三角、珠三角和部分工业基地的污染尤为厉害。西南、中南地区的重金属超标也非常严重。大家看到这个数据就会联想到食品安全质量，将来这绝对是个很大的隐患。

不仅是土壤污染，我们的水污染也非常严重。我们国家1/4的地表水属于四类以上的劣质水。而且不仅是地表水，60%以上的地下水污染也非常严重。所以，我们不仅是水少、土少，水和土的污染也非常严重。

另外，农业生产还面临着一个很大的问题：气候风险。这些年，气候变化是非常严重的问题。整个全球已经达成共识，将来气温变暖是绝对化的趋势。而且，还有一个很大的问题就是极端气候事件的增加。自1961年以来，我国区域性的高温、气象、干旱、洪涝事件非常明显。气候变化对农业生产的影响是非常大的，因为农业生产直接暴露在野外，很容易受到气候变化的影响。

不仅对农业生产会造成影响，对农民收入的影响也非常显著。这是我们十多年前做的气候变化对农户收入的影响。这些反映了气候变化升温对灌溉农户以及雨养农户收入的边际影响。因为有了灌溉条件，所以它有一定的抵御旱灾的能力，对收入的影响尽管严重，但是不如雨养农户。大部分农户的收入都是下降的。也就是在气候变化的背景下，单产会减少。为了应对气候变化，我们提出实行绿色转型，即碳中和。

其实，碳中和生态目标就是经济增长和资源生态环境保护之间的利益博弈，最终实现绿色转型。这个目标是2030年达到碳达峰，2060年达到碳中和。要实现生态目标，农业农村在实现碳中和中就承担着非常特殊的使命。因为农业是非常重要的碳排放源，农业的碳温室气体排放占全国总排放量的15%。另外，农业也是个碳汇率，如何发挥好农业农村在碳中和中的作用也非常重要。

（二）粮食安全保障面临重重压力

我们粮食安全的保障也面临着非常大的压力。其实前面谈到的这些问题都会影响粮食安全，但是粮食安全本身也面临很多问题。自2004年以来，我国农产品的贸易从顺差转为了逆差，进口越来越多。粮食安全因而面临着非常大的挑战。这几年在粮食安全方面自给率较低的是大豆、油料、糖料。小麦、玉米、水稻的自给率尽管有降低，但是也维持在79%以上，但是油料、大豆、糖料的自给率降低尤其大，这三样的进口不断增长。

此外，现在国际社会的经济政治环境面临着百年未有之大变局，非常不稳定。不仅有新冠疫情，还有如美国对中国的制裁、俄乌冲突等。为什么会考虑到冲突呢？因为这两个国家是重要的农产品出口国。

从粮食安全角度，国家要首先保证口粮的安全。但随着人均收入的增长，人们的需求也在发生变化，人均肉类的消费必然会增长。在这个需求的引发下，同时也是在农民收入的引导下，这种高值的农业占比也不断增长。1978—2017年，我国经济作物的产值都是显著增长的。也就是说，农民要提高农业生产的净收益，必然会生产更多的高质农业。

在种粮效益非常低的情况下，农民就会增加高值农业占比。根据《全国农产品成本收益资料汇编》2020年的统计，在粮食作物和经济作物的种粮效益中，稻谷、玉米、小麦都是负的，玉米和稻谷的每亩净收入也是非常低的。但是，蔬菜、水果的净收益很高。农民必然会选择收益比较高的作物种植。因此，粮食安全，尤其是谷物的粮食安全，面临着很大的挑战。

（三）农业综合生产能力下降

实际上，农业全要素生产率的增长能力处于下降趋势。在 1985 年到 1999 年期间，农业全要素增长率是 3.4%，从 1999 年到 2013 年降低到 2.6%。对于整个农业生产的贡献来说，如果将来科技进步的增长率进一步降低，生产能力就会显著下降。

科技方面面临的挑战不仅体现在全要素生产力，还体现在科技研发和推广方面。我们国家拥有世界上最大的公共农业科技投资人员和科技队伍。但是尽管有这么多研发人员和这么大力的推广，整个体制却有待改善。我们的科研机构主要由政府主导。国外很多是由企业主导，这样就影响了产学研结合，也降低了投资积极性。另外，尽管我们的投入在不断增长，但是基础研究的投入相对还是较低的，即企业没有成为创新群。

在农技推广方面，经常出现切断网络完善，我们甚至找不到农业推广员。再者，这些推广员的知识非常老化，非专业化的人员比例非常高，相关的专业设置和人才培养非常困难。因为农业科技体现在很多方面，不仅涉及育种、灌溉、栽培、化肥、植保机械，就整个农业生产环节而言，都需要科技配合生产。

（四）农民增收困难，城乡收入差距拉大

未来可持续性发展面临的问题是增收困难，城乡收入差距大。我们国家的农民收入增长很快，但是要看向对比：尽管农民的收入现在达到 15000 多元，但是与城市居民收入相比差距仍然很大。

城乡收入的差距在1978年是2.56倍，2020年又回到了2.56倍。虽然中间有过改善，但现在又降低了。也就是说，我们从改革开放的出发点又回到原始点了。城乡收入差距会影响全民的共同富裕，这是一个非常大的问题，怎样缩小城乡收入差距？城乡收入的差距为什么会这么大呢？

这其中的一个关键问题就是农业的GDP占比和农业的就业占比相差很大。也就是说，如果要想缩小城乡收入差距，必须让农业劳动力的占比和农业GDP的占比基本接近。

但实际上，40多年过去了，尽管农业劳动力和农业GDP的占比都在降低，但还是有差距，预计到2050年可能会基本接近。要想二者的占比接近，实现全民共同富裕，需要大幅度减少农业劳动力。过去30年减少了1.4亿多的农业劳动力，未来30年还需要减少1.7亿的农业劳动力。同时，还需要提高农民的素质。我国农业劳动力的教育水平，90%以上都是初中及以下，高职占7%，大专以上更少。

但是在国外，日本、荷兰、美国等国家的大专及以上的农业劳动力占很大比例，初中及以下相对较少，这就是差距。除了减少农业劳动力、提高劳动力的素质，我们国家农业生产还面临一个很大的问题，就是经营规模比较小。因为人多地少，我们的农业经营以小农户为主。

根据农业农村部的《农村经营管理情况统计总报告》，经营规模小于10亩的农户占比超过85%。尽管规模经营这几年在不断发展，但实际上大部分主体还是小农户。这些小农户的家庭耕地面积少，仅仅靠农业生产的净收入很难保障家庭的收入水平。另外，如果未来要发展高增农业，这么小的农户也会面临很多市场风险和政策约束。

（五）谁来种地、谁愿意待在乡村

自改革开放以来，我们国家非常大的变化就是农民外出务工，农民的非农劳动力就业越来越多。国家统计局的数据显示，非农劳动力在农村所占的比例已经高达近 80%，这是非常大的变化。

根据我们在 8 个省的大规模调查，农户户主（劳动力）的年龄分布是：45 岁以下的农业劳动力占比很少。目前在农村的大部分劳动力年龄都在 45 岁以上，甚至在 65 岁以上。再过几十年，这些农民老了，那谁在农村？谁来种地？这也是一个很大的问题。

还有一个问题，就是谁愿意待在农村？年轻人都喜欢到城市去，不仅是收入的问题，还包括人居环境、基础设施、公共服务等。在公共服务方面，城市的教育、医疗卫生显然比农村好很多。

我们在 2010 年的农村生活水污染大规模实地调研中针对 7 个省的 1281 个农户展开了调查。调查结果显示，农村的垃圾排放量增长速度快于城镇，2000—2010 年，农村生活垃圾排放量增长了 67%，城镇增长了 37%。这说明农村生活污染越来越严重。而且很多农村没有提供垃圾处理服务，大部分农村的垃圾处理能力非常弱。另外，大部分生活垃圾属于无人管理和不规范管理状态。目前来看，生活垃圾能够回收利用的比例还是很低。也就是说，尽管这几年国家在这方面特别重视，但是农村的生活垃圾处理还是存在很多问题。

从国家公布的农村污水处理率的比例来看，到 2020 年也仅仅达到了 30%。这个数字虽然达到了国家目标，但是对于未来来说，挑战依然很大。如果污水仍然到处排放，将会导致农村面源污染非常严重。再来对比一下城市污水处理情况。2020 年，我们国家的城市污水处理率接近 100%。实际上，发达国家在 20 世纪 90 年代已经达到 80% 以上。我们已经比人家落后了很多年。

此外，随着非农就业的增长，农村还出现了空心村。空心村的形成原因主要有两种，一种是村庄住宅空心化，很多农民有钱了，原来盖的房子不住人了；另一种是人口绝对数量减少导致的人口空心村，就像现在的农村。由于非农就业大家都开始迁往城市，农村的活力大不如前。

空心村的负面影响主要包括耕地资源严重流失、农村整体面貌难以改变、乡村人居环境受到破坏等。有学者研究分析了农村空心化的程度和人均GDP之间的关系，发现发达地区的空心度相对较低，但是落后地区的空心度非常严重。

这也是为什么要实行乡村振兴战略。要实现全面小康社会，“小康不小康，关键看老乡”，也就是农村。我们国家还提出要实现四化同步，即新型工业化、信息化、城镇化、现代化，但是农业现代化一直都是短板。如果农业现代化实现不了，那社会主义现代化就是一个很大的问题。更重要的是，我们这几年特别关注共同富裕，如果城乡收入差距不缩小，农民不富裕，如何实现共同富裕？

二、 乡村振兴战略及内涵解析

我们国家提出乡村振兴战略的核心原则就是农业农村的优先发展，就是为了全面建成小康社会和建设社会主义现代化强国，实现“两个一百年”奋斗目标。

短期的目标是到2035年基本实现农业乡村现代化，长期的目标是到2050年实现乡村全面振兴，也就是全面实现农业强，农村美，农民富。为此，2021年还出台了《中华人民共和国乡村振兴促进法》，为乡村振兴战略的实施提供了重要的法制保障。在这个总体的框架下，我梳理了一张架构图帮助理解它的内涵（见图1）。

乡村振兴的最大目标就是全面小康社会，就是社会主义现代化实现共同富裕，并提出了20字方针的总战略，就是产业兴旺、生态宜居、乡风文

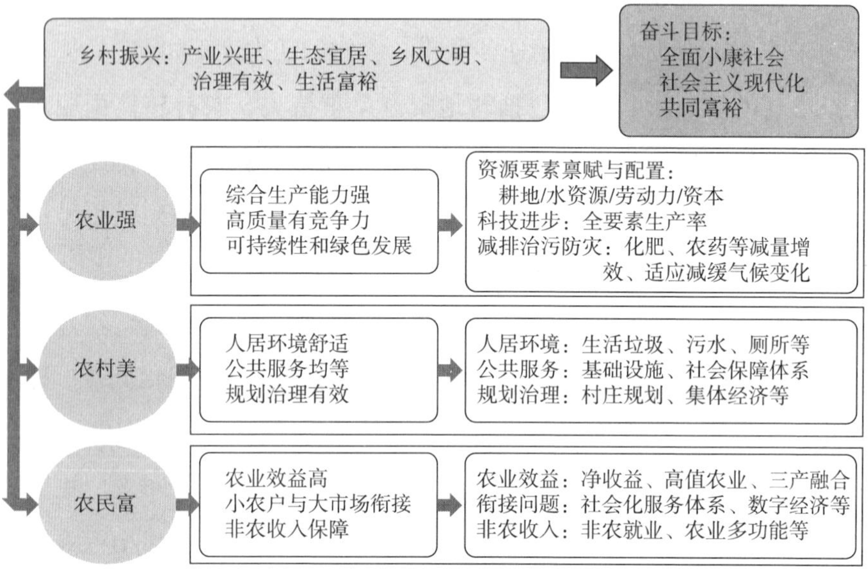

图1　乡村振兴战略架构

明、治理有效和生活富裕。我觉得应该从“农业强”“农村美”“农民富”这3个方面进行解析。

农业强，是指综合生产能力强，要高质量有竞争力，还要可持续和绿色发展。这里就涉及资源要素禀赋和配置、科技进步、减排治污防灾等一系列问题，需要我们进行研究并提供对策建议。

农村美，涉及人居环境的舒适、公共服务的均等，以及村庄的规划治理。如果这些都达不到，那就很难实现农村美。

农民富，首先是农业效益要高，农民可以生产一些高值农业，实现三产融合，提高收入。其次，还要解决小农户和大市场的衔接。我们国家跟欧美一些发达国家最大的差距就是我们是小农户，不是大农场，所以我们和大市场衔接业绩有很大的问题。最后，保障非农收入，因为农民无法单单依靠农业收入维持生计。乡村振兴是个系统工程，农业农村农民“三农”

问题互相纠结，互相成就，解决“三农”问题需要考虑协同发展。

比如农业和农村的问题，农业投入品的数量和质量决定了农村的环境质量。农业强了，往往是以牺牲资源生态环境为代价的。此外，农村的生态环境和基础设施又决定了农产品产出的数量和质量，农业农村不可分割。

对于农业和农民的问题，农业强了，不一定能带来农民富。农民富裕了，就不一定从事农业生产，但是农民不富裕又难以增加农业投入。这里面有很多互相纠结的问题，要实现双赢或多赢是非常困难的要求，需要制定非常有效的政策。

农村和农民也有很多矛盾。如果农村不美，农民就不愿待在农村，农村就凋零；如果农民不富裕，他也没能力投入农村美的建设中；但如果农民太富裕了，他也不一定愿意待在农村。

三、 推进乡村振兴战略的措施和关键抓手

推进乡村振兴战略，金融的抓手肯定是非常重要的，同时也需要促进其他方面的措施的应用。

（一）粮食安全战略的目标和关键抓手

1. 粮食生产的关键点：根本在耕地

让农业强大起来、提高农业的综合生产能力、促进农业高质量、有竞争力和可持续的绿色发展的关键，就是要保证国家的粮食安全。从现在国际形势来看，保障大家有粮食吃，完全靠国外的市场也不太保险。

手里有粮，心里不慌。党的十八大以来，习近平总书记高度重视粮食安全问题，首次提出实施“以我为主、立足国内、确保产能、适度进口、科技支撑”的国家粮食安全战略。

为此，我国提出了“藏粮于地、藏粮于技”的战略。这意味着我们国家的农业现代化进程在不断推进，以此来提高农业综合生产能力。目前的基本目标是“谷物基本自给、口粮绝对安全，主要农产品自主可控，确保国家食物主权”，这也是我国的食物安全总体战略。

也就是我们要坚持口粮自给率97%，谷物自给率90%，整体粮食自给率要不低于80%的战略底线，这是我们国家目前粮食安全战略的主要目标。

2014年，习近平总书记在河南尉氏考察时提出：保障粮食安全的粮食生产的关键点，根本在耕地、命脉在水利、出路在科技、动力在政策。这个关键点非常重要。

根本在耕地，有地，才可能有粮食。首先要有数量的保障。其次要有质量的提升。中低产前改造、高标准农田建设、休耕轮作、保护性耕作等都可以实现质量提升。另外，有了数量的保障，就可以实现总量控制和占补平衡。最后，优化配置，体现在我们国家这些年实施的耕地产权制度的改革。

第一，耕地的数量保障。改革开放以来，随着人口增长与经济发展，大量耕地因为非农建设占用而流失，对中国粮食安全造成严重威胁。为加强耕地保护，1999年1月1日正式实施的《中华人民共和国土地管理法》明确了国家实行占用耕地补偿制度，要求“非农业建设经批准占用耕地的，按照占多少，垦多少的原则，由占用耕地的单位负责开垦与所占耕地数量和质量相当的耕地”。但占补平衡的初期关注的是耕地总量的平衡。

于是，为解决耕地占补平衡工作中存在的“占多补少”“占优补劣”问题，耕地总量平衡政策转变为耕地数量质量平衡政策。2009年，国土资源部提出“保经济增长、保耕地红线”行动，坚持实行最严格的耕地保护制度，18亿亩耕地的保护红线不能碰。2017年又提出了15.5亿亩的永久基本农田将实行特殊保护，主要用于农业生产、粮食生产容器。2018年进一步提出将其中10.6亩划分为粮食生产功能区和重要农产品生产保护区，甚至要实现上图入库到村到户。这就意味着我们国家对于耕地的重视不断升级，我们必须要保证耕地，才有足够的地可以用作生产农业。

这几年，政府还特别重视耕地的“非农化”和“非粮化”问题。除了保护耕地，还要保护耕地上的农业种植，尤其是粮食生产。我们的种植结构在调整，在这一过程中需要保证一定面积的粮食作物，需要处理好二者的关系，而不是绝对的对立。

第二，耕地的质量提升。2021年底，中共中央政治局常委会会议专题研究“三农”工作，对耕地保护提出明确要求：18亿亩耕地必须实至名归，农田就是农田，而且必须是良田。这意味着，数量上不能减少，质量上不能变通。一方面，对重金属污染区实施休耕轮作，提升地力；另一方面，推动高标准基本农田建设，即具备抗灾能力和产能提升能力。2022年，我们国家预计建成的高标准农田的产能将占全国粮食总产量的80%。

我们在江西省的27个村，采用自然试验方法来抽取样本，针对高标准农田的建设进展及成效进行了专项调研。通过计量分析发现，高标准农田的建设确实可以让水稻单产平均提高11.4%，而且在极端气候灾害冲击下的平均单产损失减少15.3%。然而，缺乏管护管理、土壤培肥和生态防护林等耕地质量建设等投入将对项目成效的长效性产生不利的影响。

目前，高标准农田建设项目在全国各省都在不断推进，但很少有研究针对各地实施成效和实施中存在的问题开展实地调研和定量研究。高标准农村建设中究竟还有哪些问题、能不能达到我们国家的目标，这是一个非常重要的议题。

另外，为了提高耕地的质量，我们国家也在推动保护性耕作。在这方面，国际上的推广时间和推广力度都比我们国家强。到2015年，国际上已经有11%的耕地采用保护性耕作。

以前种完地以后，要把秸秆都收了，地都翻了，让土壤全部裸露出来。但后来发现这样不利于地力的提升，所以国际上很多国家在几十年前就开始推行保护性耕作，比如实行免耕机、秸秆覆盖还田等。

保护性耕作在我们国家推行得比较晚，2002 年之后才开始试验示范。2018 年，我们提出保护性耕作面积要突破 1 亿亩。2021 年我们提出，东北力争在 2025 年实现黑土地保护性耕作的面积达到 1.4 亿亩，让更多的地通过秸秆覆盖还田、免耕少耕，以此减少水土流失，提高地力。

2005 年，我们在北方 4 个省做了保护性耕作调查。调查发现，虽然有些地方在示范带动下会采用一些对耕地保护性更高的方式，但推广力度还是不够，保护性耕作的采用率依然比较低。采用率主要和以下社会经济因素有关。一是和秸秆焚烧政策有关系。如果农民没有更好地利用秸秆，全部焚烧，也会导致很多污染。二是和国家事业示范项目的带动有关系。三是和非农就业机会有关系。保护性耕作会节省一定的农业劳动力，同时也会减少一定的就业机会。四是和灌溉条件有关系。特别干旱、没有灌溉条件的地方也不太可能采用保护性耕作，因为如果没有一定的水源条件，秸秆就会腐坏，没法利用。五是和财政金融政策有关系。替换机器需要很高的替换成本，政府就要给予扶持。除此之外，影响保护性耕作采用的还有一个很大的因素，就是在保障粮食安全、农民增收和采用后可能导致减产之间的矛盾。很多自然科学家的试验表明，保护性耕作在采用后的至少 5 ~ 10 年内，单产是降低的，也就是保护性耕作是个长期的效果。但短期内会发生单产的降低，农民就很难采用，因为会影响到他的收入。这和国家粮食安全有很大的矛盾，所以这就是问题所在。

第三，耕地的优化配置。从 1949 年的集体经济，到 1978 年的家庭联产承包责任制，到 2013 年的土地确权和登记制度，再到 2014 年的所有权、承包权和经营权三权分置，这是我们国家耕地产权制度的改革。党的十九大又提出将第一次承包到期和第二次承包到期各延长 30 年。

耕地产权制度会影响到投资的激励机制、非农就业、农业生产力、农业生产的集约化程度、农民收入、贫困等一系列因素。

耕地产权制度历来都是农经学术界的一个研究热点。以我们中心原来的一个研究为例，2000 年以后，耕地转入的面积比例不断增多，尤其是南方地区。目前，全国 30% ~40% 的耕地都存在流转行为。另外，租入耕地的有机肥施用显著低于自有耕地，说明耕地流转会影响耕地投资。

在耕地保护方面，首先需要进一步关注“非农化”和“非粮化”的问题，保证足够的耕地用于粮食生产。它与农民增收有很大矛盾，这是一个非常难解决的问题。另外，需要贯彻执行高标准基本农田建设才能达到目标。此外，还有怎么推广保护性耕作？如何进一步推动耕地流转？这些都是在耕地保护方面最关键的政策选择和研究议题。

2. 粮食生产的关键点：命脉在水利

新中国成立以来，我们国家在水利方面的管理思想就是兴修水利。但在几十年后的今天，这个管理理念已经不适用，必须要进行改变。现在，我们要实施的是需水的管理策略，因为需求大于供给。其实，我们的水资源是不够的，以前没有认识到这个问题，所以我们国家这些年开始实行最严格的水资源管理制度：到 2030 年，全国年用水总量要严格控制在 7000 亿立方米以内，同时还要提高用水效率。

1998—2016 年，我们针对灌溉管理做了大规模实地调查，覆盖了 9 大流域的 16 个省级的农户。

北方的地下水是非常重要的。地下水在水资源管理方面发生的最大变化，就是产权的个体化。改革开放以来，集体力量比较薄弱，国家投资也少，所以农民成了投资主体。虽然近几年国家又增加了投资，但是农民在机井投资方面占比超过 60%，农民成为地下水投资的主体。通过计量经济学分析，地下水投资确实促进了作物种植结构的调整，尤其是增加了农民收入。但问题在于农民是理性的，他不会考虑外部性，所以导致了地下水位的加速下降，引发了生态环境问题。

这就需要让农民合理利用水资源，例如实行水价政策。农业水价改革一直很受重视，但是也非常困难。一是计量水价很难推行，末端用水的计量设施落后。二是农业水价改革和提高农民的收入目标相背离。如果水价提高，大部分农民的种植业收入就会下降。

要实现双赢，在水利部推动的节水型社会建设项目下，河北省桃城区推行了"提补水价"改革：一方面是提价，另一方面是给农民提供补贴，让农民收入不降低。试点区农户主要用地下水，地下水灌溉的水费根据用电量来支付，因为提高的水价而多增收的水费由村里用水协会存在银行，到了年底用水协会再基于农户的耕地面积返回给农民。这个机制就是不管每个农户每亩交多少水费，他们每亩收回来的补贴是一样的。那农民就会考虑，如果用水少一点，水费就交得少，最后收回来还很多，这就是激励所在。另外，为了鼓励农民参加，还提供一定的政府补贴。根据地方政府粗略估计，这项改革能节约20%以上的用水，我们的研究也发现可以减少20%～30%的灌溉用水。

这项改革从2005年就开始推行，但到现在却没有普及，里面实际上存在很多问题。我们也跟地方政府和水利部进行了探讨。一是政府提供的补贴资金额度问题。这项资金其实是通过项目来的，补贴金额很少，长期激励机制不足。有的村后来就退出了，因为村用水协会管理者的交易成本较高。如果不给农民额外的补贴，就相当于村内部收入的重新分配，用水协会管理的参与激励机制更弱。二是将来补贴资金的来源。以前是地区节水型社会建设的项目经费出，不可持续，所以如果大范围实施，就需要有专门的财政支持。另外需要深入了解需求价格弹性，与研究相结合，据此设计有效的示范方案。

我们国家也推广了一系列水权制度的改革，甚至在 2016 年成立了水权交易所，让水像其他商品一样可以进行交易，从而实现水资源的优化配置。我们国家著名的水权交易，在地表水方面有浙江东阳—义乌的区域水权交易、黄河流域的部门水权交易，还有张掖的灌溉水权交易。但是在地下水方面很多都是非正规的。比如一个农民自己家打了井，给另外一个农民用。值得一提的是河北成安的正规水权交易。这个交易使用了现代科技，开发了农民自主分配水权的 App。就是如果一个农民的水用不完了，在 App 上登记后，就会有用水协会或者其他农民来进行购买。当初政府为了鼓励农民，卖不出去的水政府可以回购，后来农民发现卖给政府更合算，于是大部分水卖给了政府。但政府没有足够的资金购买水权，所以后来这个政策实施 1 ~2 年后就不再回购。虽然实施中有些问题，但这类正规水权交易在未来很有发展潜力。

我们国家这些年一直在推动农业节水技术，其中有些技术是基于农户的，有些是基于社区的。但节水技术的采用仍然有较大政策空间。

针对地下水问题，我们国家启动了地下水超采的综合治理。

2014 年以来，我们国家逐渐认识到地下水超采问题非常严重，而且大部分问题都在农村。其中一个很重要的措施，就跟以往措施完全不一样。原来的节水措施都在水利部内部，现在要跳出水利部门，从农业部门找出路。例如，冬小麦这种农作物耗水太多了，就要进行休耕。这几年，我们国家特别重视季节性休耕，让华北地区农民的部分耕地不种冬小麦，1 亩地给 500 元，让他们夏季种玉米，这样来减少用水量。

我们针对休耕项目于 2019 年在河北省的 4 个样本市展开调查，发现在实施休耕政策的地方确实可以实现一定的节水量，种小麦的农户也不仅减少冬小麦种植，而且还影响其他作物的种植面积。

但是这个政策有个很大的问题就是可持续性。一是实施点非常零散，整村推进的少。一个农户节的水可能会被其他农户采用。二是参与的不稳定性。有些地区和农户不是连续参加，所以影响节水的长期效果。三是休耕户存在自发休耕，而非休耕户参与休耕意愿高却无法参加。比如有些农户已经不种小麦了，还可以领补贴。那些想参加休耕项目的农户却参加不上，说明这个项目的实施效率还需要提高。四是对农户的就业影响太小。非农就业的农民如果不种地又没有就业，在政策补贴取消以后，多余的劳动力可能会继续回去种粮食。还有补贴标准比较单一，难以反映农户机会成本的差异。在水资源改革方面，如何通过合理调整农业内部的生产活动来帮助缓解灌溉用水矛盾？如何平衡节约用水和粮食安全之间的矛盾？这些都是值得研究的议题。

3. 粮食生产的关键点：出路在科技

出路在科技，主要是在种业振兴行动方面。一是加快推进农业种质资源普查收集，强化精准鉴定评价。推进种业领域国家重大创新平台建设。二是启动农业生物育种重大项目。加快实施农业关键核心技术攻关工程，实行“揭榜挂帅”“部省联动”等制度，开展长周期研发项目试点。三是强化现代农业产业技术体系建设。开展重大品种研发与推广后补助试点。四是贯彻落实种子法，实行实质性派生品种制度，强化种业知识产权保护，依法严厉打击套牌侵权等违法犯罪行为。

4. 粮食生产的关键点：动力在政策

我们国家这些年实施了很多农业政策，例如取消农业税、启动农业补贴、加大农业投入，以及最低收购价等托市政策。

就农业补贴而言，我们国家这些年已经推行了农业粮食补贴。但是学术界还有很多争议，认为存在效率低下、占用财政资金过多、骗补现象屡禁不绝等问题，也尚未达到国家对农业增产、农民增收和促进粮食安全的预期。还有，最低收购价可能导致国内外价差增大，从而导致进口和库存的增加。临时收储政策同样会导致价差拉大。怎样使支持政策更有效，是需要考虑的问题。

再回到农业强。要实现可持续性和绿色发展，基本就是怎样减少用水量，减少化肥、农药的需求，分类粪便。这些年，我们国家在推动农业绿色发展，同时实现化肥零增长和农药零增长。化肥和农药的过量施用有很多原因。一是和补贴政策有关系，因为价格是由政府调控。二是农民有很强的风险规避行为，这也是学术界特别关注的问题。三是农民缺乏合理施用化肥的知识和信息。

想要应对气候风险，就要提高适应措施的采用能力。我们的大量研究发现，以小麦适应措施为例，从优先级排列来看，如果增加灌溉和使用一些节水技术，确实可以起到适应气候风险的成效。

农村美，也就是农村环境方面，我们这几年在大力推动农村人居环境的治理。国家发布了很多的相关规定制度来建立人居环境治理的长效运行机制。另外就是空心村整治和“两块地”改制。这几年国务院不断发布文件，准备将空心村闲置闲散的地利用起来，达到一定整治力关于“两块地”改革，宅基地和农村集体经营用地也存在很多问题。

此外，这几年我们一直在推动集体经济产权制度的改革，而且实施了很多试点，就是希望农民从中受益。尽管如此，还是存在很多问题。一是怎么保障农民财产权益，主要涉及股权设置、集体收益分配等。二是怎么壮大集体经济，比如法人地位、双层经营体制、组织关系混乱等。

农民富，主要是怎样提高农民收入。小农户和大市场对接要用新型的技术，农业农村的信息化发展要靠智慧农业，还有全产业链的数字化、充分运用大数据平台、建设数字乡村等。农业农村信息化为什么要发展智慧农业？因为它不仅可以提高生产力，还可以改善生产关系。生产力的提高可以增强生产决策的科学性，而智慧应用的新技术可以减少交易成本，从而实现资源节约、减少污染，即通过科技来健全实现可持续发展。还有一点很重要，生产关系的改善可以链接整个产业链，实现供需平衡，推动农村产业的融合发展，以及通过区块链实现农产品质量安全追溯等。这就是我们希望智慧农业能起到的作用。但是，智慧农业目前仍然属于起步阶段。尽管我们听到很多人都在做这方面的研究，但根据我们中心最新的调查，实际参与电商销售的农户是非常少的，其中收益比较高的农户都在发达地区，落后地区的农户收益比较少。

在规模经营方面，我们中心的研究发现，我们的农民以小农户为主，所以经营规模要适可而止，100 亩左右是最佳规模，超过 100 亩单产可能降低。

在农业社会化方面，小农户没有钱，或者不需要买很多机械，但又需要很多服务，就需要专门的公司来提供，这也是一个非常重要的未来发展热点。2021 年，农业农村部刚颁布了如何加快发展农业社会化服务的指导意见，提出实现小农户和现代农业的对接，实现质量兴农、绿色兴农。全产业链的融合也是今后需要关注的一个热点。

我们中心原来的一个关于社会化服务的研究发现，自 1997 年以来，农业机械化发展是非常快的。但我们的研究还没有发现，深化服务和农业需要做生产力提升的特别相关的重要协作关系。换言之，社会化服务如何提升农业的生产要素生产率是值得关注的一个问题。

最后是发展高值多功能农业。我们现在已经进入新业态、新发展的阶段，将来如何发挥休闲农业和乡村旅游来促进一二三产业的融合并带动更多农民致富，成为一个新型的研究和发展趋势。另外，如何鼓励农民返乡创业，也需要很多的政策支持和研究。

（二）大力发展农村普惠金融

前面谈了这么多，却始终没有谈金融问题。因为资金已经贯穿在了各个方面。不管是农业农村还是农民，没有资金，很多措施可能就发挥不了作用。所以金融的助力作用是至关重要的，也可以说是乡村振兴的一个非常重要的瓶颈所在。

农村金融是发展中国家都面临的一个普遍难点，它普遍落后于城市，供给和需求也不匹配。首先，地区金融网点数量、产品多样化上供给不足。其次，农业生产风险很高，小农户的需求额度还少。最后，商业性的金融公司都讲究利润，所以面对这样生产不确定性大、信贷风险高的农业，农村金融必然很难发展。因此，我们国家提出“要在资金投入上加快补齐农业农村发展短板”，于是提出了普惠金融。

普惠金融的概念最早是在2005年由联合国提出的，当时起源于小额信贷和微型金融。我们国家真正重视普惠金融是在2013年，2016年又推出了首个国家普惠金融的发展规划。这两年，乡村振兴战略特别强调如何建立适合农业农村特点的农村金融体系，尤其是这几年特别关注数字普惠金融，也就是把一些新的科技运用在农村普惠金融中，用资金来支撑起农村的乡村振兴。在政府的引导下，许多涉农的银行都在加大对金融科技的投资，比如说邮储银行、交通银行、工商银行、农业银行。它们的科技投入占比比原来提高了很多，这个比例原来很低。金融科技主要是依托网上银行、手机银行和电商平台，希望这项服务能向农村居民和低收入客户群体下沉。另外，从涉农贷款在贷款余额中的比例来看，有的银行能达到25%，而且它们都推出了很多适合小农户的贷款。不管是政策性银行，还是市场性银行，希望未来都能在乡村振兴中发挥重要作用，这是农村普惠金融一个非常重要的议题。

在金融领域，以下三个方面都是值得关注的重要问题。第一，金融如何更好地服务乡村振兴，尤其是如何更好地发挥金融科技的作用。第二，提高金融服务在农村的覆盖率，让农民能贷到钱，因为很多时候农民有需求可能贷不到，或者银行不敢为农民提供贷款。第三，如何提高风险管理水平，降低不良率，以及发挥政府的作用。

（本文根据作者2022年6月22日在北京大学汇丰商学院“北大汇丰金融前沿讲堂”的演讲整理，经作者审阅。）

荔枝窝的故事：探索香港乡村振兴的策略与反思

香港特别行政区立法会议员
商汤科技顾问
尚海龙

一、 成熟后现代社会的乡村振兴

繁华的香港，有乡村吗？有乡村振兴的需要吗？香港有700多个乡村，荔枝窝也有300多年的客家历史，随着香港经济的发展，村民都出去找工作找了半个世纪，村里是一个人都没有，那时候荔枝窝似乎也快要埋没在大山深处了。2011年，香港乡郊基金会主席、香港天文台前台长林超英的出现改变了荔枝窝的命运，也开启了香港乡村振兴的序幕。

退休后的林超英意外造访这片被遗忘在香港发展历史中的客家村落，决心复兴这片土地。经历了一期的复耕、二期的民宿建设，尽管中间也遇到了土地争议等问题，他基于荔枝窝的当地情况和香港本土的公益组织特点，实现了对新村民的组织、运作系统的透明化，并通过多级反馈渠道最终将荔枝窝建设成为获得Lonely Planet亚洲十大景点、联合国可持续发展大奖荣誉的著名案例。

通过对香港荔枝窝十年振兴历程的探寻，笔者所在的案例团队总结了在香港这一成熟后现代社会，空心化的衰败乡村如何实现振兴的经验、困境和启示。荔枝窝的振兴过程，体现了社会组织引领、社会资源支持、民间推动政府的香港特色，通过自下而上的路径实现了传统的乡村在社会生活、产业发展、生态保护方面的多元创新，为香港其他700多个乡村的振兴探索出了一条可行之路，同时促进了香港政府的政策转变，推动了香港乡村振兴进程的启动。荔枝窝虽然是成熟后现代社会的乡村振兴案例，但它展现出的乡村衰败成因，具有世界范围的普遍性和典型性；其振兴路径，对中国内地具有借鉴性和启发性。

二、 荔枝窝十年复兴故事

2011年，林超英想要复兴乡村并不容易，需整合多方面的资源来做准备，关键就在于如何凝聚各方共识，形成“可持续发展乡村复兴”共同理念。

首先是调动村民。香港很多地方的土地是私有的，特别是农地，大部分归属于原住民，所以需尽量调动原住民把土地整合成块状去签订复兴协议。其次是调动社会组织，这就包括香港乡郊基金、长春社、绿田园基金等。再次是专业团体的学术指导（香港大学）。最后是社会资金的引入，如汇丰银行、香港赛马会慈善信托基金等。

准备既定，荔枝窝复兴项目逐一启动。在林超英看来，“土地是乡村的根，耕种是乡村的气质”。因此，最先开始的便是复耕项目，即农业复耕及乡村社区营造计划。

从艰苦垦荒到生态复耕，荔枝窝最终形成了包括香港大学公民社会与治理研究中心永续农业试验农场、随意农业、荔林咖啡、自然空间等在内的九大社区农组。而社区农组的户外教育、修复村屋、乡村就业、保护动植物、体验田园生活、创造乡间艺术也吸引了形形色色的“复村人”加入其中。自此，当地的农产品轻工业也产生了，涌现出一批花茶、雪糕、姜黄、润唇膏等自营品牌。

原住民回流、新村民定居，荔枝窝慢慢有了人气，甚至成为旅游热门景点。Lonely Planet 杂志将香港这一偏僻乡村选入亚洲十大景点中，与之并列的是上海浦东夜景、越南下龙湾等。

Lonely Planet 的宣传为荔枝窝的复兴带来了一个更大的影响，它推动了政府的政策支持。在荔枝窝复兴之前，香港特别行政区政府更多地将精力聚焦在金融等服务业。荔枝窝的复兴，引发了香港政府关于乡村管理服务的再次思考，并在 2018 年专门成立了“乡郊保育办公室”，预留 10 亿港元资金用于乡郊保育和改善工程。

政府资金的涌入，让荔枝窝的复兴计划更上一层楼。

2018 年，林超英再次向香港城市规划委员会提交申请，拟议将荔枝窝部分村屋更改做度假屋用途，以支持“荔枝窝客家生活体验村”项目。而根据“行政长官社会资助计划”，该项目最终获得赛马会资助 5000 万港元资金，复修部分村屋作为“荔枝窝客家生活体验村”的学习及活动场地，并提供配套住宿给参加者，首批的村屋也获城市规划委员会批准改做度假屋用途。

但这一次的民宿项目也引起了村民的一些误解，他们认为乡郊基金花 5000 万港元建 10 余间民宿，花费巨大，存在“黑箱操作”、蒙骗村民的行为。为回应争议和更好地推动民宿项目落地，林超英推动成立乡村企业“培成堂”和乡村非营利组织“暖窝”，建成了支持荔枝窝乡村振兴的两大平台。同时，林超英再次与香港政府争取，拿下了民宿服务需要的经营牌照。

2020 年，联合国教科文组织将“可持续发展大奖”颁给了荔枝窝，高度肯定“社会组织、专业团体、村民和政府以创新形式实现了乡村的可持续发展”。

从 2011 年林超英看到荔枝窝的困境，到 2013 年荔枝窝开展复耕项目，2016 年荔枝窝尝试民宿项目，2017 年香港政府出台首个乡郊发展政策，2020 年荔枝窝项目获得联合国大奖，荔枝窝十年复兴的案例开启了香港乡村振兴的大幕。

三、 衰败的乡村如何实现振兴

笔者参与的清华大学“香港乡村振兴队”对香港荔枝窝十年振兴历程进行了探寻，总结了在香港这一成熟后现代社会，空心化的衰败乡村如何实现振兴的经验、困境和启示。

（一）理论解读

乡村为何衰败？世界范围内乡村普遍衰败，究其根本，是工业化城市化进程中，乡村的人、地、钱等资源要素流入城市所导致。衰败的乡村如何振兴？我们围绕荔枝窝从衰败到复兴的过程，基于大量实地调研，选择乡村振兴理论、协同治理理论和集体行动理论，从理论的视角揭示乡村如何实现振兴的问题。

首先是激活乡村功能。

乡村是文化的根，具有显著的生态优势，振兴的核心是要激活乡村独特的生态、文化和经济功能。基于乡村振兴理论分析框架，乡村振兴包括组织振兴、人才振兴、产业振兴、文化振兴、生态振兴。其中，组织振兴和人才振兴是基础，通过有效治理，才能实现多元主体协同发力，激活乡村功能，实现城乡共融，要素回流，带动产业、生态和文化振兴。

荔枝窝案例中，以林超英为代表的人才和组织的有效治理成为了偏远山村复兴的基础，通过复耕计划充分挖掘当地的生态和文化资源，从农产品到轻加工再到民宿，生态、产业、文化三振兴，又进一步吸引人才、组织，形成了乡村振兴理论与荔枝窝实践的良性互动。

其次是实现多元主体协同发力。

如何实现多元主体协同发力？在于有效的治理实现。根据协同治理综合模型，乡村振兴的多元行动主体，通过共同理念、共同行动力和规范参与方式形成协同，构建乡村治理共同体，优势互补，共同激发乡村活力。

多元主体协同治理的理论在荔枝窝也得到了实践。例如，从争取原住民的支持开始，每一步都是关键环节，没有原住民的土地支持，就无法开展后续合法有效的农耕，民宿项目也就更无可能。此外，原住民、新市民、社会组织、游客不断加入其中，多元主体的协同发力，既要在系统背景的框架下，同时也要提炼出自身的协同治理的机制，通过行动不断地去影响适应一个外围的系统，使这个系统变得越来越顺畅。

最后是构建乡村治理共同体。

根据奥斯特罗姆（E. Ostrom）的集体行动理论，声誉、信任和互惠是影响利益集团成员合作的核心要素，并且三者之间相互影响。在集体行动理论中，领导力是促成多元主体协同形成集体行动的核心。通过各种可能的途径供给有效的领导力，就能够推动参与各方弥合纷争、建立共识和增进信任，进而在村庄形成有效的集体行动。

（二）基于 IAD 框架的案例分析

我们进一步运用制度分析发展（Institutional Analysis Development，IAD）框架，融合乡村振兴、协同治理和集体行动三组理论，提出适用本案例的分析框架（见图 1）。

荔枝窝的外部变量显示：荔枝窝的自然地理条件并不好，但保留了大

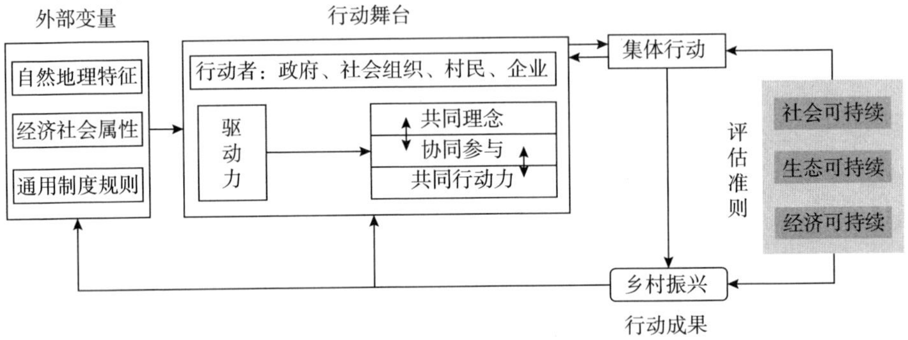

图1　案例分析框架

量的古建筑；经济社会属性较差，村地多已荒废，只能通过一些农产品以及轻工业的发展找到它的一个新的经济社会发展方向；通用制度规则中，当地为客家传统，缺乏外部的政府政策支持等。

外部变量给定，如何去组织行动舞台就变得非常关键。行动者包括政府、社会组织、村民、企业等。在荔枝窝案例中，社会组织最先发挥了引导作用，它不断吸引原住民返回、新村民流入，争取了汇丰银行、赛马会等机构的资金支持，最后推动政府政策出台。通过全程凝聚共同理念，推动协同参与以及共同行动。

此外，善于利用外部评估准则，将复兴成果向外主动展示，以吸引更多振兴力量的加入。例如，联合国教科文组织的“可持续发展大奖”就为荔枝窝的复兴计划带来了极大的关注度。

通过十年的社会试验，荔枝窝自下而上完成了一次乡村振兴。其启示在于：

第一，以领导力供给，启动初始发展。领导力的供给非常重要，高级知识分子进村，是驱动乡村振兴最为核心的一个要素。以林超英为代表的领导力争取到了原来拥有地权的原住民的信任，吸引到了新村民的入住和长期驻留，并通过议事厅、广场会议等对话机制，促进原住民、新村民之间的信息沟通和相互理解。以“暖窝”为代表的社会组织也为乡村振兴提供了合作的润滑平台，随着最终政府力量的加入，逐渐变成了一个和谐的乡村治理共同体。

第二，以协同治理，激活乡村功能。荔枝窝通过吸引政府、社会组织、新老村民和企业共同参与，形成了共同理念“可持续乡村发展”。同时规范参与，所有的复兴项目都是通过现代的普通法契约完成，白纸黑字明确各方责权利。此外，通过共同行动力来促进生态可持续、客家文化保育以及建立基础的产业。

第三，以要素整合，实现乡村振兴。正如乡村衰败开始于人、地、钱的流失，乡村振兴也就开始于人、地、钱等资源要素的回流。通过人才回流，激活土地，不断产生经济效益以后，资金也就慢慢聚集起来。

因此，衰败的乡村如何振兴？以领导力带动多元主体参与，形成有效协同，激发乡村独特功能，推动以城带乡、城乡融合，实现各种资源要素净流入，特别是促成人才回流和产业兴旺，最终实现乡村振兴。

（三）乡村振兴的对策建议

乡村振兴绝不能只着眼于“一亩三分地”，而应是通过一个宏观的视角去看待乡村发展过程中所带来的蝴蝶效应和连锁反应。

一是要发挥社会力量，从依靠政府主导转向更多依靠社会力量参与推动，以提供可持续的领导力的供给。

二是要完善对话机制。在基层治理方面，对话机制非常重要，有很多治理的难题还等待去解决，要提升协同治理的格局，这也是现在一直做不完的一个课题。

三是要立足乡村的功能推进乡村振兴的历程。我们既不能套用城市发展的理论去开展农村的乡村振兴，也不能脱离乡村本身的生态和文化价值去强调单纯的经济，而应该发挥好乡村的功能、注重和城市的差异，来推动乡村的振兴。

四、 一些反思

探索乡村多元化复兴方式过程中，荔枝窝的复兴故事是典型也是起点，其中仍有许多有价值的地方值得讨论。例如，在荔枝窝案例中，相较于当地的人口规模，其资金投入巨大，现实中这样的投入产出比是否合适？荔枝窝案例中，是自下而上的力量推动，在更大范围内的乡村振兴，如果只靠自下而上显然是不够的，那么在乡村振兴过程中，具体可行的最适合的各方力量参与路径是什么？是否可以通过市场化、社会化规律的一些方式来自然选择形成一些乡村振兴的案例？

以上便是荔枝窝的十年复兴故事。

（本文根据作者2023年6月15日在北京大学汇丰商学院“北大汇丰金融前沿讲堂”的演讲整理，经作者审阅。）

产业基金扶贫实践与探索

国家开发投资集团有限公司总裁助理
国投创益产业基金管理有限公司党委书记、总经理
中央企业乡村产业投资基金总经理
王维东

党的十八大以来，为推进脱贫攻坚战略，经国务院批准，由财政和中央企业出资，先后成立了贫困地区产业发展基金（现更名为欠发达地区产业发展基金）和中央企业贫困地区产业投资基金（现更名为中央企业乡村产业投资基金，以下简称央企产业投资基金），委托国家开发投资集团有限公司下属基金管理人——国投创益产业基金管理有限公司（以下简称国投创益）管理。成立十年来，国投创益用市场化手段解决社会化问题，实现了开发式扶贫与精准扶贫有效结合，走出了以工补农、工农协调发展的新路子，探索出了以产业基金促进欠发达地区产业发展的有效路径。

一、 产业基金发展背景

产业基金发展背景主要分为以下三个阶段。

一是计划经济时期。1978 年改革开放以前，中国主要学习苏联的计划经济模式，当时吃穿用度、住行布局、项目开发、生产安排、产品供应都按计划进行，买菜要有菜票，买粮要有粮票。新中国成立 30 年后，这种“全国一盘棋”的计划为新中国建立了一个完整的工业体系。

在这个时期，国家计委管计划，财政部负责拨款，国务院及各地方政府负责建设。借钱没有利息，投资不见效益。中央财政一旦收紧，宏观上就控制了基建规模，这就是过去常说的“一放就乱、一收就死”。这个时期最核心的问题在于，政府是唯一的投资主体，没有人对投资项目效益负责，也没有人对投资的结果负责，造成中央财政拨款永远无法满足项目的发展需要，各项资源永远处于短缺的状态，因此这个时期的计划经济也叫作“短缺经济”。

二是商品经济时期。1984 年 10 月，党的十二届三中全会提及“有计划的商品经济”，出现“商品价值”的概念，并提出要尊重价值规律——商品是有价格的，贷款是有利息的。于是计划经济阶段转移到商品经济阶段，从过去由计委设定计划、财政部拨款的模式，转向由中国人民银行（后改成中国银行）负责资金拨付的模式。

三是市场经济时期。1992 年，邓小平“南方谈话”后国家提出了“社会主义市场经济”，中国的改革开放迎来新一波高潮，中国的经济体制改革也进入一个新的阶段，即市场经济阶段。这个阶段，国家提出“由拨款改为投资”，政府与企业的关系从行政管理的关系转变为出资人与投资企业的关系。

也正是在市场经济时期，国内陆续出现了多层次的投资工具，投资重心也逐步转向通过金融手段、市场化投资方式支持战略性新兴产业发展。这一时期的投资工具大体而言可以分为股权类投资工具、债权类投资工具和其他投资工具，其中股权类投资工具的典型代表就是基金，而产业基金属于基金的一个分类，其主要运作方式为通过股权或准股权投资方式投向具有高增长潜力的企业，并参与被投资企业的经营管理，以期所投资企业发育成熟后通过股权转让实现资本增值。由于产业基金能够有效赋能投资企业、帮助提升投资企业的附加值，因此产业基金又被称作“产业基金 +”。

二、 产业基金发展现状

近年来产业基金发展迅猛，据不完全统计，截至2020年全球私募股权基金规模达到5万亿美元，全年募资额超过6106亿美元。据基金业协会统计，我国基金数量已达15.29万只，管理基金规模20.82万亿美元。根据战略需要，国内已先后设立了“先进制造业投资基金”“京津冀产业协同发展基金”“重大科技成果转化基金”“新能源基金”“绿色发展基金”“中央企业贫困地区产业投资基金”等国家级产业基金。产业基金主要通过“四个助力”发挥显著作用：助力撬动社会资本，通过市场化方式调解社会资源配置；助力战略性新兴产业实现高质量的发展，支持创新创业；助力宏观经济去杠杆，促使融资方式由债权向股权转变；助力构建多元化资本市场。

《中共中央　国务院关于打赢脱贫攻坚战的决定》中提出“引导中央企业、民营企业分别设立贫困地区产业投资基金，采取市场化运作方式，主要用于吸引企业到贫困地区从事资源开发、产业园区建设和新型城镇化发展等”。因此，2016年中央企业贫困地区产业投资基金（以下简称央企产业投资基金）正式设立，基金由96家中央企业出资，股东总计109家，共同出资314.05亿元（2023年经转增资本后为337.43亿元），存续期为15年（普通私募基金的存续期一般为5~7年），主要追求保本微利，存续期内不向股东分红，回收资金可用于滚动投资。央企产业投资基金具有以下特点：

一是央企产业投资基金可以兼顾政策目标和市场原则，其成立目的是服务于国家脱贫攻坚战略和乡村振兴战略，因此要起到促进不发达地区的产业发展、带动贫困人口脱贫的作用。央企产业投资基金采用市场化运作模式，自负盈亏，从而保证可持续发展。

二是央企产业投资基金由注重“输血”的模式转向注重“造血”的模

式。过去与扶贫相关的基金投资下去之后不求回报，但央企产业投资基金要求以多种形式实现退出，并与投资企业签订协议，协助投资企业实现长期发展。同时，央企产业投资基金的股权投资与一般财务性投资不同，因为央企产业投资基金不仅伴随着企业成长，还可带动当地产业发展。

三是央企产业投资基金具备完善的利益联结机制，这一机制将贫困人口的利益联结在投资企业里，即对土地流转、采购订单、就业人口安置等方面，央企产业投资基金都要与投资企业进行约定，使得贫困人口享受到投资企业发展的红利。

央企产业投资基金的优势主要有以下三点：

一是政策优势。由于央企产业投资基金服务于国家脱贫攻坚和乡村振兴，因此在助力增加地方税收等方面具有优势。

二是资源优势。央企产业投资基金具有强大的国资背景，可以利用央企股东的人才、资金、技术等服务于投资企业的发展。

三是投资灵活性优势。央企产业投资基金既可以做 PE 投资，也可以做 VC 投资；既可以投纯债项目，也可以做可转债项目；既可以做战略投资，也可以做定向增发投资，投资方式灵活多样，因此其可以创造显著的社会效益和经济效益。

三、 产业基金扶贫管理模式

脱贫攻坚期间，基于基金投资实践，国投创益全面系统提炼，从产业基金扶贫管理体系、方式、平台，全面风险管理、社会效益闭环管理、投后管理、双轮驱动、信息化建设、党的建设、品牌建设等 10 个方面，构建了既充分体现国有资本市场化、产业化扶贫特色，又有理论高度和借鉴意义的产业基金扶贫管理模式。

（一）产业基金投资管理体系

产业基金投资管理体系的内核可以总结为“一个目标、两个原则、三个保障、四个主体、五个标准”，具体如下。

一个目标：探索市场化的产业基金扶贫方式，促进贫困地区区域经济发展。过去对于贫困地区大多都是政策拨款，现在要以市场化、金融化方式，助力国家脱贫攻坚战略。国务院批准的央企产业投资基金成立方案中即明确指示，要探索产业基金市场化的扶贫方式。

两个原则：一是坚持产业基金扶贫效果，投资项目必须要起到带动当地产业发展的作用；二是坚持产业基金保值增值、有效退出。产业基金是市场化运作的基金，要遵循市场化运作的规律，同时兼顾政策目标，保障资金安全。

三个保障：一是基金治理结构，二是风险控制体系，三是稽核监控系统。基金治理结构是指出资人、基金管理人和托管人各司其职、各负其责、协调有序、相互制衡；风险控制体系主要是支持投资的风险控制；稽核监控系统是对投后项目进行稽核和监控，保证投资项目能够正常运作。

四个主体：作为投资人的产业基金，作为被投资方的投资企业，投资企业对于贫困地区投入的资源，以及作为最终受益者的贫困人口。

五个标准：投资决策规范化、团队建设专业化、运作管理信息化、投后管理增值化、对外形象品牌化。

（二）产业基金投资管理方式

经过长期实践与探索，产业基金在了解贫困地区产业发展现状和自身优势与特点后，制定了“发挥优势，聚焦产业，组合投资，依托龙头，内生发展”的扶贫管理方式，开展产业扶贫。

发挥优势。产业基金用好国有资本期限长、股东产业背景雄厚以及投资方式灵活三大优势，因地制宜使用股权、债权、子基金等方式进行投资布局，将基金打造成覆盖所有央企、履行社会责任的平台载体。

聚焦产业。产业基金深入分析贫困地区资源禀赋，按照贫困地区急需，重点布局符合市场未来需求、扶贫带动效果好的产业，并精心选择现代农业、高端加工制造、矿产资源开发、医药健康等重点产业进行投资。

组合投资。产业基金采用“组合投资”的理念。首先，产业基金投资了一批证券化项目，该类投资企业具有现代管理理念和先进技术，可以发挥其技术优势和资金优势助力脱贫攻坚，同时可通过证券化方式实现退出，取得较好退出收益，从而提升基金整体回报，保证基金持续滚动发展。其次，产业基金投资了一批中央企业、省属国企、大型民营企业项目，这些项目特点是经营稳健、收益有保证、扶贫效果较为显著。最后，在贫困地区尤其是在深度贫困地区，产业基金投资了一批扶贫效果好但经济效益较为一般的中小型企业，以助力解决中小企业融资难、融资贵等问题，同时扶持贫困地区本土龙头企业发展。上述三个方面即为组合投资的关键要素，既可实现产业基金扶贫效果，也可获得经济效益，实现可持续发展。

依托龙头。产业基金依托国有、民营、外资等各类产业龙头，在贫困地区投资了一批产业带动大、扶贫效果好的项目。

内生发展。产业基金密切投资企业与贫困户的利益联结，志智双扶，通过提供就业岗位、土地经营权入股、订单收购、信用扶贫贷款入股、技能培训等多种利益分享方式激发贫困户内生动力，带动贫困人口长效稳定脱贫。

（三）产业基金五式判定法

产业基金在考察投资项目时，采用“4+X”方法进行判定。

1. “4”是指资源、行业、企业和管理层四个方面。

在资源方面，产业基金考察投资项目时要着重考虑其在贫困地区拥有哪些特殊的优势资源，良好的资源禀赋有利于增强投资企业的经营活力。经过认真的梳理、考察，产业基金对全国一些重点地区的资源禀赋进行了分类，比如青海地区的特色资源是畜牧业、清洁能源和矿业，其他省份也各自拥有不同的资源优势，因此投资时要根据不同地区的资源禀赋来选择产业基金的投向。

在行业方面，产业基金的经验是在好行业里选择一般的公司，比在一般的行业里选择好公司的成功概率更大。第一要看宏观政策，例如该行业是否处于去产能状态，是否属于国家政策支持或者地方产业规划优惠政策支持的行业；第二要衡量行业投资收益预期，对于那些供大于求、产能过剩、竞争激烈的行业，投资要非常谨慎；第三要看行业规模和集中程度，在大行业里寻求竞争格局带来的确定性；第四要看行业的进入壁垒，避免进入门槛过低、竞争过于激烈的行业。在上述方法论的基础上，产业基金制定了投资矩阵图（见图 1），图 1 的纵坐标为投资价值，具体包括经济价值（主要衡量市场吸引力）和社会影响力价值（主要衡量社会影响力的范围、深度和持续时间）两个维度。横坐标是投资可行性，主要包括投资风险、能力匹配和政策限制三个维度。在该矩阵所囊括的行业当中，产业基金战略关注区域主要包括种植业、新能源、新材料、农村电商、稀土等。

同时，产业基金在做行业分析时除了从标的企业本身出发，还会具体分析该企业所处的产业链，主要应用到的工具是“投资微笑曲线”，该曲线用于描述产业链两端的附加价值情况（见图 2）。

以医疗健康产业链（见图 3）为例，该产业链包含研发及原材料供应、制造、流通和医疗健康服务等环节。产业基金列出了在该条产业链不同位置的头部企业，在做投资决策时可以从这些企业中选择，并吸引它们到贫困地区投资。

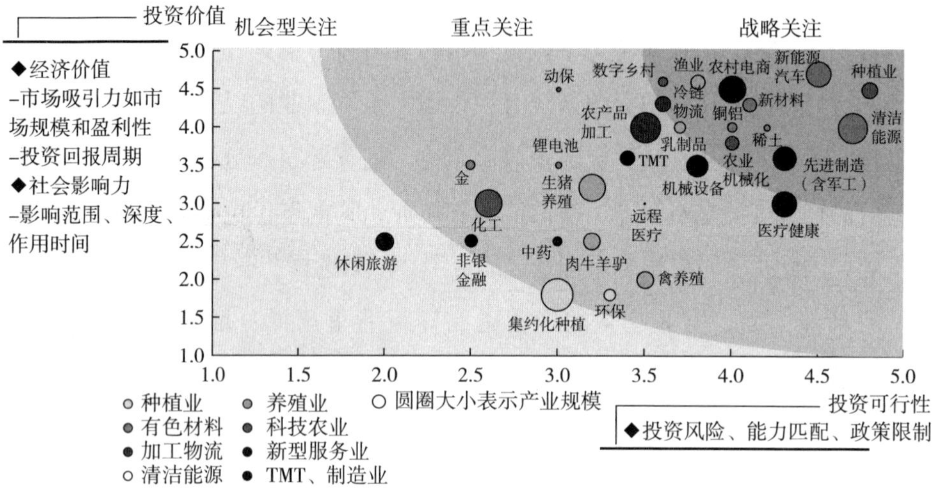

图 1　产业基金投资矩阵图

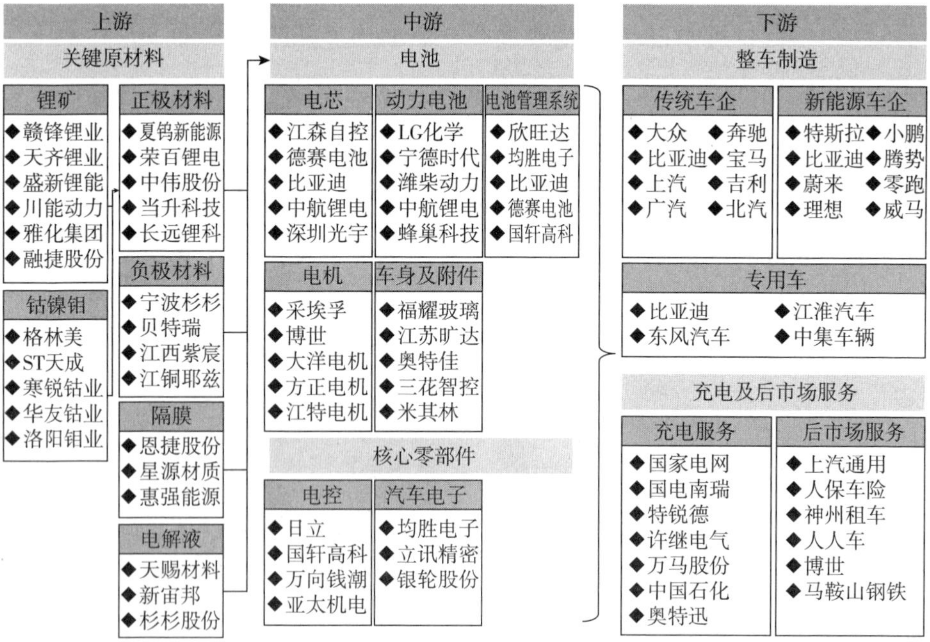

图 2　新能源汽车产业链

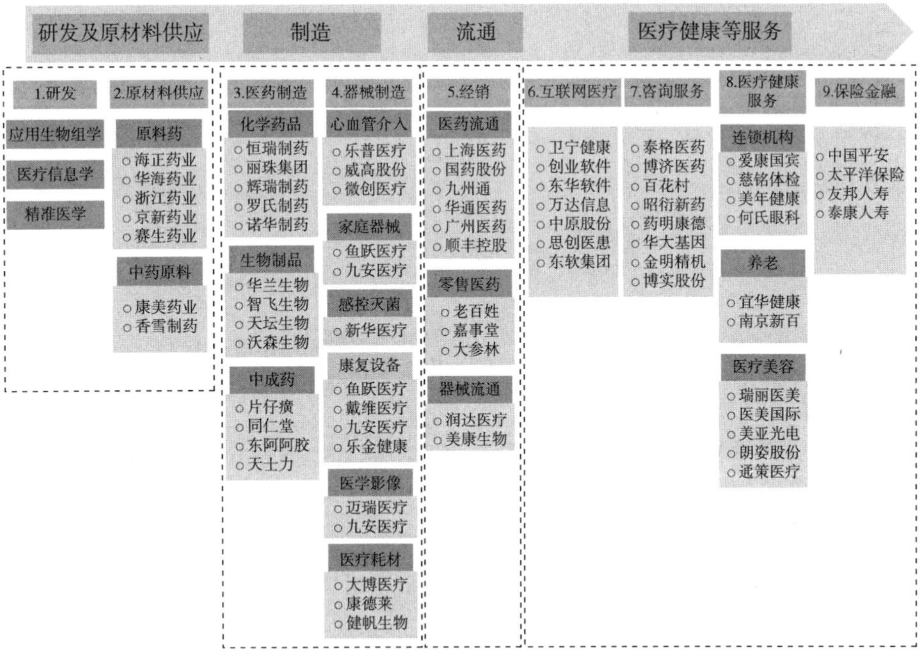

图3 医疗健康产业链

再看农业产业链的微笑曲线（见图4），其中纵坐标是价值链，横坐标是产业链。该产业链最前端是农业科技/育种，接下来依次是农业服务、种植养殖、加工、物流贸易和品牌。微笑曲线两端（包括科技/育种和品牌）盈利附加值最高，所以产业基金重点在两端加大投资，而在收益率比较低的中间环节投资相对较少。例如，产业基金投资项目主要有种养殖环节的牧原股份、杨氏股份，加工环节的益客集团，物流环节的佳沃、鑫荣懋等，品牌端的金龙鱼、国台酒等。

在企业方面，产业基金判定标准主要包含以下四个维度，一是关注标的企业成长性，二是关注标的企业业务持续性，三是关注标的企业财务强度，四是关注投资判断准确性。基于上述四个维度，产业基金制定了投资十二问记分卡。在做投资决策时，产业基金将根据该记分卡对标的企业各

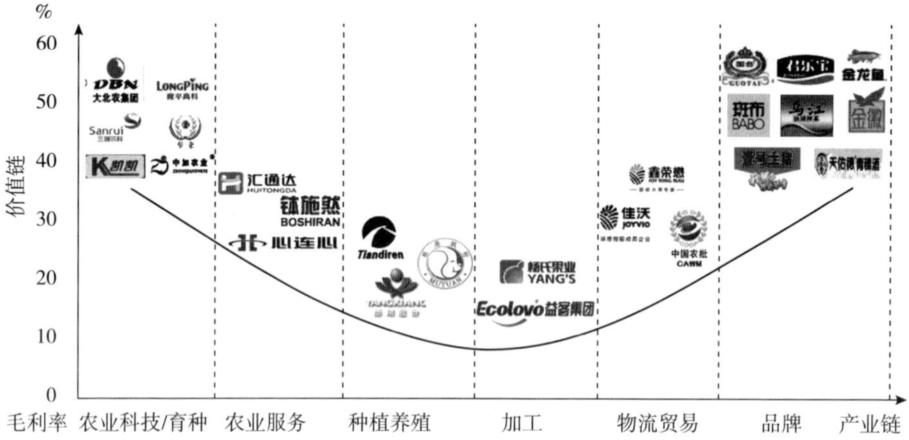

图4　农业产业链投资微笑曲线

方面打分，一般要求在70分以上才能立项。

在管理层方面，产业基金一是关注管理层是否有足够责任感、为人正派、诚信经营，是否把推动当地经济发展、带动贫困人口脱贫作为企业发展的重要目标。二是关注管理层是否在行业深耕，投资企业的管理层，要对所从事的行业有深入的研究和了解，凭借专家级的认知和精准的行业趋势判断，赢得客户、股东、员工、政府的广泛认可。三是关注管理层是否有持续创新能力等，投资企业的管理层，一方面要善于整合各方资源，凝聚人心，团结力量，带领企业往前走；另一方面要保持空杯心态，顺势而为持续进化，不断修正企业发展战略，方可增加在终局胜出的概率。

2. X是“4+X”的重要组成部分。

对央企产业投资基金而言，“X”是指“产业扶贫”，脱贫攻坚结束以后，“X”就转变为乡村振兴。产业扶贫可以分为直接扶贫和间接扶贫，其中直接扶贫可分为生产调动、就业带动、资产收益、定点帮扶和扶贫公益捐赠等；间接扶贫可分为税收贡献、基础设施投入、生态环境保护、技术进步贡献和行业发展贡献等。

（四）产业基金投资流程

产业基金建立了一套投资流程以控制投资风险（见图5）。具体来说，由于产业基金投资需符合国家战略，既投资于价值，也投资于社会责任，所以要对项目投资进行价值分析和尽职调查，再由基金投委会进行投资决策、论证，最后确定是否投资该项目。

图5　产业基金投资流程

针对商业尽调，产业基金提出了“54321”：即在项目公司连续调研超过5天，对4个以上的项目公司上下游客户、3个以上的股东和管理层进行访谈，考察2个以上的项目公司竞争对手，项目经理需要与项目公司普通员工至少吃1次饭，最后由项目经理完成商业尽调报告，用于辅助投资决策。

针对投资工作指引，产业基金将其分为以下三个部分：投资部分、管理部分和退出部分。投资部分包括投资评价、投资工具、合作对象、合作模式、投资行业和投资流程；管理部分包括投后跟踪、增值服务和常用指标；退出部分分为股权退出和债权退出，其中，股权退出既可以在二级市场退出，也可以通过非证券化的方式实现退出。

（五）七大产业投资平台

为加快扶贫管理模式的示范、复制和推广，产业基金依托各产业龙头企业打造了七大投资平台。一是依托农业供给侧结构性改革，打造现代农业平台。二是依托当地资源禀赋，打造资源开发平台。三是按照国家能源发展战略，打造清洁能源平台。四是防止因病致贫、因病返贫，打造医疗健康平台。五是致力解决农产品销售难题，打造产销对接平台。六是为农业产业链提供融资方案，打造产业金融平台。七是发挥基金纽带作用，利用“绿色通道”政策，打造资本运作平台。产业基金引导发达地区拟上市企业和上市公司到贫困地区投资，并积极利用证监会出台的“绿色通道”优惠政策，支持贫困地区企业走向资本市场。

（六）全面风险管理

产业基金打造了“123 风险管理体系”，用于进行基金全面风险管理。“1”是 1 个原则（以全面合规为底线、以保值增值为前提，以扶贫效果为根本）；“2”是 2 个基石（IT 硬控制系统和风险管理文化软实力）；“3”是 3 大主要支柱（层级化风控职能体系、全过程风险管控机制和结构化风控制度支撑体系）。

在风险管控方面，产业基金建立了动态闭环风险管控机制，首先是对投资企业进行风险评估、识别分析和评价，其次进行风险处置。如果项目不符合投资标准，或者风险较大，产业基金就要及时对投后管理可能出现的风险采取措施。同时，产业基金定期出具风险报告，对投资企业进行周期性风险评估。由于投资风险内可能存在于“募投管退”的各个环节，所以风险控制必须要嵌入投资管理的全流程中。此外，风险控制的流程化管控需要信息化和风险管理文化的适配，即通过 IT 硬控制系统实现风险硬控制，通过风险管理文化软实力实现风险软控制。

全面风险管理还包括“1248 财务管理体系”，主要用于管控财务风险、优化资源配置、创造财务价值：“1”是指一个中心，以企业价值最大化为中心，做好成本节约；“2”是指两大单元，即财务管理和业务支持；“4”是指四大要素，即人才、资金、信息和技术；“8”是指顶层设计参与、业财信息化建设、财务专业化培训、全面预算管理、财务综合分析、财务风险防范、资金闭环管理、外部监管对接八项管理职能。财务风险管控同样内嵌于“募投管退”各个环节中，即在募资阶段就把控好财务风险，在投资阶段判别投资企业未来价值，在投后管理阶段对投资企业进行风控保护，在退出阶段进行及时复盘，提出财务风控方面的意见和建议。

（七）社会效益闭环管理

产业基金服务于国家战略主要体现在社会效益方面，在立项、投资决策、投后管理全过程，产业基金总结出一套社会效益管理体系闭环，用于控制和管理社会效益。在投资阶段，项目考察时需要注意投资企业的社会效益情况；在尽调过程中，产业基金要进行社会效益方面的专题尽调，量化社会效益指标，并在投资协议里明确投资后企业在未来应实现的社会效益增量；在投后阶段，产业基金执行评估社会效益再评估，从而形成社会效益管理的闭环体系。

社会效益闭环管理体系共分为 6 个环节、3 级指标、81 类要素，将社会效益考察、尽职调查、指标量化、协议约束、数据采集、成效评估各环节与项目投资管理流程深度融合，通过 133 项指标对投资项目社会效益进行全面分析；按照直接带动和间接带动两大类方式指导投资企业开展扶贫工作，如通过生产带动、就业带动、资产收益等直接带动方式将贫困人口纳入企业经营管理范围，带动其脱贫致富；通过上缴各项税费、企业经营性基础设施建设投入、生态环境保护等间接带动方式促进贫困地区经济社会发展，提升贫困人口生活质量。

在实操过程中，社会效益指标贯穿于投资全流程：一是在投资建议书/投资方案进行列示，二是在社会尽调中进行收集调研，三是在投资协议中与投资企业约定未来增量，四是在投资后进行社会效益评估，五是定期向投资企业收集社会效益数据。此外，对于不同行业，社会效益的评价指标也会因地制宜地进行设定。

（八）投后管理

按照抓重点、补短板、强弱项的原则，建立了符合贫困地区企业现状的投后管理机制。产业基金成立专门的投后管理团队，将投后管理划分为投后协议执行、项目动态跟踪、项目法人治理、投后增值服务四大模块；建立了资金监管机制、信息收集机制、分析报告机制、定期检查机制、年度评估机制、增值服务机制六大机制；为投资企业提供完善公司治理结构、规范财务管理系统、提供再融资服务、提供外部关系网络、上市辅导及并购、开展专题业务培训、搭建交流合作平台、开展党建工作指导八大增值服务；通过健全规章制度、加强人员培训、会计师事务所提供财务顾问等方式，帮助企业完善法人治理架构、健全财务会计管理制度、规范生产运营，帮助投资企业解决各类管理问题，支持企业发展壮大。

（九）信息化管理

管理规模较大的基金需要用到大数据分析，产业基金过去判断一个项目一般需要半年到一年以上的时间，有些项目甚至要跟踪两年以上。但现在对于有些项目，产业基金通过大数据分析，从接触项目到决定投资仅需 1 个月，大数据分析可以有效提高投资效率。产业基金的信息化管理系统主要由投资管理系统（IM）、财务监控系统（FM）、智能分析系统（BI）、企业管理系统（EMP）组成：

1. 投资管理系统（IM）

投资管理系统可以固化和优化投资管理流程，对投前、投中、投后、退出实施全周期实行信息化管理，并实现投资信息流的电子化和流程表单化，同时产业基金也会帮助被投资企业建立信息化系统。

2. 财务监控系统（FM）

财务监控系统可以通过畅捷支付实现资金监管，使得重大资金随时可以在手机里查看、管控。同时，产业基金统一为投资企业提供财务核算软件和报送系统，实现所有投资项目网上报送，从而监控投资企业的财务风险。

3. 智能分析系统（BI）

在通过信息化系统收集以上数据后，产业基金还建立了智能分析系统，以整体提升业务管控能力、风控管理能力和财务及资金分析效率。以央企产业投资基金为例，该基金是15年滚动投资的，已投资的上市企业20多家，持有上市公司股份市值超100亿元。对于该部分持有的市值，基金管理公司要考虑全面，根据投资项目资金需求来减持上市项目资金，也因此需要动态分析，从而提高资金周转率，如果没有这套分析系统很难做出准确判断。

4. 企业管理系统（EMP）

企业管理系统则主要负责对所有投资企业进行地域分析、行业分析、投资资金分析、资金安全性分析以及退出期分析等，提升产业基金投资能力。以央企产业投资基金为例，2020年其完成投资额为128亿元，且投资项目主要集中在下半年，如果没有这套系统，很难想象如何进行如此巨额的投资。过去，产业基金主要依靠管理人实现轻资产运行，在新时代，产业基金必须要有一套成熟的管理体系作为风险控制的硬约束，以适应当前的投资节奏和风险管控要求。

（十）双轮驱动

产业基金支持的是大型龙头企业，中小型成长企业，通过带动就业、提供税收、产业链发展等促进区域经济发展，但贫困地区仍有大量小微企业不满足基金投资要求，大量贫困人口无法参与产业发展。

以央企产业投资基金为例，央企产业投资基金投资了一批有前景的企业，实践证明，社会效益和经济效益都超出了预期。央企产业投资基金最初以保本微利为标准，但目前回报已超过了同行业平均水平，且完成了服务国家战略的任务。同时，产业基金将成立专项公益基金会，多管齐下解决贫困问题。公益基金支持的是社会效益显著，但不满足产业基金投资的小微企业以及科教文卫等公益事业，重点关注留守儿童、孤寡老人、残障人士等社会问题，其采取无偿捐赠形式缓解贫困，与产业基金形成了很好的互补，基本全方位覆盖了导致贫困的原因和解决贫困的方案。

四、“一本、两基、四梁、八柱”服务乡村振兴

围绕乡村振兴，国投创益持续完善投资管理模式，按照市场化运作、专业化管理的要求，形成了“一本、两基、四梁、八柱”市场化管理运行框架（一个目标：致力于打造一流影响力投资机构；两个重要基石：管理机制与制度流程、数字化与智能化技术；四个指导原则：人才强企、一体化投资、党建领航、创新文化；八个关键支撑：行业研究、投资管理、投后管理、风险管理、财务管理、“ESG＋乡村振兴”社会效益管理、绩效管理、知识管理）。并以此为指引，引入以价值引领为核心的“1234”财务管

理钻石体系，全面发挥运营管理职能的“456”运营管理魔方体系，将监督与内控、合规、风险深度融合的“四位一体”全面风险管理体系，有力激发人才管理活力“1342”人才粮仓管理体系，将国内外先进做法、政策要求与国投创益投资实践相结合的ESG+乡村振兴投资管理体系，充分运用数字化思维、数字化技术对管理理念、管理工具、管理方式进行重塑，以实现新管理体系建设成果的固化和推广运用。

（一）一本

坚持以“秉承宗旨、不辱使命、实现愿景，致力于构建一流影响力产业投资平台”为根本目标。

（二）两基

一是管理机制与制度流程。产业基金致力于建立利益趋同、风险共担的管理机制以促进目标一致和价值认同。

二是数字化与智能化技术。产业基金以数字化与智能化技术为另一个重要基石，着力进行数字化转型，高度重视数字化与智能化技术的发展。通过数据驱动，场景化应用，强化数字化意识，从而优化数字化手段，融入业务与管理，精益化运营提效。

（三）四梁

一是组织人才，产业基金打破前台、中台、后台固有管理定位，以服务战略、价值创造、管理协同为宗旨，围绕募、投、管、退核心业务，发挥部门专业特点，构建了敏捷高效的组织。

二是一体化投资，国投创益构建了一体化投资管理能力，形成研究与投资投管一体化、投前投后一体化、专业条线管理一体化贯穿始终、有机一体的管理体系。

三是党建领航，高度重视党建工作，打造“一个中心、三个到位、三个融合、六大工程”的党建体系，积极开展各类活动，落实赓续红色基因。此外，国投创益创新管理方式，设置专人任投资企业党建工作指导员，并出台了指导员管理细则。

四是创新文化，营造创新文化，提供机会平台，致力于健全激励机制，打造知识型、学习型的组织，形成能力提升的内生动力与创新循环。此外，国投创益鼓励共同创造价值文化，成立信息化、项目退出、生物育种等多个专项工作小组，并鼓励管理创新，每年评选管理创新奖，在公司内部营造创新氛围，通过对投资策略、公司管理、数字建设等方面的不断迭代，激发全体员工的创造力、执行力、战斗力、凝聚力，推动公司快速发展。

（四）八柱

一是行业研究，产业基金形成了一套涵盖研究创新、投资赋能、业内交流以及经验分享的影响力投资拓展流程，充分发挥央企优势，将政策解读与行业研究相结合，积极建言献策，履行央企责任。此外，国投创益建立了宏观经济研究、政策研究、区域研究、行业研究和技术研究五大方面标准化、系统化的研究体系。

二是投资管理，产业基金优化升级了脱贫攻坚时期的“1234”管理体系，坚持 1 个目标，发挥 2 个优势，执行 3 个策略，强化 4 个支撑，坚持以影响力投资为目标，充分发挥资本与资源双重优势。同时，围绕战略规划，时刻关注和深入研究国家政策和产业环境变化，以此定期评估、分析、更新投资策略，调整投资计划。

1 个目标	坚持构建一流影响力产业投资平台的发展目标	国投创益始终坚持服务国家战略，坚持社会效益与经济效益并重，同时坚持市场化运作与专业化运营并行
2 个优势	发挥资本优势 发挥资源优势	国投创益持有长期资本，可以循环投资，从而充分发挥资本效益聚合集团优势资源，使各方优势良性循环
3 个策略	组合投资策略 ESG + 投资策略 “链主”引领策略	综合项目收益、影响力、风险，对于不同周期、行业、投资类型进行合理组合，构建特色 ESG + 管理体系，助力服务乡村振兴聚焦五大主题。打造“链主”。聚链成群
4 个支撑	以行业研究为理论支撑 以流程要求为行动支撑 以信息化为技术支撑 以投资闭环为机制支撑	研究引领投资，构建坚实的理论基础 严格落实投资流程要求与标准 信息化固化要求与工具模型 坚持“策略分解—指标工具—流程执行—复盘总结—策略优化”的投资闭环，对投资体系进行动态优化

三是投后管理，产业基金搭建了主线清晰、目标明确、理念鲜明、指引落地的投后管理体系。统一目标，统一原则构建投前、投后一体化战略，为达成构建影响力产业投资平台，坚持以投后标准化管理要求、投后管理数字化支撑、差异化管控为理念，保障国有资本保值增值。

四是风险管理，产业基金升级了五级风险监测预警体系，形成以风险管理为指引、内控管理为途径、合规管理为底线、监督管理为闭环，并通过风控文化建设、数智化建设双效支撑的四位一体全面风险管理体系。

五是财务管理，产业基金形成了以价值引领为核心的“1234”财务管理钻石体系，通过标准化服务与工具、差异化管控与评价，刚柔并济搭建有效的项目评价体系，使过程管控与结果评价相结合，从而提升财务管理效能。

六是绩效管理，企业的发展离不开人才，作为人才密集型行业，吸引和留住人才更是企业实现可持续发展的决定性因素，而有效的绩效激励举措则是调动员工积极性、使员工获得强烈归属感的重要措施。国投创益以激发员工干事创业活力与动力为核心，追求“活力更足、人效更高、业绩更优”三个目标、坚持“业绩贡献、价值创造、风险捆绑”三个导向，激励与考核协同发力，持续激发人才活力、持续增强人才效能、持续提升业绩表现，加速一流影响力机构建设进程。

七是知识管理，产业基金建立企业知识管理体系及知识地图，加深员工对于所投资产业、产业资源协同等全方位的理解，同时知识库机制便于上下进行资源共享及不断优化补充，从形成行业洞见、服务业务发展、培育内部专家、助力管理提升四大方向推动知识管理成为品牌塑造及管理提升的核心竞争力，进一步打造知识型、学习型组织，形成能力提升的内生动力与创新循环。

八是 ESG + 管理，作为国家级基金，围绕乡村振兴的战略部署，产业基金在传统 ESG 指标的基础上融入乡村振兴特色指标，建立了 ESG + 乡村振兴影响力投资管理体系，以“一项原则、两条路径、三种工具”为乡村振兴持续贡献力量。在顶层设计的投资目标方面，产业基金提出了产业基金星火原则，该原则是国投创益在乡村振兴阶段影响力投资的整体方略，旨在贯彻以乡村振兴为核心的影响力投资理念，发挥基金的引领作用。同时，通过 ESG 影响力投资闭环管理体系，以及将 ESG 融入“募投管退”全流程这两条路径，并通过 ESG 评价指标体系、ESG 数据库和 ESG 影响力报告这三种实施工具，确保影响力投资落到实处。

五、 产业基金投资成果

国投创益作为国家级基金管理人，所管理的基金紧紧围绕国家战略，以资源开发、新型城镇化发展和产业园区建设为方向，以现代农业、清洁能源、新能源应用、矿产资源和先进制造为五大重点投资领域，累计投资项目超过 260 个，金额 643.43 亿元，涉及全国 29 个省、186 个市、407 个县，覆盖了原全部14个集中连片特困地区和三区三州深度贫困地区；累计带动就业500万人次，为就业人口提供收入5000亿元，为地方政府贡献税收1000亿元，撬动社会资本4000亿元。

六、 产业基金发展探讨

“基金+乡村振兴”是产业基金未来的重点发展方向。2021年2月25日，习近平总书记庄严宣告：我国脱贫攻坚取得了全面胜利！下一步要巩固拓展脱贫攻坚成果，全面实施乡村振兴战略，给产业基金赋予了新的战略任务，也带来了新的发展机遇和挑战。

当前，我国乡村振兴面临以下挑战和问题：

一是当前“三农”（农村、农业、农民）问题抬头。具体表现为农村逐渐萧条甚至消失，过去20年31.5万个村庄消失；农业产值比重下降，2019年占GDP比重已经下降到7.1%；农村务农人员人口不断减少，真正从事农业劳动人口为1.9亿左右，而且年轻劳动力严重短缺。

二是从产业发展角度来看，主要存在以下四个问题。

1. 经济全球化的不确定性增大。中国是人口大国，国家安全中最主要的是粮食安全。目前我国粮食自供自足还是有困难的，需要从国外进口粮食，全球化的不确定性会影响我们的粮食安全。

2. 资源要素瓶颈依然突出，主要是资金、技术、人才向农村流动存在诸多障碍，这需要政策的支持和基金的投入。

3. 发展方式较为粗放，农村的创新能力总体不强，农产品加工转化率低。

4. 产业链条延伸不充分，小而散、小而低、小而弱的问题比较突出。同时利益联结机制不够健全，农村人口享受企业发展、社会发展的红利还不够，这都需要在乡村振兴中解决。

随着政策驱动力、市场驱动力、技术驱动力不断增强，乡村经济振兴会带来十万亿级规模空间的一系列新产业。据统计，国家出台支持乡村振兴的文件已有超过100余个。在农业现代化方面，产业基金可以通过农业与信息产业的结合，助力数字农业、智慧农业发展，促进建设农产品全产业链大数据、国家数字农业建设系统；在工业化方面，产业基金可以助力推进农业与工业交流，提升农产品的加工流通渗透率和效率。

产业基金助力乡村振兴的可能路径

根据中共中央办公厅、国务院办公厅印发的《关于推进以县城为重要载体的城镇化建设的意见》等政策文件，乡村振兴主要分为收缩型县域、功能型县域和发达型县域三种区域，针对不同的区域，产业基金也将选择不同的投资策略。

少量布局收缩型县域，建设美丽乡村。这一区域的投资需求较少，因而社会资本的投入较少，主要集中于规模化的种植和养殖，附加值较低。美丽乡村需要发展的产业类别相对较少，重点是做好生态建设，因此旅游业等服务业可以作为发展重点。

适度布局功能型县域，促进城乡融合。这一区域社会资本需求也相对较少，据估算，该部分的潜在投资规模约1.7万亿元，主要是导入具有一定技术含量的机械制造、包装食品和饮料以及服务业。

重点布局发达县城，潜在投资规模约为7万亿元，重点发展规模化科技农业、高科技产业、新药研发和现代服务业，这一区域是未来乡村振兴中产业基金重点布局地区。

（本文根据作者2021年4月16日在北京大学汇丰商学院“北大汇丰金融前沿讲堂”的演讲整理，经作者审阅。）

金融开放之变

从 RCEP、CAI 到 CPTPP，打造中国多边贸易投资开放新格局

全球化智库（CCG）理事长
商务部中国国际经济合作学会副会长
西南财经大学发展研究院院长
王辉耀

当前，中国正处于构建改革开放新格局的关键时期。2021 年是建党一百周年，“两个一百年”的第一个百年来临之际，我国实现了全面小康的目标，接下来朝着基本实现现代化的目标前进；2021 年是“十四五”的开局之年，数字化转型大潮汹涌澎湃，线上教育、线上医疗、电子商务等已涉及千家万户；2021 年是中国加入 WTO 20 周年，20 年里，中国的 GDP 翻了 12 倍，目前已成为全球 130 多个国家和地区最大的贸易合作伙伴。2020 年，中国成为全球最大的外国直接投资流入国；2020 年中国签署区域全面经济伙伴关系协定（RCEP），完成了中欧投资协定（CAI）谈判，中国在加速融入世界经贸体系。而自 1971 年基辛格秘密访华开始，中美交往已有 50 年。在中国发展高层论坛 2021 经济峰会上，基辛格先生表示，中美两国有误解，需要找到共同的生存之道，避免发生不愉快。对于中国而言，构建中美“竞合关系”新平衡将是新时期对外开放的一项重任。

一、百年未有之大变局，从全球金融体系和贸易体系谈变化

（一）全球贸易体制正在经历结构性改变

今天，全球贸易体制正在经历结构性改变。WTO 成立以来，有力地推动了全球的关税减免、壁垒减少。但遗憾的是，过去 20 年间，多哈回合谈判一直未能达成新的共识。美国前总统特朗普上台以后，美国便退出了巴黎气候变化协定等多边机制，并多次尝试修改 WTO 仲裁规则。而随着 WTO 上诉机构法官改选遭美国抵制，WTO 仲裁机制瘫痪。拜登上台后，确认了之前被特朗普否定的新 WTO 总干事，WTO 或能在新冠疫情和后疫情时代迎来更大的变化。

WTO 停滞，但区域性自贸区不断涌现，全球贸易体制呈现碎片化发展趋势。截至 2021 年 2 月，全球总计生效的自贸协定达 553 个，“意大利面条碗”效应不可避免。此外，新冠疫情的冲击导致经济衰退，全球产业链、供应链、价值链加速重组。而数字经济异军突起，传统经济受到很大冲击，大量中小企业倒闭，各国在用赤字和国债支撑经济，唯独中国作为主要的经济体“一枝独秀”。

当前自贸区协定具有高标准与排他性的新特征。例如，全面与进步跨太平洋伙伴关系协定（CPTPP）在劳工权利、知识产权保护和国企竞争性中立和补贴问题上设立了高准入门槛，在数字贸易等新贸易形态上也设立了较为先进的规则。相比之下，WTO 的标准侧重于国际货物贸易，在科技流动、数字经济、大数据等服务贸易领域相对较滞后。此外，特朗普时期美国与加拿大、墨西哥重新签署的美墨加协定（USMCA）中引入了排他性的“毒丸条款”，这一条款被认为主要是针对中国的。

中国人口众多、幅员辽阔，市场极具成长性。我们的一大优势在于高

效。例如，极高的移动互联网渗透率，大大降低了沟通成本；四通八达的高速铁路，形成了显著的协同效益、综合效益；高效的政府决策力，能集中力量办大事等。中国正逐渐成为世界最大的市场，2020 年中国 GDP 已达美国 GDP 的 70% 左右，预计 2030 年可与美国持平甚至赶超美国。

中国的快速发展引起了美国的担忧。现在美国国内已形成共识，即中国崛起一定会与美国产生冲突。但实际上，美国的问题并不完全由中国造成。由于全球化发展，美国的跨国公司在全球兴起，但收入并没有汇集到美国本土；华尔街前 1% 精英拥有的财富，相当于美国 40% ~50% 的普通民众的财富。这种贫富悬殊在近 20 年里仍在不断拉大，原因是美国对税收、商业和跨国公司的治理落后于这些领域不断发展的现实。

（二）国际金融体系亟须变革

贸易保护主义和单边主义的兴起对投资也有影响。例如，在中美贸易战中美国实际得不偿失。美中贸委会 2021 年 1 月报告显示，对华贸易战使得美国 2018—2019 年 GDP 减损 0. 5 个百分点（1080 亿美元），损失 24. 5 万个就业机会，美国公司市值损失 1. 7 万亿美元。与之相对应，中国对美国的出口不仅没有因为中美贸易摩擦而减少，反而得到了提升。而美国打压华为、中兴、腾讯、阿里巴巴等企业，也不利于未来美国高科技企业进入中国市场。同时，欧盟成员国对于 FDI 的审核趋严。2019 年中企在欧洲并购金额仅为 205. 3 亿美元，同比大幅下降 57. 1%。美欧之间就欧盟飞机制造业是否存在补贴问题产生严重对立，引发美欧贸易争执，TTIP 谈判中止。数字贸易异军突起，但各主要经济体就监管问题尚未达成共识，以及数字通关、关税、国际快递等问题的存在，说明国际数字贸易并没有完全打通。此外，现在很多大型公司形成了巨大的垄断，例如谷歌、Facebook 等，这也造成了很多矛盾的增加。

总的来说，全球金融治理体系已经不适应当前的形势。世界银行和IMF亟须改革，我们正迎来“布雷顿森林体系”的新时刻。“布雷顿森林体系”是1944年第二次世界大战胜利前在美国新罕布什尔州布雷顿森林举行的一场关于如何建立战后国际金融和贸易体系的会议。第二次世界大战结束后，在布雷顿森林会议的共识基础上建立起了包括世界银行、国际货币基金组织、关贸总协定等一系列多边全球治理机制，属于联合国体系的一部分。联合国体系是第二次世界大战后76年以来没有发生第三次世界大战的重要原因——它促进了全球贸易繁荣与经济增长。19世纪第一个十年，IMF成员国进行了投票权改革，美国仍占据16.5%的投票权，相当于有一票否决权，而中国的声音则没有体现出来，这与我们的国力不相匹配。同时，基础设施建设是下一个76年间世界避免发生冲突、带来和平繁荣的最大增长点，但发展中国家难以从当前的国际金融体系获得足够的信贷用于投资基础设施建设。中国的基建能力全球领先，中国倡议设立的亚洲基础设施投资银行（以下简称亚投行）有103个成员国，包含了除美国和日本以外的所有发达国家，下一步可进一步提升亚投行的影响力，探索建成世界基础设施投资银行，让更多国家参与这个新的多边机制。

（三）中美关系寻求“新平衡”

随着拜登入主白宫，中美关系也有一些新的变化。特朗普崇尚单边，而拜登的执政理念回到了传统的建制派，希望重振多边，回归领导力，加强对全世界的影响。所以拜登上任第一天即宣布重返巴黎协定，并回归了世界卫生组织。从中美关系的再平衡来看，2017年特朗普上台发布的国家安全报告中，首次把中国与“敌对势力”（Rival Power）相提并论，而2021年拜登上台后，在他的第一次国际公开讲话中，他将中国定义为战略竞争者（Strategic Competitor），“敌对势力”与“竞争者”的定义是有区别的。

同时，拜登上台后不再称呼新冠疫情为“中国病毒”，这些信息都是非常积极的。

拜登的国务卿布林肯在阿拉斯加安克雷奇中美高峰会议上也指出，美国与中国该竞争的要竞争，该合作的要合作，该对抗的要对抗，形成了三个新的定位。拜登试图打造一个新的鹰派战略，但这并不容易，因为美国可选的战略伙伴中，大多数与中国有密切的经济合作往来。中美之间的这种竞争与合作关系，可以称为“竞合关系”。在这个基础上中美达成了一个新的共识，这个共识比特朗普时代更理性，但是对我们的挑战仍然是巨大的。

从合作来看，中美可以在气候变化、核不扩散、军控和公共卫生安全领域展开合作。例如，拜登将在 4 月 21 日世界地球日举办气候峰会，中国获邀参加。4 月 14 日到 17 日，美国气候变化特使、前国务卿约翰·克里访华，与中国气候变化特使解振华在上海会晤。中美之间或将形成新的气候变化共识。随着拜登上台，美国也将逐渐恢复中美之间的人员往来。目前中美双方的留学人数极不对等，美国大学现在有 37 万注册在校的中国留学生，加上几万中学留学生，共有 40 多万人，而中国仅有 1 万美国留学生。中国应欢迎更多美国留学生到中国来，让更多美国人了解中国。此外，中国美国商会发布的 2021 年度《中国商务环境调查报告》显示，仅有 2% 的在华美国企业考虑将生产或经营活动转移回美国，83% 的企业表示 2021 年将维持现有的生产和采购水平，这说明大部分美国企业仍然看好中国。

中美关系有了一些局部改善，但在地缘和科技交流等方面，美国仍企图采取遏制战略，如组建技术联盟、推行“印太战略”以及组建四国联盟（Quad）等。关税方面，美国没有实质性放松。中美平均关税约为 19.3%，是 2017 年的 7 倍。美国依然对中国 2500 亿美元商品征收 25% 的关税，对中国 1200 亿美元商品征收 15% 的关税。但即使在关税很高的情况下，中国对美国的贸易出口仍在创历史新高，而美国的消费者一直在为这一部分关税买单。

中美的经贸关系仍然在发展。中国海关统计数据显示，2020 年中美贸易总额增长 8.3%。美国方面的统计数据是：2020 年中美货物贸易赤字为 3108 亿美元，为 2012 年以来最低，2018 年曾经达到 4120 亿美元。中国对美货物贸易顺差虽然有所缩小，但基数依旧很大。中国吸引外资方面，2020 年，全球 FDI 同比下降了 42%，但中国吸引 FDI 反而同比增长了 4%，超过美国位居世界第一。2020 年中国 GDP 增长对全球经济增长贡献率甚至达到 50%，因为中国新冠疫情最早恢复，在其他国家都是负增长的情况下实现了正增长。中国对外开放继续吸引美国公司在华建厂投资，特斯拉、埃克森美孚在华分别投资超过 100 亿美元，高盛、摩根大通也将在华设立独资子公司。

中美在 2020 年 1 月签署了第一阶段经贸协议。中国承诺从美国进口 2000 亿美元的产品，目前美国对华农产品出口已经占到美国所有农产品出口的 1/4。2020 年中国从美国进口的原油同比增长 88%，中国正在加大采购的力度。去年的“两会”报告也提到，继续执行第一阶段的经贸协议。实际上，我们已经开始第二阶段经贸谈判，中美双方将回到理性层面，进一步推动经贸合作。

目前，中国已成为联合国第二大资金来源国，安理会常任理事国第一大维和部队出兵国，一直在积极参与全球治理。尽管全球化遇到了挑战、出现了停滞，但中国仍然坚定维护以联合国为核心的国际体系，坚定维护以国际法为基础的国际秩序，这也是中国参与全球治理的基本原则。

二、从 RCEP、CAI 到 CPTPP，中国加速改革和开放

加速国内改革，不仅有助于中国与国际规则对接，也能促进国际规则的

创新。当前，我国通过和实施了《外商投资法》，成立了知识产权法院和金融法院，并将放开一般制造业、有序推动电信领域的开放。2020 年取消了 QFII 和 RQFII 的投资额度限度，以及试点数字人民币、推动金融行业数字化转型等。未来，中国可以做的和可以开放的领域仍有很多，应持续发力。

（一）RCEP 的签署与达成共识

RCEP 的签署，意味着全球最大的自贸协定诞生。协议覆盖人口 22.64 亿人，占全球人口的 29.7%，GDP 超过 25 万亿美元，占全球经济总量的 29.3%，区域内贸易额达到 10.4 万亿美元，占全球总贸易额的 27.4%。RCEP 最初由东盟发起，现在成员国包括东盟 10 国与中国、日本、韩国、澳大利亚、新加坡。中国、日本、韩国之间原本没有自贸协定，但有了 RCEP 后，某种意义上中国与日本、韩国有了自贸协定，这对区域贸易有非常大的帮助。

RCEP 达成了许多重要共识。货物贸易方面，区域内 90% 以上的货物贸易将最终实现零关税；服务贸易方面，日本、韩国、澳大利亚、新加坡、文莱、马来西亚、印度尼西亚都采用负面清单方式承诺，我国等其余 8 个成员采用正面清单承诺，并将于协定生效后 6 年内转为负面清单；投资方面，15 方均采用负面清单方式对制造业、农业、林业、渔业、采矿业 5 个非服务业领域投资作出较高水平的开放承诺，大大提高了各方政策透明度；在原产地规则方面，RCEP 在本地区使用区域累积原则，使得产品原产地产值成分可以在 15 个成员国构成的区域内进行累积，来自 RCEP 任何一方的价值成分都会被考虑在内，这将显著提高协定优惠税率的利用率；对标国际高标准自贸规则，拓展了原有“10+1”自贸协定的规则涵盖领域，既对标国际高水平自贸规则，纳入了知识产权、电子商务、竞争、政府采购等议题，又在中小企业、经济技术合作等领域作出加强合作等规定。

（二）CAI 的达成与市场准入清单

2020 年 12 月 30 日，中欧领导人共同宣布如期完成中欧投资协定谈判。这场谈判版本和级别很高，特别是在投资方面，对标国际高水平经贸规则，着眼于制度型开放。协议涉及领域远远超越传统双边投资协定，谈判成果涵盖市场准入承诺、公平竞争规则、可持续发展和争端解决四个方面的内容。过去关于争端解决，WTO 有上诉机制，现在 CAI 里面也加入了争端解决机制。而且协议采取的是准入前国民待遇加负面清单模式。中方首次在包括服务业和非服务业在内的所有行业以负面清单形式作出承诺，实现与《外商投资法》确立的外资负面清单管理体制全面对接。

2021 年 3 月 12 日，欧盟委员会公布了 CAI 市场准入清单。市场准入清单的公布代表着该协定向通过和批准程序进一步迈进。这些文件为政治审议和公开辩论提供了基础。中国是欧盟关键贸易伙伴，该协议将为欧洲企业、投资者在这一拥有 14 亿消费者和迅速发展的市场提供更高的法律确定性、更大的市场准入和更公平的接触规则。

但是，中国欧盟商会主席 Joerg Wuttke 认为，中欧之间全面投资协定还需等欧盟议会确认之后才能完全实施。目前欧洲议会对中国国内政策存在较多批评，包括在新疆与香港方面的问题。这影响了欧洲议会对 CAI 的审核工作，对此，中国欢迎更多欧盟的议员、官员、使者到中国访问，这是中国澄清误解的好方式。

（三）中国力争加入 CPTPP

CPTPP 和 RCEP 的区别在于：一是涵盖领域不同，RCEP 侧重于传统的货物贸易关税，CPTPP 包括服务贸易、数据流动等迅速发展的领域，标准更高；二是组织模式不同，RCEP 灵活度较高，CPTPP 准入门槛较高。

中国加入 CPTPP，既有机遇，也有挑战。2017 年，美国退出 TPP，那是一个非常好的窗口期，但我们错过了。2018 年底，日本、加拿大、澳大利亚主导 CPTPP，窗口期仍存在，但中国也错过了。2021 年，美国新政府有可能提出重返 CPTPP，但鉴于 CPTPP 的高标准一直受美国贸易保护主义思潮诟病，以及预期美国府院之争严重，新政府头两年未必能够重返 CPTPP，中国加入 CPTPP 的窗口期仍存在。当然我们也面临挑战，中国加入 CPTPP 的主要技术性障碍在于知识产权、劳工标准、环境保护、数据安全、国企地位五个方面。

但这些障碍都并非不能克服，例如在知识产权方面，中美达成第一阶段贸易协定及《外商投资法》落实推进，加大了对外国投资者和外商投资企业的知识产权保护力度。在数据流动方面，数字经济目前占中国 GDP 1/3 以上，而且中国海外数据数量庞大，字节跳动、阿里巴巴、百度、华为等数据公司、技术公司纷纷走向世界并在国际市场占有重要地位，中国一定要抢占先机，参与游戏规则制定，使中外数据科技公司可在中国及国际市场上开展业务。在环境保护方面，“十三五”期间，“绿水青山就是金山银山”写入了党章，生态文明写入了宪法，越来越多的地方把推进生态文明建设和加强生态环境保护作为机调和重要抓手。中国已提出要在 2060 年前实现“碳中和”，未来中国绿色发展意识及技术水平都将大大提升。在劳工标准方面，可以通过达成更多与其他国家的协议（如 CAI），提升中国与 CPTPP 标准的对接。在国企改革方面，中国正在加紧推进相关改革以实现竞争中立，扫除加入 CPTPP 的障碍。

中国应该尽快启动加入 CPTPP 的相关谈判，例如启动对中日双边投资协定的升级，尽量推进与加拿大、墨西哥等国的自贸谈判。此外，进一步加快相关领域改革的步伐，逐步实现与 CPTPP 标准对接。特别是在跨境电商、数据流动和安全等问题上，中国要主动构建自身话语权。

如今，RCEP签署后美国呼吁拜登政府重回CPTPP声音增强。中国尽快开启加入CPTPP谈判有望为中美两国增添一个新的对话平台，可促进中美关系回暖，并为中美建立一个解决贸易争端的新平台。同时，中美若在CPTPP框架内达成框架性经贸协议，还可为WTO改革提供借鉴。目前WTO的问题在于成员国过多，协商一致原则使得只要有国家反对，任何决议都难以推进，特别是美国在WTO表现得不积极之后，WTO基本处于瘫痪状态。而CPTPP只有十多个成员国，相对灵活高效，是一个小型WTO，且比WTO更容易达成新的标准，更容易尝试新的规则。

由于RCEP和CPTPP在诸多贸易领域有重叠，未来可能实现相互整合，吸引更多的国家加入，形成广阔的亚太自贸区（FTAAP）。现在美国在提“印太”，未来“印太”也可以成为一个自贸区，有了经济自贸区的联系，彼此之间利益绑得更紧，发生军事冲突、地缘政治问题的可能性就会减小。

三、 后疫情时代的中国开放新格局

2020年10月15日，IMF总裁格奥尔基耶娃提出，要在后疫情时代建设一个“更有韧性、更可持续和更加包容的世界”。中国在后疫情时代的开放格局应遵循以下方式：强调以多边主义的方式推进全球资本治理架构的革新；引导国际社会共同塑造更加公正合理的国际新秩序；在全方位对外开放中共建人类命运共同体。

（一）推动“一带一路”倡议向多边化发展

一是打造“一带一路”国际共同体，建立“一带一路”国际治理机制。“一带一路”倡议由中国提出，但是一定要变成各国的共同行动和共同方案，成为国际公共产品。例如建立“一带一路”国际委员会、设立“一带一路”常设机构以及在各国轮流举办“一带一路”年会等。二是拓展联合国框架下的多边合作对象，建立“一带一路”与现有国际秩序框架下主要治理机构的联系。例如，在 WTO 的框架下，与世界银行、亚投行、非洲开发银行合作，建立一个国际投资发展银行的共同体。还可以将亚洲开发银行升级为世界基础设施投资银行，为“一带一路”提供更多的公共产品，将“一带一路”的理念变成各国的共识。三是吸引更多发达国家参与，使“一带一路”倡议更具包容性。其中包括美国、欧盟、日本、韩国等国家。四是推动中国与更多国家签署第三方市场合作协议。继续拓展第三方市场合作，即在加强与“一带一路”共建国家两两合作的同时，推进中国、投资所在国和发达经济体及其他经济体企业之间的第三方合作，实现互利共赢。五是由亚投行牵头，联合世界银行、亚洲开发银行、欧洲复兴开发银行、欧洲投资银行、伊斯兰开发银行、非洲开发银行、泛美开发银行等打造一个以国际多边开发银行为主的“一带一路”建设项目贷款共同体，形成国际多边开发银行共同贷款、共同发包、共同招标的国际化、规范化、公开透明运作体系。在理想情况下，可将亚投行升级为世界基础设施投资银行，填补发展中国家基础设施建设信贷困难。“一带一路”建设涉及巨额贷款，中国的信贷如能更加透明化，更加贴近国际通行规则，则可大大降低国际社会对“一带一路”倡议存在的疑虑。巴黎俱乐部是主要债权国的常规沟通机制，中国可考虑加入巴黎俱乐部，遵循透明、可行、可持续借贷的国际贷款规则，成为负责任的债权国。此举有助于防范中国所面临的外部债务风险，保障全球金融稳定。

（二）强调中美新“竞合关系”中的合作

在全球治理领域，中美可在全球对抗疫情、气候变化、发展中国家债务负担、WTO 改革、“一带一路”多边化发展等多方面开展合作。具体到中美关系本身，中美官方可适时恢复及创建双边高层次多渠道对话沟通机制；针对经贸及科技摩擦，中美应取消单边贸易关税、互相放宽企业准入及市场竞争机制；考虑均加入 CPTPP，并以加入 CPTPP 谈判为契机推动 WTO 改革；加强基础设施合作，可在友好城市框架下加强省州市地方政府间合作；恢复并放宽留学、媒体等人文交流，并使其更具民间化、市场化特点等。

（三）重启 WTO 改革

改革方向在于：发挥成员国的作用，增加 WTO 的协调一致；增加秘书处的作用，提升其权威性；从局部形成突破，带动全局的改变，例如从海洋塑料治理带动合作，从数字经济标准制定带动合作等。此外，针对当前全球挑战，各国可以考虑共同建立国际性气候变化组织、全球碳组织、国际数据联盟、国际性税收协调机制等。

总而言之，在全球治理的新的“布雷顿森林体系”到来的时刻，中国也应该发挥更积极的作用。

（本文根据作者 2021 年 3 月 22 日在北京大学汇丰商学院“北大汇丰金融前沿讲堂”的演讲整理，经作者审阅。）

走进东盟成为中企海外发展首选

RCEP 产业合作委员会主席

中国—东盟商务理事会执行理事长

许宁宁

中国—东盟商务理事会是中国与东盟的对话合作机制之一，于 20 多年前成立。当时，时任中国总理朱镕基出席了成立仪式，并宣布成立。中国—东盟商务理事会成立 20 多年来，一直在积极推动双方贸易、投资和企业合作等一系列经济合作。2020 年 11 月 15 日《区域全面经济伙伴关系协定》（RCEP）签署之后，中国与各国工商界于 2021 年 4 月共同成立了 RCEP 产业合作委员会，并在 RCEP 十五国有关政府部门的见证下举办了 RCEP 产业合作委员会成立仪式。

中国已连续 14 年成为东盟最大的贸易伙伴，近 3 年来，中国和东盟的贸易额超过了中国与欧盟、与美国的贸易额，东盟成为中国最大的贸易伙伴。

东盟由 10 个国家组成，欧盟有 20 多个国家。而中国与东盟这 10 个国家的贸易额超过了中国与欧盟的 20 多个国家的贸易额，是近年来的新变化，这与中国企业积极地走进东盟有着极大的关系。

RCEP 的生效，对中国企业意味着新机遇。东盟是 RCEP 的发起者、主导者，中国和东盟之间的经贸合作包括企业合作正呈现更大的合作发展空间。

我有幸从事中国—东盟商务促进工作 30 多年，也见证了这 10 年来的 RCEP 建设。

为何近些年来越来越多中国企业“走出去”发展首选东盟地区？作为中国的近邻，东盟现在的政局、经济形势如何？在当前全球经济低迷、国际形势复杂多变的情况下，东盟是否值得中国企业“走进去”开展经济合作？中国企业如何有效在东盟经营发展？这是中国很多企业关注的问题。

今天，我主要讲以下三个部分，一是分析中国企业“走出去”首选东盟地区的主要原因；二是分析东盟当前的政治局势与经济形势；三是中国企业投资东盟的有关建议。

一、中国企业“走出去”首选东盟地区的主要原因

第一，中国和东盟比邻而居，山水相连，交通便利。在新冠疫情前，中国和东盟国家每星期有4800多架航班往返，来往非常方便，便于中国企业经营管理。在共建“一带一路”中很重要的一点就是设施联通，中国和东盟在设施联通方面成效显著，双方交通包括铁路、公路、航空、航运合作发展快。2021年12月中国与老挝的铁路通车。

第二，双方相互开放市场。非常典型的一个标志就是建成于2020年的中国—东盟自由贸易区。中国和东盟之间的货物产品贸易90%以上是零关税，双方实施零关税的市场开放为企业之间的合作提供了便利的制度保障。中国—东盟自由贸易区是双方通过谈判签署自由贸易协定后相互开放市场的制度安排，组建由中国内陆以及东盟十国的所有国土面积组成的一个自由贸易区。2000年，时任总理朱镕基提议中国和东盟建立自由贸易关系。2001年，双方在第五次中国—东盟领导会议上达成实施零关税共识，随后2002年在金边召开的中国—东盟领导会议上签署了中国—东盟自由贸易区框架协议。2004年1月1日，中国—东盟自由贸易区早期

计划开始实施，双方500种农产品贸易的关税从15%降到零。自此，中国的市场上多了很多东南亚的水果，而且价格便宜，比如榴莲、菠萝蜜等。同样，在东盟国家的市场上也出现了很多中国的农产品，比如苹果、大枣等。中国和东盟率先实施零关税的产品是农产品，惠及了广大的消费者和农业发展。一般来说，各国自由贸易协定最难开放的就是农产品市场，而中国和东盟率先把它作为开放市场，充分体现了双方开放市场的决心与信心。自2005年7月20日起，中国和东盟按照签署的自由贸易协议，近7000种产品开始大幅下调关税。从2005年到2010年的5年间关税持续下调，双方92%的商品贸易关税实现零，达到了自由贸易区的标准。

伴随着近10年的“一带一路”共建，双方又实施了中国—东盟自由贸易协定的升级，当前正在执行中国—东盟自由贸易协定2.0版。实施自由贸易协定为中国企业走进东盟提供了极大的便利。

第三，政和商通。由新加坡、马来西亚、泰国等10个国家组成的东南亚国家联盟，简称东盟。31年前，中国和东盟建立了对话伙伴关系，开启了中国和东盟的友好往来。2021年，中国和东盟建立了全面战略伙伴关系，中国和东盟举行了纪念建立对话伙伴关系30周年特别峰会，会上发表了联合声明，规划了今后30年中国和东盟关系的发展目标。中国和东盟10个国家都分别建立了全面战略伙伴关系，其中与新加坡签署的是与时俱进的合作伙伴关系，与老挝、柬埔寨签署了共建命运共同体的行动计划，在构建人类命运共同体方面做了积极的探索。近10年来，中国和东盟10国都分别达成了共建“一带一路”的共识，积极推动共商共建共享，积极实施五通：政策沟通、设施联通、贸易畅通、资金融通、民心相通。中国和东盟在大部分领域都开展了合作，例如正在执行的中国—东盟第4个5年行动计划，涵盖了政治、经济、社会人文三大领域的许多方面。在新冠疫情期间，东盟成为中国最大的贸易伙伴，充分体现了双方之间经贸合作的互补性和韧性。

第四，东盟作为新兴经济体发展潜力巨大。除了新加坡这个发达国家以外，东盟其他国家都是发展中国家。东盟正在进行经济共同体建设。1997 年的东南亚金融危机推动了东盟自由贸易区的建设，随后，东盟又把东盟自由贸易区发展为东盟经济共同体。东盟经济共同体是东盟共同体的三大支柱之一，东盟共同体包括政治安全共同体、经济共同体和社会人文共同体。其中，经济共同体起到了重要的黏合剂作用。东盟经济共同体正在执行 2025 年发展蓝图和一系列经济合作共识。东盟经济高度外向发展，及其依赖外部产业链。最近，东盟积极实施经济复苏计划，积极应对世界经济、国际政治的问题。东盟各国的国际合作也更加密切，各国经济增速表现良好。东盟是中国对外的最大贸易伙伴，而东盟成员国中的越南是中国最大的贸易伙伴。印度尼西亚作为东盟最大的经济体，当前经济发展潜力很大，尤其是数字经济、制造业等。东盟作为新兴经济体发展潜力大，受到劳动力价格、优惠政策、丰富的自然资源等吸引，越来越多的中国企业到东南亚寻求发展。

第五，发达国家对东盟没有实施贸易壁垒，甚至予以了有的东盟国家一些贸易优惠政策。这使得中国的一些企业，为了绕开个别发达国家对中国实施的贸易保护，而选择到东南亚投资设厂，以开拓更广阔的国际市场。此外，东盟和印度签署了自由贸易协定，而中国和印度没有签署自由贸易协定。面对印度这个大市场，中国企业可以利用中国—东盟自由贸易协定和东盟—印度自由贸易协定，运用两个零关税开拓印度市场。

关于中国企业首选东盟地区投资，除上述原因以外，还有一些其他原因，比如东南亚华人多、文化相近等。

二、东盟当前的政治局势与经济形势分析

东盟实施大国平衡外交，东盟和中国、美国、欧盟、日本实施多元化外交。东盟在此种多元化外交中也得到了好处，这些国家纷纷积极和东盟建立联系，同时也在经济上予以东盟实惠。每年东亚领导人系列峰会在东盟召开，这是影响地区合作的重要会议，在系列峰会期间将讨论一系列合作的计划、共同关切的问题、地区国际上的重大事宜。2022 年将在柬埔寨召开东亚领导人系列峰会，在泰国召开 APEC 领导会议，在印度尼西亚召开 G20 领导会议。3 个重要峰会都在东南亚召开，进一步提升东盟的国际地位。

东盟各国之间没有武装冲突，这得益于东盟共同体建设。东盟共同体的支柱之一是东盟政治安全共同体，通过召开部长级会议和高官会议，沟通协调发表一系列联合声明和协同计划，推动了东盟 10 国之间的互信和相互发展。当前东盟国家中，唯一有国内战乱的国家是缅甸，东盟就此达成了 5 点共识。东盟其他国家领导人认为，缅甸军方没有落实好这 5 点共识。缅甸短时间内难以平息这种乱象。东盟其他国家总体上政局稳定。

就经济而言，东盟致力于经济增长，美国、欧盟、日本、韩国等看好东盟的发展，纷纷进行投资。RCEP 的生效，将有利于东盟的经济发展。

三、中国企业投资东盟的有关建议

中国和东盟合作，不仅关系到我国实施双循环的经济发展、扩大开放及和周边国家的睦邻友好关系，还关系到地区经济复苏增长和地区稳定。

近些年，联系我处的机构很多，有央企、民企、科技企业、中小企业，

也有省市政府、全国性的行业商协会，大家都非常关注走进东盟。中国企业在走进东盟的过程中，一方面分享区域经济一体化与政和商通带来的红利；另一方面也在为中国和东盟经济成员国的睦邻友好关系的发展作出企业的贡献。当然，在走进东盟期间也出现了不少新问题、新情况，这值得中国企业重视和关注。

对于想要进入东盟的企业和已经进入东盟的企业，提供以下五点建议。

（一）区域经济合作是一个重要抓手

就全球而言，一些国家实施的贸易保护、产业链的破坏、全球政局的不稳定性增多，带来了全球经济增长低迷，面对形势，区域经济合作在全球经济中的地位越来越重要。区域经济一体化使得区域内国家能够抱团取暖。对于中国企业来说，选择邻近的东盟、选择 RCEP 区域进行开发和经济合作是首选。

（二）企业需要掌握情况

掌握情况是中国企业更有效地走进东盟的基本前提。在走进东盟的过程中一些走了弯路的企业，主要是不掌握情况，缺乏可行性研究，选错了合作伙伴或贸易代理商，只靠一时的感觉、直觉而做出抉择，很容易出现决策失误。中国企业需要掌握如下情况：

第一，掌握现在东盟各国的经济复苏计划及政策、东盟经济共同体发展蓝图 2025 年的文本。企业应该了解东盟经济共同体未来的发展方向，比如实施电力合作、交通合作等。这对于基础设施领域的企业重要。

第二，掌握东盟各国的重大关切，比如数字经济、绿色经济等。在数字经济、绿色经济领域，中国有很多优势强的产品技术可以与东盟进行合作。东盟现在非常重视环保和绿色经济发展，例如东盟正在进行的智慧城市建设，每个国家有几个城市正在进行智慧城市先行建设。新加坡与深圳、上海有着比较密切的相关合作，而其他东盟国家的智慧城市发展需要中国的产品和技术。另外，由于中小企业影响国计民生，东盟非常重视中小企业发展。中小企业面临的很重要的问题是，缺少人才和资金、缺少开发市场的渠道。以上的数字经济、绿色经济、中小企业发展等，都写入了东盟10 国的各自发展计划和整体经济复苏计划之中，而且有不少具体的措施，中国企业要了解这些重要关切。中国企业走进东盟建议选择双方关切程度强、经贸互补性强的产业进行切入。因为关切度越高、互补性越强的领域越容易推动合作。

第三，掌握中国与东盟多边和中国与东盟国家双边已经达成的一系列经济合作共识、发表的联合声明、领导人会谈时提出的合作领域。企业要结合自身的优势，融入以上共识的落实之中，这样容易获取政府的支持。

第四，掌握东盟与外部签署的自由贸易情况。比如东盟与印度签署的自由贸易协定，了解相关的降税时间表，企业可以利用东盟的原产地政策来开拓印度市场。2022 年，美国邀请了东盟 8 个国家领导人（缅甸和菲律宾领导人没有出席）召开了美国—东盟领导人会议，会议之后发表了联合声明，其中包括美国—东盟经济合作相关的内容。美国现在为了遏制中国、推动印太战略及其印太经济框架，召开了部长会议，虽然没有达成具有实质性内容的共识，但中国企业应该掌握这些情况，因为这涉及东盟与这些国家的经济关系以及中国的产业链延伸。东盟与日本、东盟与澳大利亚等国也召开双边合作会议，发表了相关共识。中国企业应该注意东盟和他的伙伴国已经形成的共识，尤其是经济合作部分，这对找准经济合作点有好处。中国和东盟正在执行第 4 个 5 年行动计划（2021—2025 年），其中包括基础设施建设合作、数字经济合作、中小企业合作、青年企业家合作、金融合作、环保合作、文化产业合作等。此外，中国企业还需掌握自由贸易协定的规则，思考如何利用好 RCEP 协定、用好中国—东盟自由贸易协定 2.0 版，这些在中国商务部网站都可以看到。企业应了解开放市场时间表，例如 RCEP 15 国相互开放市场的时间表在不同国家之间相互有区别。当前，多数省市都制订了抓住 RCEP 机遇的行动计划，例如福建、重庆、湖南等。企业应该了解本省市的 RCEP 行动计划。

（三）企业应该积极利用好现有合作机制

中国和东盟多边或中国和东盟各国双边都有一系列的合作机制，并且在很多领域都有部长级的合作机制。在产业行业方面，我处建立了一系列的行业合作机制，比如中国—东盟中医药行业合作委员会、中国—东盟物流行业合作委员会、中国—东盟食品行业合作委员会、中国—东盟高科技产业合作委员会等。用好这些合作机制有利于使企业掌握行业信息、拓宽合作渠道。

前不久，我处邀请了有关 20 个全国性行业协会的领导人就做细做实行业对接进行了会见交谈。近年来，东盟在中国对外贸易中的地位不断上升，越来越多全国性行业商协会关注东盟，愿意加强与东盟国家行业商协会的合作。我处正在助力推动从行业层面对接，利用 RCEP 等自贸协定，推动产业链优势互补，使得中国—东盟经济合作更加牢固。

龙头企业应该发挥领头羊的作用，提高企业在 RCEP 区域的国际知名度和影响力。中国企业品牌知名度在走进东盟时特别需要提升。美国、日本等国早已走进东盟，其产品的知名度在东盟较高。中国企业尤其是龙头企业可借助我处设立的合作机制来提高知名度和竞争力。

（四）企业要遵纪守法，入乡随俗

中国企业走进东盟后出现了不少问题，比如有些中国企业和商人在当地不遵纪守法，引起了当地人的反感。有些企业在东盟发展，不能入乡随俗，没有考虑到当地民众的舒适度。中国企业需丰富国际合作经验，提高国际合作能力。

（五）企业要叠加利用自贸协定

善于叠加利用自贸协定，是当今企业开发国际市场的经营手段。中国企业不仅要了解东盟的自由贸易协定，还要充分利用包括 RCEP 在内的双边、多边自贸协定的叠加用法，来开拓东盟市场及更广阔的国际市场。

（本文根据作者 2022 年 9 月 14 日在北京大学汇丰商学院“北大汇丰金融前沿讲堂”的演讲整理，经作者审阅。）

美元加息周期下海外中资资管机构发展之道

中银香港资产管理有限公司执行总裁
香港中资基金业协会副会长
沈　华

近年来，中资资管机构在境外的发展遇到许多挑战和困难。尤其在2022年，遭遇美元加息和资本市场“股债双杀”，绝大部分境内外资管机构及其客户都度日如年。

2022年10月是香港资本市场近年来最困难、最黑暗的时期。股市跌了30%～40%，美元债券价格整体下跌超过10%。

以下与大家探讨一下，在如此困难的环境下，海外中资资管机构应该如何求生存、谋发展。

一、 全球资产管理行业概况

在探讨海外中资资管机构的发展方向之前，我先简单介绍一下整个资管行业的基本情况。

2020年，整个全球资管行业的规模已经超过100万亿美元。2021年继续上升，达到112.3万亿美元。2022年前每年的新增资金和资产规模都在不断增加。无论从全球来看，还是从单个国家来看，基本上财富的80%掌握在20%的机构、个人或者国家之中，这也符合所谓“二八定律”。

资产管理行业也是类似情况，美欧日等发达地区的资管规模占比约80%，原因是发达国家已经实现了财富积累。

但是从增量来看，过去十数年以亚洲为代表（不含澳大利亚和日本），复合增长率均超过了15%。像中东、非洲和拉丁美洲的增长率也超过了10%，稍逊于亚洲。美国、欧洲、日本和澳大利亚的增长率基本维持在10%以下，但是其基数较高。

根据2020年资产管理规模数据，可以梳理出全球排名前20位的资产管理公司。排名第一的是BlackRock（贝莱德），截至2021年底，其资产管理规模已从8.6万亿美元增加到9.5万亿美元。排名前20位的资产管理公司都是欧美公司，日本、澳大利亚和中国都没有上榜，这与银行的前20名排位完全不同。如果按照资产规模或者资本金规模排名，全球前10位银行中至少有一半是中资银行。可见我国的资管行业还处于发展初期。另外，大的银行和资管公司其实很类似，都是以本土和本币为主，同时也很重视全球化。正如排名前4位的4家资产管理公司BlackRock、Vanguard Group、Fidelity Investments、State Street Global也都是全球化的公司，但是论其资产规模和营业收入，80%～90%还是以本国或者本区为主。

在全球排名前20位的资产管理公司中，大概50%是银行系的资管公司。还有一部分则是独立的或者有保险系背景的资管公司，前者如贝莱德、Vanguard Group，后者如排名第3位的Fidelity Investments和排名第5位的Allianz Global属于保险系。

以贝莱德为例，它的股价从2019年底的300多美元增长到2022年底的700多美元，当前（2022年底）的市值是1113亿美元。如前面所讲，贝莱德现在管理的资产规模接近10万亿美元，其PE是20倍，PB是3倍，远高于商业银行。其2021年的净利润只有80亿美元。根据这些数字可以发现资管行业的一些特色。

（一）资产管理行业的两大特点

第一个特点是轻资本。虽然管理了10万亿美元资产，旗下基金或专户又是全球绝大部分大型上市公司的前五大股东，贝莱德自身的市值并不大。2020年之前，其股价长期位于300多美元，相当于500亿美元，其市值和盈利仅为中国银行的上市子公司——中银香港的2倍。中银香港的盈利与资产规模虽然占据了整个中国银行海外业务的半壁江山，但是在整个中国银行集团的盈利贡献中也只占10%左右。因此，资产管理与商业银行相比，绝对是轻资本行业。

第二个特点是影响力大。资产管理公司虽然属于轻资本，盈利和资本实力远不如商业银行，但是其所管理的资产很大一部分是股权投资，所以影响力非常大，绝不比银行或者保险公司逊色。在标普指数中排名前500位的公司，前5大股东基本上都是全球资产管理规模排名前4位的资产管理公司旗下的基金。

（二）资产管理产品丰富多元

以贝莱德的资管产品为例，按照BCG的产品分类，主要是被动型、主动管理型、负债驱动型和另类投资。

被动型的资产规模，从2003年到2020年逐渐增加，2023年占9%，预计到2025年会占到25%。而主动管理型的份额在逐渐下降，从2003年到2025年份额的下降已超过一半，预测未来会下降到26%。另类投资，从规模来看，它的占比从2003年的9%逐渐增加到2020年的15%。与其他两种产品相比，另类投资的资产规模和收入占比是相反的，其2003年的资产规模只占了9%，但是收入占了27%。预计到2025年，其资产规模将占到16%，而收入将占整个收入的46%。

在被动型产品中，以 ETF 为代表，其资产规模到 2025 年将增加到 1/4，但收入将只占 7%。

以上数据表明，如果侧重点想发展资产规模，大力发展被动型产品最为适合；如果想以盈利为主要目的，那么更适合大力发展另类投资业务。如果两者兼要，那就需要两条腿走路了。

未来，ETF 和另类投资产品将成为资产管理发展的两大趋势。对冲基金和私募股权/债权基金等位于价值链的高端，而货币市场基金和被动型产品等则位于低端，但不论是货币市场基金还是 ETF，都要依托庞大的资产管理规模。例如贝莱德管理着 10 万亿美元资产，其中大概 4 万亿美元是被动型产品和指数型产品，剩余的是私募债、基础设施、房地产等。从数据来看，贝莱德的资产管理规模增速和净利润率是其盈利增长的核心动力。其他资管公司未必都能完全模仿其发展模式。

（三）资金来源、投资者及行业收入分析

从资金的来源来看，国际上的机构投资者占比约 60%，其中养老金、主权基金和保险占比最高；个人、零售投资者占比约 40%，主要来自公募基金、私人银行、个人养老金等投资。但是，这一比例在中国内地正好相反，内地的个人、零售投资者占 60%，机构投资者只占 40%。

不过从国际上的近期趋势来看，非机构投资者的资产规模比机构投资者增长更快。

从 BCG 的统计数据来看，资管行业按照平均管理资产规模，以 2010 年为基准，2021 年的管理资产规模是 2010 年的 2.37 倍，净收入是 2010 年的 1.8 倍。

净收入在资产管理规模中的占比逐渐下降，说明毛利率和净利润率随着被动型产品的比例大增，以及主动型产品比例不断压缩而下降。虽然资管行

业总体上处于上升阶段，但是毛利率和净利率都在逐年减少，成本也在不断增加。另外，在资管公司的成本中，人力成本占比较高。从总量来看，2021年的利润是2010年的2倍，但是如何提高或保持资管公司的净利润率还是值得资管公司思考的。从某种意义上讲，在金融类企业中，资管公司的杠杆率是最高的，因为资管公司几乎不需要资本金，尤其是以公募基金为主打产品的资管公司，只需要解决好流动性，能及时应对突然的大额赎回，成本主要是人员开支和一些经营性成本。所以资管公司属于“一本万利”，其经营性杠杆率非常高。

2004年，资管行业的收入是800亿美元，2021年是2000亿美元，增加了1200亿美元。其中只有100亿美元是通过管理费的增加而得到；剩余的1100亿美元与股市的表现息息相关，相当于行业总收入的90%。

（四）中国资产管理行业剖析

1. 中国资产管理行业现状

中国的资产管理行业主体和未来在中国内地。中国的领先资管公司排名将来应该有机会提升到全球前20名，甚至前10名，这些公司的总部或者主要业务肯定是还在中国内地的，不大可能在香港或其他地方。当然，香港肯定是中资资管机构最主要的境外基地，但只有几百万人口的城市很难产生全球前20名的大银行和大资管公司。

根据安永估计，中国现在是世界第四大资产管理市场，仅次于美国、卢森堡和爱尔兰。众所周知，卢森堡和爱尔兰只是一个基金注册地。如果按照在岸的基金管理规模来看，中国的100万亿元人民币规模已经是全球第二了，仅次于美国。

2. 中国资产管理行业发展特色

第一，主体多元。中国内地的基金管理公司是分业管理的，业务范畴分得比较细，比如基金业协会管理私募股权基金公司，基金管理公司属于基金系，证券公司附属资管机构属于券商系，保险管理公司下属资管机构则属于保险系，银行理财子公司则属于银行系等，它们一般只能做二级市场，这点不同于欧美和中国香港。

第二，跨境联动。境内外各类型资管机构之间以及公司内部、境内市场与海外市场，形成了独具特色的中资资管生态系统。

第三，外资进场。外资公司以独资或合资形式进入境内，外资持股比例逐渐增加，直至限制取消全面对外开放，外资资管公司正加快在境内布局，对中资资管机构形成长期的“鲇鱼效应”。

第四，中资出海。今天探讨的重点是中资资管机构如何在境外生存。近十几年，中资资管机构也积极出海，通过各种途径走出去，开拓海外市场，参与国际市场竞争与合作。目前，90%的中资资管机构都有机构在境外，绝大部分在香港，因为香港实行“一国两制”，是中国唯一的一个主流国际金融中心。正因为香港独特的国际金融中心地位，所以可以利用金融市场的“互联互通”机制，充分发挥连接海内外的桥梁作用，助力中资机构和外资机构在这个市场上得到更好的发展。

3. 香港资产管理行业现状

接下来简单介绍一下香港的资管业务和财富管理业务。根据香港证监会的数据，截至2021年底，香港资产及财富管理业务规模超过35万亿港元。其中，来自香港地区资金占35%，中国内地资金占9%，两者相加尚不足一半；北美和欧洲占33%；如果再加上亚太区其他地方，这个比例高达46%。简言之，香港整体的资管规模以外资为主，港资和内资为辅。

香港资管行业的当前业态以资产及财富管理业务为主，其中资产管理及基金顾问业务规模超过25万亿港元：包括资产管理占比80%，基金顾问占比9%，保险公司占比5%，房地产基金占比仅1%。

在客户构成变化方面，中国香港与欧美等国际市场的趋势相若，专业投资者是主要的客户类别，而非专业投资者增长较快。

私募基金规模目前占比约17%。公募基金在香港也叫作授权基金。在香港，凡是向客户零售的基金，均须经过香港证监会审批，获得授权发售，除此之外的都属于私募基金。在香港，私募基金只能销售给专业投资者，但不需要事先向香港证监会报批，只需要资管公司的相关从业人员持有证监会颁发的从业资格执照即可。

与2020年相比，2021年私募基金的增长率接近20%，公募基金虽然体量比较大，但是增长非常缓慢。从投资的地区来看，在香港进行的投资以亚太区资产为主，其中货币市场投资和集体投资计划投资增长较快。从存量来看，投内地还是以债券或者固收为主，而投香港则以股票为主，股票的存量约是债券的2倍。

4. 海内外资管市场的互联互通

2015—2016年，中国证监会批准了一批香港公募基金在内地销售，即“北上基金”，该销售渠道目前有38只基金，包括中银香港资产管理公司的3只，规模是100多亿元人民币。香港证监会批准的“南下基金”有47只，规模大概是12亿元人民币。“北上基金”和“南下基金”是香港和内地两地证监会的相互认可，既为内地投资者提供了海外选择，又为海外投资者捕捉了中国机遇。可惜的是，“基金互认”的规模目前并没有做大，主要还是受资本市场影响：当预期人民币贬值、美元升值的时候，投资者对境外基金存在较多投资需求；当A股是牛市或预期人民币升值的时候，“南下基金”则会更受到香港投资者的欢迎。

近年来，离岸人民币的地位逐渐增加，香港作为离岸人民币中心的地位牢不可破。2021年，香港离岸人民币存款量达到9000多亿元人民币，2016年曾突破过1万亿元人民币，随后几年逐渐回落到约6000亿元人民币，2020 年又增长到 7000 多亿元人民币，直到 2022 年基本恢复了接近 1 万亿元人民币的规模。这也促进了离岸人民币产品的发展。伴随着人民币国际化，中资证券机构和资管机构也纷纷出海。截至 2021 年，由内地相关基金集团管理的证监会认可的基金数量约为 390 只，规模接近 5000 亿元人民币；由内地相关集团在香港成立的持牌法团和注册机构数目达到了 407 家，约占整个行业的 1/5。

第一部分小结如下：国际资产管理行业规模超过 100 万亿美元，以欧美地区资管机构和机构投资者为主。过往股票市场表现对资管行业利润贡献较大，未来 ETF 和另类投资有望引领行业发展。中国资产管理规模达到 100 万亿元人民币，成为全球第 2 位，香港因其独特的国际金融中心地位成为连通海内外资管市场的重要桥梁。

二、 2022 年经济金融关注点

（一）全球经济形势分析

当前，美国加息的主要原因是通货膨胀居高不下。数据显示，2022 年 11 月，美国的 CPI 指数略低于预期。美国的通货膨胀主要受房屋、消费和能源因素的影响。2022—2023 年，由于通货膨胀较高，美国的就业形势其实不错。因为美联储一方面要控制通货膨胀，另一方面要稳定经济增长和就业，所以有条件实行加息政策。

1982 年以来，美国一共经历了 6 轮加息，相比较而言，本轮加息力度较大，周期较短，从而令资本市场措手不及。现在市场普遍认为，2023 年的加息顶点估计是 5%，但最终如何还是要看数据。

截至 2022 年 9 月 26 日，美元指数突破 114 的水平，9 个月内涨幅超过 19%，创下 20 年来加息周期中的历史新高。综观全球货币市场，除巴西之外，包含欧元在内的所有其他货币都在贬值，而且是在短时间内严重贬值，的确引起了全球金融震荡。

美元的加息和升值导致的全球“美元荒”并未得到缓解。如前所述，美联储要缩表，缩表导致银行间的流动性下降，所以“美元荒”目前还在进行当中。在香港，“美元荒”的现象比较明显。原来银行之间的拆借利息基本上接近零，而现在，零售客户的一年期美元存款利息都能达到 5 厘。这在近几十年都是很罕见的现象，导致很多较高风险类资产很难找到投资者，这对于经济增长是不利的。

截至 2022 年 10 月，在发达国家中，美元指数涨了 18.6%，而英镑下跌了 20.34%。在新兴市场国家中，东南亚的印尼盾和越南盾的贬值比例基本维持在 5% 以内，已经远远跑赢世界平均指数。人民币虽然兑美元也贬值了 11.42%，但低于世界平均指数，在全球国家的货币币值中算是相对比较稳定的。令人惊讶的是印度、越南、印度尼西亚、泰国等国家，它们的贬值幅度均低于日本、英国等发达国家。

从数据来看，美国的 CPI、PMI 和 GDP 均呈下滑趋势，所以如果持续不断加息，美国经济有可能进入衰退。欧元区和英国的通货膨胀也持续上升，CPI 逼近 10%。

2022 年，除了中国人民银行以外，国际上的各大中央银行都被迫跟随美联储开启加息。根据世界银行预计，到 2023 年，全球货币政策利率平均水平将升至近 4%，比 2021 年高出 2%。

所以缩表对全球资本市场和资管行业的影响毋庸置疑，尤其是银行业的流动性。

（二）全球投资环境及市场分析

美国国债的收益率持续攀升。根据 2022 年 9 月 28 日的数据，美债的短期利率已经逼近 4%。2022 年上半年，除能源外的美国国债商品涨幅巨大，但是下半年以后全线商品开始下跌，这预示着通胀已经到达一定的高度。从 2022 年 1 月 1 日至 2022 年 9 月 26 日，各主要大类资产的回报惨不忍睹，中国的 China－MSCI 表现最差，回报指数仅为 －30% 左右。恒生指数也仅为 －25%。美元存款是唯一的正回报指数，虽然美元投资级债券价格指数跌幅接近 －20%。

尽管如此，美国的投资评级债券市场表现相对比较坚韧。在美元加息环境下，亚洲高收益与投资评级信用利差已经达到历史高位。当然，如果经济好转，“垃圾债”高息债的收益率肯定会降下来。

从信用利差的角度来看，部分行业已经恢复到过去 12 个月的平均水平，说明市场已经度过恐慌阶段。例如房地产已经达到 30% 的回报率（3000 点）。

港元也追随美元利率上升，使银行体系总结余从高位跌入低位。人民币兑美元虽然贬值，但兑“一揽子”货币仍保持稳定。人民币本身是一个比较稳定的货币，所以人民币资产长期值得看好。

第二部分小结如下：2022 年本轮美元加息周期正式开启，且步伐迅猛不顾可能出现的衰退，也引起全球各主要央行被动跟随。同期叠加地缘政治冲突、能源危机等因素，进一步造成全球投资环境的恶化。急促的环境转变和风暴降临，给尚处于发展早期阶段的海外中资资管行业带来了巨大的挑战。

三、 海外中资资管机构新形势下的发展之路

在本轮美元加息周期导致的资本市场困难形势下，中资资管机构的发展之路有“七个锦囊”。

（一）“帮助外资投中国”和“帮助中国投世界”

中资机构的核心竞争力在于了解中国国情和市场，理应成为吸引外资投资中国市场的主力军。中国经济体量巨大，资本市场的进一步开放使中国市场更透明、规范和灵活，增加了海外投资者对中国市场投资的兴趣以及配置中国资产以分散风险的必要性。

当前，中国资产在全球资产配置中仍处于低配状态，与中国经济总量和资本市场规模在全世界的占比不相称。尤其此次美元加息周期开启以来，境外资本市场与非美元货币的糟糕表现更加彰显了人民币币值相对稳定及中国资产的长期投资价值。

另外，中国改革开放以来，积累在国家、企业和居民境内外账户里规模庞大的外汇资金有着迫切的保值、增值需求。已走出境外的中资资管公司可充分利用贴近与熟悉国际市场这一优势，帮助中国的居民、企业以及国家主权基金、社保基金等，寻找和配置好的海外资产。

（二）打造独特比较优势，迈向“全球资产管理专家”

资产管理的核心竞争力是投研能力，具体体现为长期的优良业绩，能持续为客户创造价值。根据 BCG 的统计数据，以公募基金为例，按 3 年为一个周期计算，80% 的公募基金会被淘汰，能留下来的 20% 都是长期业绩优良的基金。

近年来，尤其是总部在内地的资管机构，在投研能力、客户服务能力和科技等方面，相比欧美老牌巨头，具有跨代后发优势。未来，中资资管机构应逐步搭建拥有全球竞争力的产品开发、投资、销售、合规风险和客服团队，逐渐成为世界一流的全球资产管理专家。

（三）发挥香港国际金融中心和制度创新“试验田”优势

中资机构应充分利用香港国际金融中心地位和自主创新优势。随着中国资本市场持续开放，内地和香港的互联互通机制不断丰富，从 RQFII 到股市沪/深港通、公募基金互认，再到粤港澳大湾区理财通、ETF 互挂互通等，每一次重大制度创新和新互联互通机制的推出，都为香港市场带来活水，也为在港的中资资管公司业务发展提供了重要发展契机。

香港是一个小型开放、自由经济体，在香港的中资资产管理公司可以主动承担一些新兴领域先行先试的功能，为内地市场探索和积累经验，既能避免错失一些大的创新机遇，也可尽量避免犯大的方向性错误，如虚拟资产管理领域。

（四）抓住人民币国际化历史机遇，深度参与“一带一路”建设

抓住人民币资产投资和国际化政策机遇。广大中资证券公司、投行、银行与资管公司需要共同努力，将境外人民币做大做强，积极培育资本市场。

抓住“一带一路”建设机遇。最近，资本市场处于困难时期，欧美纷纷撤资，但是“一带一路”地区却是另一个景象。中国是世界第二大经济体，东南亚和中东对中国的资本市场非常有信心。

（五）积极实施数字化转型

在数字化转型方面，将内地的先进经验和模型引入香港，带动香港资本市场的数字化发展。

在投资方面，在香港上市的高新技术、生物医疗、新能源、新材料、文化等领域的股票投资机遇得天独厚。另外，内地的科创基金规模巨大，能够为香港科创提供场景、生产及销售基地。

（六）全面实践 ESG 投资理念

随着金融监管机构对资管行业从业机构的监管要求不断加强，ESG 越来越成为一个趋势。未来，资产管理机构可围绕 ESG 领域广泛开展国际合作，积极支持绿色金融发展，全面践行 ESG 投资理念。

（七）加强人员队伍建设

加强人员队伍建设主要有三点：构建专业人才队伍、设定市场化薪酬和建立约束激励机制，难点在于最后一点。

最理想的机制当然是全员持股，特别是将久经考验的基金经理、分析员和核心销售人员以股权/股东的形式保留下来，让其给自己“打工”。

大型的欧美全能型公司由于规模庞大，系统完善而且更新迅速，运营成本平摊下来很低。中资机构如果想在激烈竞争中脱颖而出，必须拥有独特的优势，比如将规模化或者管理机制做到极致。

本文内容总结如下：2022 年资本市场的糟糕表现更加彰显了人民币币值的相对稳定和中国资产的长期投资价值。将来，希望海外的中资资管机构互联互助，在仍以欧美主导的生存环境中努力发挥自己的独特优势，逐渐成为全球资产管理专家，服务于实体经济，为投资者创造价值。

（本文根据作者 2022 年 11 月 15 日在北京大学汇丰商学院“北大汇丰金融前沿讲堂”的演讲整理，经作者审阅。）

从境外中资美元债违约看法律尽职调查之重要性

礼德齐伯礼律师行合伙人
季　辉

2010 年以来中资美元债迎来快速发行期，中资美元债逐渐成为境内企业境外融资的主要渠道，尤其是地产美元债一直有着较高的占比。由于近期房地产行业的调控政策全方位收紧，融资难度大幅上升导致房地产行业债券在近期有爆发违约潮的趋势，目前高收益地产美元债的收益率和利差已处于历史高位。

一般来说，境内企业在境外发债主要考虑以下四项因素：一是发行的流程比较简化，发行的门槛相对来说也比较低。二是融资的成本比较低，效率比较高。例如，目前在中国香港市场既有公募发行的债券，也有私募发行的债券，公募发行的债券流程顺畅情况下可以在半年之内完成，私募发行的债券由于事先已经找好了一些投资人，它的速度可以在一两个月之内完成，给发行人带来了很大的融资便利。三是在资金使用方面，境外的监管机构没有特别的要求，因此它的资金使用也比较灵活。四是这些在境外募集的资金也可以支持一些企业在海外的运营。

有了这四个方面的优点，越来越多的中国企业都选择在境外进行美元债券的发行。2021 年和 2022 年，中资美元债到期量分别为 1919 亿美元和 2473 亿美元，较 2020 年分别增长 9% 和 40%。2021 年下半年到期规模为 1082 亿美元，较上半年增长约29%，其中9月、11月和12月的月度到期量均超过200亿美元。集中到期考验发行主体的偿债能力，特别是经营能力不强、再融资难度大的弱资质企业将明显承压，中资美元债迎来风险高发期。

债券发行的期限一般在1年至5年，如果在此期间出现企业经营能力不佳、资金流动性不顺畅、企业股权变更、重大的收购合并事宜等事项都有可能导致债券违约。

另外，从上市公司基本面来看，业绩分化比较明显。2020年，A股上市公司营收下滑的企业占比达到所有上市公司的48.2%，归母公司净利润下滑的占比达到47.7%，在新冠疫情的冲击下大部分企业仍未完全恢复正常的生产和经营。

因此，很多情况都影响到了境外中资美元债的到期偿还。

一、境外中资美元债违约现状分析

近年境外中资美元债违约频繁发生，给市场造成了负面冲击。境外中资美元债违约受到境内外各类因素的影响，包括政策管控、市场波动、汇率调整、信用下调等。

（一）政策管控

2021年上半年国内“稳杠杆”的政策下违约债券数量快速上升，信用压力也明显提升。近期房地产行业的调控政策全方位收紧，融资难度大幅上升，这些政策因素均导致房地产行业债券在近期频繁爆发违约事件。城投类境外中资美元债的融资政策也逐步加强限制。

2019年6月6日，国家发展改革委办公厅发布了《关于对地方国有企业发行外债申请备案登记有关要求的通知》，要求所有企业（含地方国有企业）

及其控制的境外企业或分支机构发行外债，需由境内企业向国家发改委申请备案登记。地方国有企业作为独立法人承担外债偿还责任，地方政府及其部门不得直接或者承诺以财政资金偿还地方国有企业外债，不得为地方国有企业发行外债提供担保，承担地方政府融资职能的地方国有企业发行外债仅限用于偿还未来一年内到期的中长期外债。

上述文件规定，地方政府融资平台发行美元债仅适用于借新还旧，不可用来开发新的项目建设，这就限制了城投企业的境外融资。文件出台后，2020 年城投企业美元债发行量较 2019 年下降了 63%，净融资额下降 292 亿美元。

2021 年以来，地方政府隐性债务监管更趋严格。2021 年 4 月，国务院发布了《关于进一步深化预算管理制度改革的意见》，严禁地方政府以企业债务形式增加隐性债务。此外，交易商协会对城投公司债券融资实行分档管理，严格限制募资额度及资金用途。

2021 年 8 月浙江省的一家企业进行了境外美元债的发行，在整个发行过程中，这家政府城投平台企业很严格地遵守了地方政府关于隐性债务的监管规定。在债券发行完毕后，必须到地方政府指定平台进行声明，声明此次境外债券的发行不会增加地方政府的隐性债务。这一流程在我们以前境外中资美元债发行过程当中是不需要履行的。由此可见，2021 年年中以来，地方政府的隐性债务的监管是日趋严格的。

另外，在破刚性兑付的政策背景下，市场风险偏好低迷，城投区域融资分化显著。对于综合实力弱、债务负担重、非标占比高的区域，如云南、天津、贵州、内蒙古等地，市场多持风险规避态度，这种情况事实上也加剧了城投融资链条的脆弱性，也容易触发估值的波动和信用的风险。2021 年以来，云南省的云南城投置业、云南能投、云投集团，天津市的滨海建投集团、天津市房地产发展等城投主体均遭遇评级下调。

（二）市场波动

市场波动也会对境外中资美元债的违约造成影响。市场波动主要影响两大类中资美元债的发行：高收益地产美元债和城投美元债。

目前高收益地产美元债的收益率和利差都已处于历史高位，特别是2020年恒大事件以来，引起了投资人和市场的进一步关注。盈利能力较弱、销售回款能力下滑、融资渠道单一并且成本较高、流动性较差、资产变现难度较大的房地产企业的债务风险进一步放大。

至于城投美元债，由于国有企业连续违约，市场再融资受到影响，恐慌情绪蔓延到一级市场和二级市场。一级市场上，永煤违约当周信用债取消发行金额达到407.2亿元，且冲击范围已经超出河南煤企的范畴。二级市场上，国债和低等级信用债收益率均明显上扬，给市场造成一定冲击。城投美元债的投资者主要是国内机构，外资参与较少，投资者结构单一，风险偏好趋同。一旦出现城投非标、私募债违约等负面事件，将显著放大价格波动，进一步推动债券价格下跌。

（三）汇率调整

中资美元投资级债的收益率在短周期上受美国债券利率的影响，在长周期上受美元流动性和美联储货币政策周期的影响。中资美元高收益级债的收益率也受到汇率调整的影响。

从发行主体的特点来看，银行美元债和城投美元债的表现更接近投资级美元债，房地产美元债的表现接近高收益美元债。相比较其他国家发行的债券，中资美元债的平均收益率相比其他债券较高，平均久期较短。

在中资美元债发行的历史上曾经发生过4次重大的危机，这4次重大的危机都和汇率的调整紧密相关。

第一次境外中资美元债券爆发违约高峰是2008年国际金融危机，在当时整个世界上的金融市场都发生了重大的波动，从而也影响了中国香港的境外中资美元债市场。第二次中国香港境外中资美元债的违约高峰是来自2011年的欧债危机，汇率风险也明显冲击到了中国香港的境外中资美元债。第三次违约是2013年美国退出量化宽松政策，冲击了中国香港的境外中资美元债市场。第四次就是2020年因新冠疫情引发的美元流动性危机。

中国香港境外中资美元债市场和国际汇率紧密相关，全球市场上如果发生了金融危机，或者其他一些汇率重大波动，都会影响中国香港境外中资美元债市场的稳定性。

在2020年新冠疫情下，美元流动性紧张加剧企业经营状况恶化，全年违约债券数量（27只）和违约金额（85亿美元）均达到历史新高。因此，外币汇率的波动都将对境外中资美元债的成功发行带来潜在的风险。

（四）信用下调

在境外中资美元债的发行过程当中，评级并不是一个必需的因素，但如果有一个评级机构对发行人进行债券评级，这一评级结果可以给投资人进行一个参考。

中资美元债一般采用标普、惠誉和穆迪评级，过去所有发行的中资美元债中78%是无评级的，投资级和高收益级均占11%。近几年中资美元债发行集中于1~5年期，2020年3~5年期的美元债发行数量最高，达到了207只。2017—2020年中资美元债发行规模屡创新高，预计未来几年将进入到期高峰，因此需警惕相关债务的违约风险。

2021年以来宏观政策对于地产、城投等企业的监管力度明显加强，中国华融、恒大集团等信用风险持续发酵，“三条红线”的监管下，当上市房企短期面临较大的债务压力时，其美元债兑付问题便进一步凸显。

中资美元债在经历了 2017—2020 年的高歌猛进后，2021 年上半年违约债券数量快速上升，信用压力也明显提升。7 月，受中概股互联网、教育行业的持续下跌和房地产行业的调控政策以及恒大信用事件的影响，海外高收益中资美元债大幅走弱，7 月投资级和高收益级美元债收益率中枢分别达到 2.38%、12.82%，房地产美元债的收益率更是上行 453 个基点。

境内外发债主体联系紧密，债券违约数量和金额不断上升，境内外市场联动进一步加强。投资专家预期，未来一段时间，各行业美元债违约风险将上升。2021 年下半年货币、信用环境边际收紧，国企连续违约，信用风险持续暴露。比如沈公用、华晨、永煤、紫光等连续违约，尤其是永煤违约，对信用债市场冲击较大。2020 年全年，市场新增信用债违约主体已经达到 40 家，仅略低于 2019 年的 43 家。

二、 案例分析

最近发生的一些比较重大的债券违约事项，不仅对中国香港中资美元债市场造成了重大的冲击，其也暴露了境外中资美元债在发行过程中所存在的一些问题。

（一）恒大事件分析

2020 年 9 月 24 日，恒大发布《恒大集团有限公司关于恳请支持重大资产重组项目的情况报告》，报告中提出希望政府协助推进恒大地产与深深房的重组，否则公司将于 2021 年 1 月 31 日前偿还战略投资者 1300 亿元本金并支付 137 亿元分红，从而可能造成公司资产负债率大幅上升和现金流断裂。

当晚，中国恒大发布公告称，网上流传有关恒大地产重组情况的谣言，相关文件和截图为凭空捏造、纯属诽谤，公司表示强烈谴责，已向公安机关报案。不过该报告流出市场反响比较大，股债价格均明显下跌。

恒大境外存量美元债超过200亿美元，是境外中资地产美元债的最大发行人，事件发生后，恒大美元债大幅下跌，带动中资高收益债出现新冠疫情之后的最大单周跌幅。2020年9月28日，中资高收益债利差上行至恒大事件发生后的高点，相比事件前最大上行175个基点。次日，中国恒大公告已与战略投资者签订补充协议，大部分投资者同意不要求进行回购，并继续持有恒大地产股份，利差开始回落。但随后由于中国恒大的最大战略投资者，山东高速集团迟迟未表态，叠加海外的第三波新冠疫情冲击、美国大选临近不确定性较高等因素，中资高收益债利差再次上行，单周最大上行74个基点。相比之下，恒大事件对中资投资级债券的冲击并不明显。

截至2021年6月底，恒大的短期债务达到2400亿元，长期债务是3318亿元，有息负债是5718亿元，这些负债的金额非常巨大。相比较恒大的现金状况不容乐观，截至2021年6月底，恒大的现金及现金等价物为867.7亿元，受限制的现金是748.6亿元。从这个金额可以看出，恒大所持有的现金以及现金等价物远不足以偿还它的负债，恒大整个财务状况处于一个资不抵债的情况。

（二）永煤事件分析

永煤事件是城投美元债违约的一个非常典型的案例。2020年11月10日，在毫无预兆的情况下，永城煤电控股集团有限公司发布公告称，因流动资金紧张，导致公司未能按时足额偿付本息约10.32亿元，构成实质违约。永煤作为河南省煤企重组中优质主体，其在河南省内的煤企中信用资质排序靠前，市场对其信用资质普遍比较认可。但是2020年，信用资质比较好的AAA评级主体永煤最先违约，引发市场对河南乃至全国煤企信用资质的恐慌性担忧，这种情绪进一步向河南省内其他国企、其他省份的弱资质城投蔓延。如云南省康旅控股集团有限公司的境外美元债价格就出现了大幅下降。另外，永煤在违约前夕，通过资产无偿划转的方式将所持香港上市公司中原银行的股权划出，引发了市场对国企“逃废债”的担忧。

永煤控股及其母公司豫能化在境外没有存续美元债，因而其对中资美元债的影响主要体现在市场情绪上。从 2020 年 11 月 10 日永煤违约开始，中资高收益债收益率最高上行52 个基点，利差最高上行58 个基点。由于永煤违约前是 AAA 评级的国企，因而其违约对中资投资级债券也产生了小幅冲击，其收益率和利差分别在两周内上行 8 个基点和 12 个基点。

（三）花样年事件分析

500 亿级房企花样年也在 2021 年底违约了。花样年聚焦高端地产开发，其资质整体比一般房地产企业好，这也就导致在花样年违约后，高收益房地产债券市场悲观情绪进一步蔓延。

花样年在 2021 年 10 月 4 日晚间公告称，当天一笔到期的 5 亿美元票据，在要约收购完成及注销购回票据后剩余 2. 05 亿美元，这部分本金未能偿还。10 月 5 日早间，花样年两笔 12 月底到期债券净价直接掉到了 21 附近。节前这两笔债券净价还在 68 以上，不到一周直接蒸发了 70%。在此之前，花样年的股价已从 6 月初的 1 港元/股，跌至停牌前的 0. 54 港元/股，成为“仙股”。违约后，花样年响应称，目前公司流动性出现阶段性紧张，已成立了应急小组，正在制订风险化解方案。

花样年事件发生后，国际评级机构也迅速做出了反应。比如标普把花样年的信用评级由“CCC”下调至“SD”（选择性违约），并将 10 月 4 日到期的高级无抵押票据长期发行评级由“CCC”下调至“D”，还将其他高级无抵押票据发行评级由“CCC”下调至“CC”，以反映其支付能力的高度脆弱性。此次本金违约或将引发花样年控股未到期债券的交叉违约，并可能加速公司其他债务的提前偿付。据交叉违约相关条款，花样年有一个月的时间纠正违约，也就是说花样年如果无法在限期前偿还这笔美元债，所有在海外的美元债都会立刻到期。穆迪将其企业家族评级由“B3”下调至“Ca”，展望“负面”，并将其高级无抵押评级由“Caa1”下调至“C”。评级机构惠誉在2021年10月4日的一份评级报告中，将花样年外债违约评级（IDR）从“B”下调至“CCC-”。

评级机构惠誉揭开了花样年债务情况的隐秘一角。惠誉称，在近期的一次电话会议中，花样年方面第一次告诉惠誉，公司有担保的1.5亿美元私募债券没有在财报中披露，但公司管理层表示，除了这1.5亿美元外，不存在其他的离岸表外借款。而这部分债券中，有1亿美元在9月28日得到兑付。未披露的私募债券的存在意味着公司的流动性状况可能比之前预期得更糟糕，逾期还款也让人怀疑公司是否有能力及时偿还到期款项。更重要的是，一系列事件也让人对公司财务披露的透明度产生怀疑。这种状况将直接影响花样年后续美元债再融资，此前评级机构已接连下调其信用评级，想要短期内借新还旧已然不太可能。

这些隐秘的私募债促使专业机构在为大型房地产企业境外发债时，应该把法律、财务的尽职调查工作做得更细致一些，从而向投资人、市场披露发行人的真实财务情况。

（四）当代置业违约分析

当代置业是继花样年、新力控股等企业后，又一出现债务违约的百强房企。2021年10月26日，当代置业发布公告称，公司于10月25日到期的12.85厘优先票据未能按时偿还票据本金及其应计但未付利息。这笔资金规模2.5亿美元的票据，是目前当代置业5只存续美元债中规模最大的。

当代置业此次违约主要是由于“预计之外的流动性问题”，而其面临的不利因素包括宏观经济环境、房地产行业环境以及新冠疫情等。

当代置业一直以“绿色建筑”为业内所知。其于2000年在北京成立，主打绿色地产与科技地产，是国内最早从事绿色科技地产的企业，并于2020年度获得绿色建筑运行认证。当代置业与首开地产、碧桂园、恒通建设、宝龙地产、朗诗集团、中海发展、远洋集团等房企位列2021年中国绿色地产运行典范TOP10。这样一个非常优质的发行绿债的房地产企业发生违约，对整个市场信用债的冲击影响不言而喻。

当代置业曾热衷于举债扩张，美元债发债利率更是刷出新高。该公司曾于2018年12月发行一笔1.5亿美元优先票据，利率高达15.5%。因发债利率较高，当代置业2021年上半年利息开支合计13.73亿元，同比增长10.55%。

一般来说，城投美元债的发债利率（票息）相对较低。比如平时我们律师行出具的境外中资美元债的发行，票息一般不会超过5%，一些比较优质的城投企业的票息可以达到3%或者是4%，房地产企业和城投企业相比，它的票息相对会高一些，但一般也是控制在10%以内。票息如果超过10%，相对来说是比较高的，会对这些房地产企业造成巨大的还款压力。

近5年来，该公司的销售规模虽然水涨船高，但净利润规模始终未超过10亿元。从经营性现金流看，当代置业仅2018年底经营现金流为正，其余的2016年、2017年、2019年、2020年均为负。当代置业的利润，在一定程度上也被高息债务所蚕食。

在2021年中期业绩公告后，当代置业已经暴露出毛利率低于行业平均、资产负债率高于行业平均、融资成本上升等流动性风险点。随后，当代置业多次出售股权资产、展期债务以解决流动性问题。

10月11日，当代置业在港交所公告称，将2021年10月25日到期、票息12.85%的优先票据延期至2022年1月25日。同时，该公司还在寻求缩短债券选择性赎回的通知期，并赎回 8750 万美元的债券本金。同时，公司董事会主席张雷和总裁张鹏有意提供合约 8 亿元人民币的股东贷款，预期于未来 2～3 月内完成。国庆假期后首日，当代置业旗下物业公司第一服务，在港交所刊发短暂停牌公告，当代置业或将出售物业公司股权以换取现金。即便上述债务成功展期，新债旧债叠加，意味着 2022 年初当代置业将需应对 3.7 亿美元的偿债压力。

2021 年 10 月 12 日，穆迪称将当代置业（中国）有限公司的家族企业评级从 B2 下调至 Caa2，将其发行债券的高级无抵押评级从 B3 下调至 Caa3，并将上述评级列入可能进一步下调的观察。2021 年 10 月 14 日，惠誉将当代置业（中国）有限公司的长期外币和本币发行人违约评级从“B”下调至“C”，并将该公司的高级无抵押评级、未偿债券评级及相应回收率评级从“B/RR4”下调至“C/RR6”。惠誉认为，鉴于流动性紧张，当代置业需要征求同意以避免违约。截至 2021 年 6 月底，该公司的可用现金余额约为人民币 136 亿元，但其获取现金偿还债券的能力尚不确定。

当代置业目前存续美元债共 5 只，存续规模超过 13 亿美元，平均票息为 11.58%。从其存量债务看，当代置业面临的偿债压力确实不小。截至 2021 年上半年，当代置业剔除预收款后的资产负债率为 83%，净负债率为 93%，现金短债比为 1.46。期末，该公司流动负债有 661.8 亿元，其中一年内到期的短期债务有 93.47 亿元。截至中期末，当代置业账面现金及等价物（包括受限现金）约 174 亿元，扣除受限现金后，现金及现金等价物余额为 136.24 亿元。账面有超百亿元现金，却还不起十几亿元债务，市场已对其财务报表的“含金量”充满担忧。

三、 如何做好一个境外中资美元债的尽职调查

境外中资美元债的违约案例不断增加，主要原因可以归纳为以下三个：

首先是房企美元债发行成本偏高、内部分化大、再融资压力大。比如上述房地产企业，其融资利率都要达到两位数，这也就使得在后期的还本付息过程中，企业需要调动大量的资金。其次是城投美元债中低评级发行主体占比上升，境内偿债压力大。目前许多城投企业发行人都是没有评级的，有投资级评级的城投企业发行人更是寥寥无几。最后是产业美元债再现违约案例，国储能源违约引发境内溢出效应。

预防中资美元债违约事件的发生，需要多方努力，包括：

一是在债券项目开始前必须做好充分的法律尽职调查工作。就企业的经营现状和融资能力进行充分全面的了解，做好事前的法律风险预防工作。

二是对企业进行信用评级。借助专业评级机构对企业的信用能力进行综合的评估，即使评级结果不是投资级，评级结果对于债券的销售也可以起到积极的参考作用。

三是使用增信措施。在债券发行的架构设计中，律师和金融机构可以为发行人设计合适的增信措施，比如银行备用信用证和跨境担保措施，进行信用增强，增加对于投资人的保护。

就法律尽职调查来看，法律尽职调查工作应贯穿在整个债券发行的全过程，包括前期架构设计、文件起草、发行前的尽职调查和定价前的尽职调查。不应当将法律尽职调查流于形式，而是应当确实落实每个问题的真实性和准确性。例如，我们在推进境外债券发行工作时，会出具一个非常详尽的尽职调查问卷清单，要求公司根据律师提出的这份尽调清单要求，提供包括运营、财务等一系列的资料，保证境外所有的中介机构对于这家发行人的基本情况有一个全面的了解。

另外，法律尽职调查要为违约解决措施预留灵活性。比如债权人会议的表决通过比例设定为75%，一旦发生违约，有关的偿还方案不需要获得所有债权人的同意，从而增加灵活性。在一些条款方面，我们也允许进行一定程度的非重大修改，使得发行人在面对意外情况做出一些应急措施时有一定的灵活性。

同时，发行人和所有中介机构必须做好全面的信息披露工作。比如发行人是否有隐性的私募债券，如果有，需要将私募债券的发行信息，包括金额和还款期限等信息在债券募集说明书内进行完整披露，给投资人一个全面准确的财务信息，也预防花样年违约事件的重演。

在整个债券发行过程中，法律尽职调查结果需要进行完整的披露，未雨绸缪把所有的工作做在可能的违约事件发生之前，这才是对投资人和整个市场最好的保障。

首先是做好充分的风险披露工作。在债券募集说明书中的“风险因素”章节，做好充分的风险披露工作，包括各项政策风险、业务风险、信用风险等，降低事后承担风险的责任。

在666号文的基础上，2019年7月9日，国家发展改革委办公厅发布了《关于对房地产企业发行外债申请备案登记有关要求的通知》，对房地产海外债发行作出限制：房地产企业发行外债只能用于置换未来一年内到期的中长期境外债务。因此，房地产企业发行外债要加强信息披露，在募集说明书等文件中需明确资金用途等情况。

其次是做好风险披露，寻找适当的发行窗口。在债券募集说明书的“风险因素”章节，应当及时披露所有市场风险，包括最新的政策变化、利率变化、重大疾病等因素，保障投资人可以及时获取所有的风险信息。同时，应当寻找适当的时机，及时做好债券销售工作。

最后是做好市场调查工作，全面把控风险。中资美元债同时受到美国货币政策、国内信用基本面等多重因素的影响。展望2021年，各方面因素仍将面临复杂多变的环境。美债利率面临上行的压力。随着生产的逐渐恢复，以及疫苗带来的情绪提振，美债利率持续上行，目前美国十年期国债利率已经上行至接近1%的水平，美债利率曲线明显陡峭化。

法律尽职调查的结果也应当反映在法律条款之中，在条款条件列举关于中资美元债违约事件的所有法律要点。例如：

设定一个合理的违约触发金额。一般交叉违约的触发金额为1000万美元到3000万美元，根据企业的对外借贷金额总额以及实际经营能力设定一个合理金额。

限制触发违约的主体范围。将违约触发主体的范围限制在发行人和主要子公司的范畴之内。主要子公司的盈利贡献一般占整个集团盈利总额的5%。

限制触发违约的程度。将触发违约的事件定义为重大违约事件或者其他企业的重大经营以及重大资产被没收等将对企业的生产经营产生重大负面影响的事件，从而规避一些非重大事件可能对企业造成的负面影响。

设定合理的将触发违约的管理权变更条件。根据企业的实际需求以及未来的发展设定一个管理权变更条件。比如：（1）国有股东控股权的变更，将“controlling person”扩大到当地所有政府机构，从而降低触发违约的风险；（2）将比例的变更设定在70%到100%的区间，而不是仅限制在100%，增加灵活性。

总之，在整个债券文件的准备和发行过程当中，专业机构无论是券商还是律师，无论是中国香港律师还是中国内地律师，都要和企业的高管以及工作人员保持一个持续的沟通。一旦企业在生产经营、股权、架构，包括财务方面有一些重大变化的话，我们都要及时了解，同时把相关情况反映在法律文件中。这一方面是对投资人的保护，另一方面也可以帮助发行人预防违约事件的发生。

（本文根据作者2021年12月2日在北京大学汇丰商学院“北大汇丰金融茶座”的演讲整理，经作者审阅。）

国际基金常见架构及在岸化趋势

——以香港有限合伙基金为例

金杜律师事务所合伙人兼香港基金业务主管

江竞竞

今天，基金已经渗透到每一个人生活的方方面面，无处不在。基金是集合投资者的资金，由管理人管理并创造收益，并与投资人共同分享投资收益的安排。按募资方式，基金可以分为公募基金和私募基金；按基金转让/赎回安排，基金可以分为封闭式基金和开放式基金；按基金组织形态，基金可以分为契约型基金、合伙制基金、公司制基金；按主要投资策略，基金可以分为创业投资基金、并购投资基金、夹层投资基金、Pre - IPO 投资基金；按投资对象，基金可以分为股票基金、债券基金、货币市场基金、衍生证券基金。

我们以香港有限合伙基金为例，探讨国际基金常见架构及在岸化趋势。

一、 境外投资基金发展历史及法律框架

1492 年，西班牙女王伊莎贝拉一世和屡遭碰壁的哥伦布签订了一份航海资助协议：哥伦布享有一切决策权，率领三艘帆船和 90 多名手下。他本人可以成为新发现领地的总督，获得航海探险收益的 10%，剩余的收入皆归王室所有。此次探险的绝大部分费用都由西班牙王室来出，伊莎贝拉甚

至不惜拿出了自己的私房钱。这被认为是私募股权的起源。

现代私募基金的发展，大致可分为以下五个阶段。

1946 年：起源于第二次世界大战后的美国，美国第一家 PE 机构是 American Research and Development Corporation（ARDC，1946）。ARDC 公司主要给中小企业以及新兴的科技企业提供融资，其于 1957 年向 Digital Equipment Corporation（DEC）投资 70000 美元，DEC 后来在 1968 年 IPO 后，公司估值超过 3.55 亿美元，这意味着 ARDC 的投资回报率超过 500 倍。

1959—1981 年：早期私募股权机构开始投资于硅谷的初创企业和小企业，帮助这些公司的发展和扩张，其中就包括英特尔等企业；同时催生了一批投资这些科技企业的 VC 机构，包括 Venrock（1969）、红杉资本（1972）。

1982—2000 年：随着收购热潮，私募股权业务开始发展，助力杠杆式收购，代表机构有 KKR（1976）。同时，投资银行也开始在杠杆式收购中开展融资业务，如 Morgan Stanley、高盛、美林证券。互联网经济兴起，eBay、亚马逊等互联网公司开始上市，风险投资基金获得大量的回报。

2003—2007 年：互联网泡沫经济过后，监管方向的调整使得上市公司合规成本增高，因此上市公司开始寻求私募机构的帮助来完成私有化。

2010 年至今：次贷危机的发生导致美国政府再一次强化对金融机构和证券市场的监管，私募基金和投资机构的合规要求愈加复杂。

二、从开曼群岛看全球离岸私募股权基金监管趋势

开曼群岛（Cayman Islands）被誉为全球离岸基金的天堂，是全球离岸私募股权基金中心。

开曼成为全球离岸基金最大聚集地，主要有以下四个方面的优势：一是避税天堂。开曼没有公司税、所得税、资本利得税或其他税种；就转让开曼公司股份也无须缴纳印花税。二是信息保密。各方对在业务过程中取得的信息具有保密义务，仅在特殊情况下可以经监管机构要求或因重大公共利益才可以披露。三是监管系统透明。开曼采用的是英美法系，遵循判例法，遵循司法独立原则，且判决在英国和英联邦辖区均有效力。四是金融服务提供商成熟。开曼设立了众多律师事务所和会计师事务所，全世界最大的 25 家银行都在开曼设有子公司或分支机构。

当然，开曼最大的优势就是避税。而税收监管也是私募股权基金监管的一条主线。

1998 年，经济合作与发展组织（OECD）发布报告《有害税收竞争：一个新兴的全球性问题》。2009 年，开曼被经合组织列入《避税地黑名单》中的“灰名单”。

2010 年，为防止美国纳税人逃避税务，美国发布海外账户税收合规法案（Foreign Account Tax Compliance Act，FATCA）。开曼在 2013 年签署并宣布加入 FATCA。

2013 年，OECD 发布 BEPS 1.0，防止跨国公司滥用税收协定，把应税所得归并为非税所得，把高税率不合理调整为低税率，从而规避税收义务。2014 年，OECD 在美国的 FATCA 基础上进一步制定了一项关于全球税务机关之间财务账户信息自动交换（AEOI）的信息标准——共同税务汇报系统（CRS）。同年，开曼宣布加入 CRS 系统。

2015 年，欧盟发布公平有效税收行动计划。2017 年，开曼被欧盟列入税务不合作国家及地区名单“避税灰名单”。为了让自己从灰名单变成白名单，开曼出台了很多政策：2018 年，《国际税务合作（经济实质）法》出台，2020 年 2 月，《洗黑钱条例》《私募基金条例》《共同基金（修订）条例》。这些条例、法规的主旨都是加强对于开曼基金业的规划，加强打击反洗钱的力度，还有配合国际之间的税收信息互换。尽管采取了上述措施，但因为政策出台相对滞后，在2020年2月，开曼仍被欧盟列入税务不合作国家及地区名单“避税黑名单”。

2020年7月，开曼出台《经济实质法指引3.0》，2020年10月开曼终从欧盟税务不合作国家及地区名单“避税黑名单”删除。但2021年，开曼被FATF列入高风险和受强化监控司法管辖区灰名单。

这是一场持续的博弈。随着离岸私募股权监管发展，开曼的避税优势不再，封闭式基金、共同基金及基金的管理人受开曼金管局监管，实体设立、备案及维护成本增加，如果违反开曼法律，罚则严重，轻则罚款，重则会被提起刑事检控。

三、 境外投资基金常用架构

如何选择合适的基金设立地及组织形式，是众多基金管理人关注的核心问题。按组织形式及地区划分，比较具有代表性的有：开曼有限合伙（ELP）、开曼独立投资组合公司（SPC）、开曼豁免公司（EC）、中国香港有限合伙基金（LPF）、中国香港开放式基金型公司（OFC）、新加坡可变资本公司（VCC）等。

其中，ELP是当前在开曼设立私募股权类基金的主流形式，设立ELP要求至少有一名普通合伙人（GP）和有限合伙人（LP），比较常见的做法是注册成立一家开曼豁免有限公司作为PE/VC基金的GP。

SPC是最近几年比较流行的架构，在中资管理人那里非常受欢迎。SPC本身是一家公司，并不需要GP，可以设立多个SP，且每个SP的资产及负债均享有法定隔离地位。每个SP均可独立设计为一个基金产品，因而SPC被广泛应用于多策略投资基金领域。

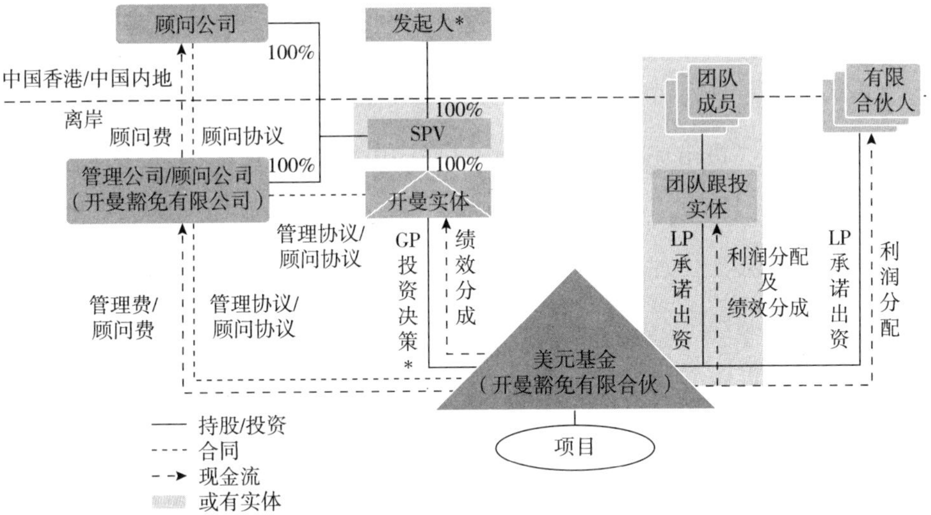

*发起人可以为境内或境外人士（包括自然人和实体）。另外，如果不存在跟投实体，GP通常也会视情况对基金承诺出资。

图 1　开曼有限合伙（ELP）基本架构

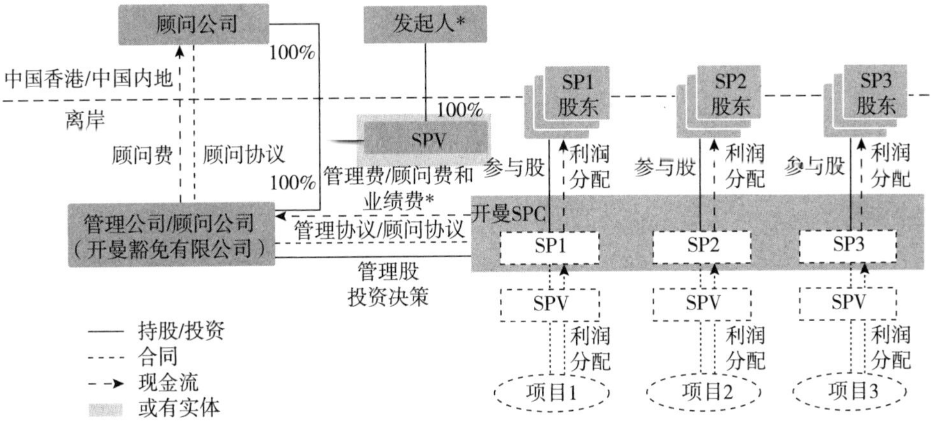

*发起人可以为境内或境外人士（包括自然人和实体）。另外，发起人可以指定其他实体持有profit share/allocation share.来以分红名义收取业绩费。

图 2　开曼独立投资组合公司（SPC）基本架构

按照是否可以自由申购/赎回，可分为开放式基金、封闭式基金。其中，开放式基金：在基金存续期内（或者是设置的开放期内）投资者可以自由申购、赎回基金份额的基金；多投资于易于实现基金赎回的流动性资产（如股票等二级市场产品）；需要根据《共同基金法》的要求注册成为“共同基金”。封闭式基金：在募集期内投资者可以认购基金份额，在募集期结束后除根据基金合同在特定情况下经基金管理人同意进行转让、退出外，投资者不能再申购、赎回基金份额的基金；多投资于需要时间将资产变为现金实现价值的非流动性资产（如非上市公司股权）；需要根据《私募基金法》注册成为“私募基金”。

四、 境外投资基金主要服务商与基金募集流程

不同基金需要的服务商会完全不一样，但总体来讲，境外投资基金主要服务商包括顾问、基金行政管理人、基金托管人等。

顾问：香港法律顾问，负责基金结构设计、协调各服务提供者；准备基金文件，并协助基金交割。开曼法律顾问（如开曼基金），提供开曼法下合规建议、负责审阅基金文件；负责基金交割及备案（如需）。其他地区法律顾问（如基金需在其他地区募资），非必须，一般按需聘请，主要负责向基金管理人提供该地区法律相关合规建议、协助基金管理人完成于其他地区的备案（或豁免备案）。税务顾问，非必须，一般按需聘请，主要负责向基金管理人提供该地区税务相关建议。

基金行政管理人：提供基金的定期净值报告，计算管理费和表现费；处理投资人的认购和赎回相关申请，对投资人进行 KYC；代表基金完成 FATCA/CRS 申报（如需）。

基金托管人：控制和管理基金财产；按照管理人的指示进行具体资金

运作。

基金审计师：对基金进行年度审计，提供审计报告。

秘书公司：为基金设立提供注册地址；部分地区要求必须委聘秘书公司（如新加坡）。

如果为开曼基金，基金及管理人还需要聘请以下合规人员：反洗钱合规官、反洗钱报告官、反洗钱副报告官以及 AEOI（信息自动交换）主要负责人、主要联系人、变更通告人等。

基金设立流程和主要步骤包括：

开始募资之前的活动：准备 PPT（含关键条款清单/关键商业安排）；确定基金架构；为募资的目的设立基金管理人并登记/注册/取得牌照。

正式募资开始：向潜在投资人分发募资材料；与潜在投资人签署 NDA；潜在投资人和基金管理人之间互相开展尽调。

首次交割前 8 星期：确定关键条款清单（T/S）；根据关键条款清单准备基金交割文件初稿；客户审阅基金交割文件初稿；同步设立基金相关实体。

首次交割前 4 星期：向投资人发送基金交割文件；针对投资人进行反洗钱审查。

首次交割前 2 星期：与投资人谈判；根据谈判内容修改并定稿基金文件；根据谈判内容起草附属协议（如有）；开曼律师准备就基金交割相关的普通合伙人董事会决议。

首次交割前 1 星期：分发签署版基金文件，供投资人签署。

首次交割：签署基金文件及基金交割相关的董事会决议，完成基金交割。

首次交割后：分发交割通知；MFN 选择程序（如有）；后续交割（如有）。

上述流程根据项目实际情况，各阶段所需时间可能有所调整。跟境内不一样的地方是，设立境内人民币基金，在设立之初就必须明确投资人，境外则可以先把壳设好，待交割时签订协议即可。

五、 从中国香港看全球离岸基金的在岸化趋势

离岸基金的监管越来越严，成本越来越高，避税效果越来越差，过去10年来持续存在的趋势是，基金经理将基金从离岸司法辖区转移到包括卢森堡、中国香港、新加坡在内的在岸司法辖区。

这些在岸司法辖区陆续出台新规，提供更多的基金结构的选择，如中国香港LPF和OFC，新加坡VCC，卢森堡有限合伙基金（SCS、SCSp）。这些在岸司法辖区也推出了各种税收优惠政策，相关的配套基金服务业也发展起来了。

例如，2013年7月，随着《欧盟另类投资基金管理指令》（*Alternative Investment Fund Management Directive*）的实施，卢森堡开始创设有限合伙基金。截至2019年11月，卢森堡SCSp注册数量达3357只，基本以每年700～1000只的速度增长，卢森堡已成为整个欧洲最重要的基金注册地。新加坡针对基金的免税计划主要包括离岸基金免税计划（13CA）、新加坡境内基金免税计划（13R）、特级基金免税计划（13X）。从2020年1月至2021年4月，新加坡在册VCC已超过260只。

具体以香港有限合伙基金（LPF）的改革和发展为例，我们来分析离岸基金在岸化的全球趋势。

从条例沿革的背景来看：1912年6月1日，香港《有限责任合伙条例》（第37章）实施；2019年7月31日，香港财经事务及库务局刊发咨询文件，征询意见；2020年3月20日，香港《有限合伙基金条例草案》（条例

草案）刊登宪报；2020 年 7 月 9 日，条例草案通过二读与三读；2020 年 7 月 17 日《有限合伙基金条例》刊登宪报；2020 年 8 月 31 日《有限合伙基金条例》（第 637 章）正式实施。

香港 LPF 有以下特点：一是没有独立法人资格；二是无最低资本要求或法定投资限制；三是有充分订立合约的自由；四是不需要 SFC 授权（除非向非专业投资人公开发售）；五是 LP 可参与“安全港”清单中所列活动，并保证 LP 的有限责任不受影响。

香港 LPF 的主要要求：符合《有限合伙基金条例》中“基金”的定义；有一名 GP 及至少一名 LP；根据有限合伙协议组建，并受其约束；在香港公司注册处注册成为有限合伙基金；在香港设有注册办事处。

从香港 LPF 核心结构要素来看，GP 可以是香港私人股份有限公司、注册非香港公司、有限责任合伙企业（地区不限）、有限合伙基金、年满 18 周岁的个人等，如果 GP 是有限合伙基金或无法人资格的非香港有限合伙企业，则 GP 必须委任授权代表，与 GP 共同承担连带责任。GP 必须委任管理人，可以委任 GP 自身、香港注册成立的公司、注册非香港公司、年满 18 周岁的香港居民等。基金的 LP 可以是个人、法团、合伙企业、不属法团的团体、任何其他实体等，同时，基金的 LP 并非全部属于同一公司集团之中的法团（两年过渡期）。此外，GP 必须委任独立审计师、委任负责人执行反洗钱措施等，在资产被妥善保管的前提下，则可无须聘请托管人。

另外就是基金税务安排。一个是基金层面的所谓的利得税。在香港，符合“基金”的定义并满足特定条件的情况下，基金（或其持有的“特殊目的实体”）即可享受利得税豁免。另一个是印花税/资本税。在香港，针对 OFC 股份的转让需缴纳印花税，针对 OFC 新发行的股份及股份的赎回无须缴纳印花税，有限合伙基金权益不属于“香港股票”，因此针对利润及资产收益的分配（包括 LP 权益的转让与赎回）无须缴纳印花税，针对承诺出资/实缴出资无资本税。此外，管理费需正常缴税，但可针对其在香港境外进行的核心投资管理活动申请降低利得税税基。

2020 年 6 月发布的税务局 DIPN 61 明确了统一基金税收豁免的条件：(1) 基金必须符合《税务条例》项下对“基金”的定义。(2) 交易必须通过指明人士开展/安排（或基金是合资格的投资基金）。具体的豁免条件见图 3。

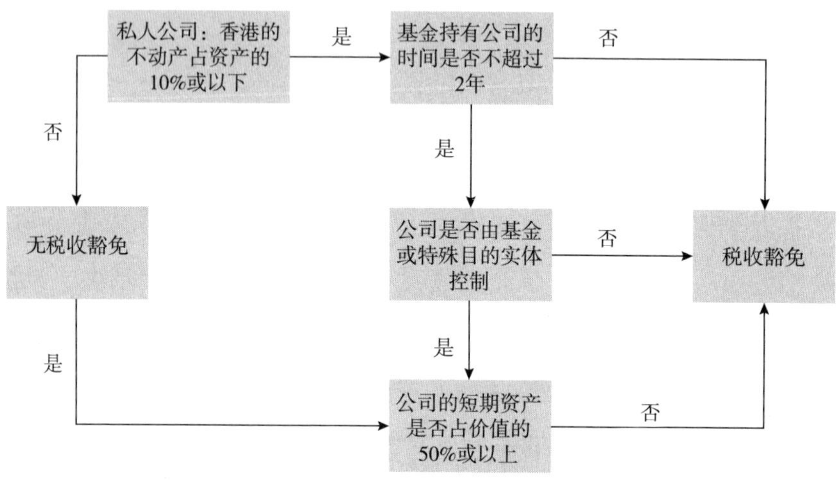

图 3　香港统一基金税收豁免的条件

截至 2021 年 4 月 28 日，香港共有 13 个 OFC 根据《证券及期货条例》设立（下属子基金已设立共 32 个），共有 209 个 LPF 根据《有限合伙基金条例》设立。此前，我们团队对市场进行调研，63% 的受访者认为香港将在 3 ~ 5 年内成为重要的国际私募基金注册地。

总的来看，与开曼相比，香港 LPF 的优势在于：设立及维护费用与离岸基金相比有很大优势；设立及后续维护比离岸结构简单便捷；设立 LPF 可以基本实现搭建离岸基金的所有目的；中国香港与中国内地以及其他国家和地区的双边税收优惠，以香港 LPF 作为投资主体有利于投资税收筹划；

中国香港作为一个国际知名金融中心对于基金投资比离岸群岛更有优势。

近年来，香港还出台了其他鼓励设立 LPF、OFC 的“大招”：放宽私人 OFC 保管人资格，容许某些满足特定条件的获发牌或注册进行第 1 类受规管活动（即证券交易）的中介人，担任私人开放式基金型公司的保管人；拟引入法定的注册地转移机制（法定机制）以便利海外公司型基金和有限合伙形式的基金将注册地转移至香港后，成为 OFC 或 LPF；私人 OFC 的投资范围将扩大至容许所有资产类别，撤销对私人 OFC 的所有投资限制；统一税务豁免制度，境外基金迁册过程不会产生任何印花税税负，迁册来港基金适用统一税务豁免制度的资格保持不变；据《2021 年至 2022 财政年度政府财政预算案》，“开放式基金型公司可供多种类型的投资基金使用。未来三年于香港设立或迁册来港的开放式基金型公司将获资助其付予本地专业服务提供者费用的七成，上限为每间公司一百万元”。

根据美国证监会统计数据，2018 年、2019 年和 2020 年第二季度，从全球私募基金所在地（净资产值百分比）来看，美国“一枝独秀”，占全球 50% 以上。开曼为 35% 左右，爱尔兰接近 5%，卢森堡接近 3%。尽管中国香港想取代开曼需经历一个漫长的过程，但在岸化的趋势是明显的，前途是光明的。

（本文根据作者 2021 年 4 月 29 日在北京大学汇丰商学院“北大汇丰金融茶座”的演讲整理，经作者审阅。）

编 后 记

2016 年 4 月 7 日启动并举行首场讲座以来，“北大汇金融前沿讲堂”（以下简称“金融前沿讲堂”）已持续开办了八年，组织期数逾百期，堪称金融界的“百家讲坛”。八年里，在创办“北大汇丰金融前沿讲堂”的基础上，我们还陆续延展出了“北大汇丰金融茶座”“北大汇丰金融云学堂”“北大汇丰金融云书会”等多个系列活动，及时动员学界、业界回应、探讨新的重大前沿理论问题。

《金融前沿之趋势与变革》为继《金融前沿讲堂》《金融前沿的 20 种思考》《金融前沿与实践探索》后的“北大汇丰金融前沿讲堂”系列图书第四本。“金融前沿讲堂”由北京大学汇丰商学院主办，北京大学汇丰金融研究院承办，深圳市资产管理学会提供学术支持。发起创办人为北京大学汇丰商学院创院院长、北京大学汇丰金融研究院院长海闻教授，具体负责人为北大汇丰金融研究院执行院长巴曙松教授。北大汇丰商学院院长王鹏飞教授、副院长任颋教授多次参与讲堂并致辞、点评，时任北京大学汇丰金融研究院秘书长本力对讲座筹办亦多有贡献。

继“北大汇丰金融前沿讲堂”创办两年之后，巴曙松教授发起创办“北大汇丰金融茶座”，活动旨在以主题演讲分享与点评、互动相结合的方式打造金融业界精英、资深专家行业交流平台。徐伟、许志伟、王春阳、李凯、马琳琳、刘柏霄、叶韦明、张坤、彭献华、马芳原等教授对茶座活动给予了大力支持。

海闻、巴曙松、李荻、刘柏霄、马琳琳等教授在北京大学汇丰商学院指导的硕士研究生喻奇、陈博闻、黄宇宸、徐一婕、丛钰佳、赵一迪、傅可倩、王佳慧、兰文龙、张琦杭、田丰、金子茗、丁宇、姚沁雪、陆雨田、韩毓、吴一凡、汪子杰、孙博、魏源、强音、雷鸣、奚雅、余梦舸、代杨龙、高思琴、徐舒昂、杨洪睿、李思源、辛岳、董星辰、王佳宇、杨雅茹、叶正浓、张煦明、张霄、杨楚秦等同学，他们在讲堂的联系协调、会务组织、新闻报道、稿件整理等各个环节都付出了辛苦劳动，在此一并致谢。

系列讲座创办以来，嘉宾演讲文字稿的编辑工作就在同步进行了。本书由北京大学汇丰金融研究院的编辑团队完成。北京大学汇丰金融研究院副院长、北京大学汇丰商学院长聘副教授李荻负责本书总体策划、篇目遴选、框架拟定及整体协调。钟龙军、都闻心、鞠沝沝参与策划和框架拟定，负责讲座文稿编辑、校对等工作。陈洁银、杨静雯等参与讲座会务协调、新闻编辑、摄影、摄像等工作。

本书得以出版，还要感谢各讲作者不厌其烦、精益求精修改稿件。感谢中国金融出版社张智慧主任、王雪珂女士，从选题策划、编辑修改到最终出版，在每个环节上都付出了大量心血，使本书日臻完善。

在国家经济高质量发展的新时期、新征程大背景下，中央将金融的重要性提到一个前所未有的高度："金融是国家重要的核心竞争力，金融改革发展是国家改革发展的重要内容，金融安全是国家安全的重要组成部分。"举办逾百期的"金融前沿讲堂"既是中国与世界金融发展巨变的亲历者，也将是推动者。我们将持续与社会各界有识之士和各方朋友一起共同探索和努力，持续推动金融领域学界与业界的交流互动和人才培养、智库建设，助力中国经济的高质量新发展。